# O tratador *do* zoológico *de* Mossul

*Louise Callaghan*

# O tratador *do* zoológico *de* Mossul

A história real do homem que enfrentou
o Estado Islâmico para salvar animais
em uma cidade arrasada pela guerra

TRADUÇÃO DE
Luis Reyes Gil

Copyright © 2019 Louise Callaghan

Título original: *Father of Lions: How One Man Defied Isis and Saved Mosul Zoo*

Todos os direitos reservados pela Editora Vestígio. Nenhuma parte desta publicação poderá ser reproduzida, seja por meios mecânicos, eletrônicos, seja via cópia xerográfica, sem a autorização prévia da Editora.

EDITOR RESPONSÁVEL
*Arnaud Vin*

REVISÃO
*Júlia Sousa*

EDITOR ASSISTENTE
*Eduardo Soares*

CAPA
*Diogo Droschi (sobre imagem de Shutterstock)*

PREPARAÇÃO DE TEXTO
*Eduardo Soares*

DIAGRAMAÇÃO
*Larissa Carvalho Mazzoni*

**Dados Internacionais de Catalogação na Publicação (CIP)
Câmara Brasileira do Livro, SP, Brasil**

Callaghan, Louise
O tratador do zoológico de Mossul : a história real do homem que enfrentou o Estado Islâmico para salvar animais em uma cidade arrasada pela guerra / Louise Callaghan ; tradução Luis Reyes Gil. -- 1. ed. -- São Paulo : Vestígio, 2020.

Título original: Father of lions : how one man defied Isis and Saved Mosul zoo

ISBN 978-65-86551-02-0

1. Tratadores de zoológicos - Iraque - Mossul - Biografia 2. Estado Islâmico - História 3. Iraque - História 4. Salvamento de animais - Iraque - Mossul 5. Zoológico - Iraque - Mossul I. Título.

20-35822 CDD-590.73567

**Índices para catálogo sistemático:**
1. Biografia : Iraque : Mossul : Tratadores de zoológicos : 590.73567

Maria Alice Ferreira - Bibliotecária - CRB-8/7964

A **VESTÍGIO** É UMA EDITORA DO **GRUPO AUTÊNTICA**

**São Paulo**
Av. Paulista, 2.073, Conjunto Nacional, Horsa I
23º andar . Conj. 2310-2312 .
Cerqueira César . 01311-940 São Paulo . SP
Tel.: (55 11) 3034 4468

**Belo Horizonte**
Rua Carlos Turner, 420
Silveira . 31140-520
Belo Horizonte . MG
Tel.: (55 31) 3465 4500

www.editoravestigio.com.br

*Para MRM.*

## Nota da autora

A história contada neste livro é verdadeira. Os eventos narrados foram descritos a mim pelas pessoas que os vivenciaram, embora alguns nomes tenham sido alterados. Tive o cuidado de cruzar seus relatos e checar os fatos com a maior precisão possível, num lugar que deixara de ser uma zona ativa de guerra havia bem pouco tempo. Passei centenas de horas entrevistando os principais personagens, em Mossul e em outras partes, tentando obter o máximo de detalhes para dar vida a esta história.

Uma parte da renda deste livro vai para a instituição beneficente Four Paws e para Abu Laith.

# Lista de personagens

Abu Laith – espécie de tratador do zoológico e "Pai dos Leões"
Lumia – esposa de Abu Laith
Marwan – espião de Abu Laith dentro do zoológico

*Os filhos e enteados de Abu Laith e Lumia (alguns deles):*
Dalal – mora em Bagdá, trabalha com inteligência militar
Lubna, Oula, Mohammed – foram enviados a Bagdá com Dalal
Luay – estudante de Geografia
Abdulrahman – espécie de aprendiz de tratador de zoológico
Nour, Ashraf (Geggo), Mo'men, Shuja

Hakam – químico e guitarrista
Hasna – irmã de Hakam, estudante de literatura inglesa
Arwa – mãe de Hakam
Said – pai de Hakam
Abu Hareth – membro do Exército Islâmico que despreza Abu Laith
Ahmed – gerente do parque onde fica o zoológico
Ibrahim – antigo dono dos animais
Muna – primeira esposa de Abu Laith
Sara – antiga paixão de Abu Laith
Dr. Amir – veterinário de resgates internacionais
Dr. Suleyman – veterinário curdo
Marlies – assistente do dr. Amir
O comandante – líder do exército iraquiano na província de Nínive
Heba – noiva de Marwan

# 1
# ABU LAITH

ABU LAITH NÃO ERA DO TIPO QUE deixa outro homem insultar seu leão. Ainda mais um sujeito com aquela aparência.

Ele usava uma camisa de manga curta, bem passada, e tinha jeito de funcionário público. Carregava um bebê no braço esquerdo. Na mão direita, segurava uma vara de bambu, arrancada das margens do Rio Tigre, com a qual cutucava o filhote de leão de Abu Laith, recém-adquirido, que dormia na jaula.

A esposa do homem e seus outros filhos também estavam presentes e observavam com uma expressão de insatisfação. Apesar dos esforços dele, cutucar o leão com a vara não estava produzindo nenhum efeito mensurável no animal, que sequer se mexia. Tudo isso foi registrado na mente de Abu Laith enquanto ele corria pelo zoológico em direção ao homem, que não percebera sua aproximação.

Eram 7h30 da noite naquele zoológico junto ao Rio Tigre, e anoitecia com tons róseos no Centro Antigo de Mossul. Algumas famílias estavam sentadas no café ao ar livre do zoológico, tomando Pepsi gelada e xícaras de chá. Os ursos estavam deitados em suas jaulas quando Abu Laith passou a toda por eles.

— O que você está fazendo? — gritou o autonomeado tratador do zoológico, que raramente falava sem ser aos berros. — Saia já daqui!

O homem, que não percebera o perigo que corria, mal olhou para ele.

— Por que os bichos não estão fazendo nada? — perguntou o sujeito, irritado. — Nós pagamos para vê-los.

Abu Laith parou abruptamente diante da família.

– Porque estão de barriga cheia! – gritou. – Acabaram de comer. Os bichos, quando estão de barriga cheia, dormem.

O homem, que sequer ouvia, continuou cutucando o filhote de leão.

Perto dele, a mãe e o pai do leão – que os empregados do zoológico chamavam simplesmente de Mãe e Pai – também dormiam.

– Pagamos para vê-los fazer alguma coisa – disse o homem, cutucando o filhote de leão novamente.

– O que você faria se eu ficasse cutucando seus filhos com uma vara? – Abu Laith disparou, avançando sobre a família.

O homem, que finalmente captara a mensagem, recuou, e a família também, assustada.

– Eu não volto mais aqui! – exclamou o homem, curto e grosso.

– Ótimo – disse Abu Laith, enquanto os visitantes viravam as costas e saíam às pressas. – E é melhor que não voltem mesmo, senão vou dar vocês de comer para o meu leão.

Resmungando baixinho, Abu Laith voltou sua atenção para o filhote. Ele dormia pesado e parecia mais um cachorro de porte médio e pelo ruivo do que um leão. Nenhum dos funcionários do zoológico que perambulavam à toa pelo parque reagiu ao acesso de Abu Laith. Estavam acostumados.

Todos viviam dizendo que o próprio Abu Laith parecia um leão, e era verdade. Tinha menos de um metro e setenta, uma barriga firme feito um barril e o cabelo alaranjado, formando um halo opaco. O nariz parecia escavado de uma rocha e salpicado de sardas. Falava meio rugindo.

Por isso ganhara o apelido de Abu Laith, que, em tradução livre, significa "Pai dos Leões".

Desde que conseguia lembrar, Abu Laith sempre amara os animais, e se dedicara muito mais a eles do que aos humanos. Havia criado cachorros, pombos, coelhos, gatos e besouros, e os segurado nas mãos quando morreram. No aniversário de sua terceira filha mais velha, enfiara um rebanho de carneiros na casa da família. Uma vez dera banho num bebê macaco no seu jardim.

Tinha uma última e permanente ambição: viver numa fazenda com grandes predadores vagando livres em volta dele. Em Mossul, isso era considerado uma ambição suspeita. Possivelmente tinha algo a ver com as restrições aos animais no Corão e no Hádice. Nos textos sagrados, cachorros eram considerados *haram* – proibidos –, ao lado dos porcos, burros, lobos, vaga-lumes (e todos os animais sem sangue), cobras e camaleões (animais que têm sangue, mas que não flui).

A maioria das pessoas, mesmo as não religiosas, achava os cachorros impuros e, de algum modo, repulsivos, do jeito que as pessoas na Europa veem os ratos: transmissores da peste e animais sujos que poluem seu entorno. Embora algumas famílias tivessem bichos de estimação, era malvisto possuir vários animais. Entre as pessoas daquela grande cidade junto ao Tigre, as que gostavam de animais tinham uma reputação negativa, como vigaristas, brigões e pedintes. Os criadores de pombos, especialmente, que eram uma fraternidade à qual Abu Laith também pertencia, costumavam ser vistos como espertalhões.

Pelas leis iraquianas, donos de pombos não eram confiáveis o suficiente para testemunhar em tribunais. Tinham fama de briguentos e de beber muito uísque. Abu Laith encaixava-se nesse estereótipo. Era um *shaqawa* – uma espécie de malandro de bom coração do bairro. O tipo de homem que você provavelmente vai chamar se precisar de um par de punhos extra numa briga, ou se alguém andou assediando sua filha e você precisa de um valentão para dar-lhe um bom susto. Ele nunca deixava outra pessoa pagar o almoço, e sempre emprestava dinheiro aos parentes, mesmo sabendo o quanto eram avarentos.

Desde jovem, Abu Laith ganhava a vida como mecânico, consertando os carros da vizinhança. No início, fazia uns poucos dinares aqui e ali, mas agora tinha uma grande oficina com vários empregados, e cobrava centenas de dólares para consertar aqueles carrões norte-americanos que faziam o gosto da elite de Mossul. Mas isso era apenas uma distração do seu verdadeiro amor: animais grandes e perigosos.

Em 2013, ele decidira dar um grande passo, na esperança de mudar sua vida. Construiria seu próprio zoológico: um grande espaço aberto com um parque para os animais vagarem e com blocos de escritórios e apartamentos em volta. Não se importava com o fato de a cidade estar sendo atormentada por ataques suicidas e sequestros. Na mente de Abu Laith, a construção seria nos moldes de Dubai – elegantes arranha-céus e terrenos amplos às margens de um imenso curso d'água, embora nesse caso fosse o Tigre, e não o Golfo Pérsico. Enquanto recolhia fundos, pegando dinheiro de volta de parentes avaros e de agiotas linha-dura, ia procurando um terreno. Descobriu uma grande extensão gramada à venda, na margem leste do Tigre. Já havia um zoológico ao lado. Para Abu Laith, o plano parecia fadado ao sucesso, desde que os dois negócios pudessem se fundir num grande zoológico. Assim que terminasse a nova construção, poderia comprar os animais do zoológico existente e acrescentar outros se fosse preciso.

Numa manhã de sol, foi conversar com o dono do zoológico, um homem rico de Mossul, conhecido como Ibrahim, que morava em Erbil, cidade curda oitenta quilômetros a leste. Como a maioria das pessoas ricas de Mossul, Ibrahim escondia o fato de que tinha dinheiro, para não atrair sequestradores e parasitas. Quando circulava por Mossul, pegava táxi. Usava roupas de baixa qualidade, em vez de ternos finos. Abu Laith percebeu isso e compreendeu de que maneira poderia ser-lhe útil.

– Sei que você não pode ficar aqui de olho no seu negócio – disse a Ibrahim, quando foi vê-lo. – Mas eu entendo de animais e conheço Mossul. Se trabalharmos juntos, garanto que seus animais serão bem cuidados. E então poderemos expandir o negócio juntos e ganhar dinheiro com isso.

Na realidade, porém, e Abu sabia muito bem disso, os animais no zoológico de Ibrahim estavam num estado deplorável. Ele tinha ido até lá algumas vezes para dar uma olhada e ficara chocado. Os ursos – uma fêmea de urso-pardo sírio chamada Lula e o companheiro dela, que não tinha nome – viviam irritados e angustiados com os rojões que o pessoal soltava para entreter os visitantes quase toda sexta-feira à noite, perto do zoológico. Os pôneis eram pele e osso, e os leões, em suas jaulas de metal, do tamanho de um carro mais ou menos, viviam entediados e largados para assar no sol.

Abu Laith decidiu intervir e transformar aquele parque meio caído num zoológico de verdade. Com a anuência de Ibrahim, passou a visitar os animais ao sair da sua oficina de reparos. Abu Laith, apesar de nunca ter sido tratador de zoológico, passara a vida preparando-se para esse papel. Por passar horas assistindo ao canal da *National Geographic*, uma obsessão de anos – o canal ficava ligado o tempo todo em sua casa –, e por ser dono de dezenas de bichos, acumulara um conhecimento sobre os animais que ele julgava inigualável. Ao ser liberado para cuidar do zoológico de Ibrahim, foi como se uma bomba tivesse caído do céu. Os empregados do zoológico logo passaram a fugir de mansinho ao verem aquele homem robusto de cabelo avermelhado indo atrás deles. Era inevitável que saísse gritando com eles por não terem limpado as jaulas, ou por terem dado cevada aos leões.

– Leão precisa comer carne – ele disparava. – Carne fresca, de bicho que acabou de morrer.

Abu Laith estava feliz da vida. Logo iria conseguir juntar fundos suficientes, pelo menos assim esperava, para começar a construir o próprio parque no terreno, por enquanto vazio, que havia comprado ao lado do zoológico. Quando estivesse pronto, os animais poderiam vagar livres, em vez de ficarem presos naquelas jaulas pequenas e quentes.

Isso começou com o leão. No início de 2014, fazia seis meses que Abu Laith era o orgulhoso dono de um filhote de leão, de pelo alaranjado e com uma fenda no lábio superior, que o bichinho prendera numa cerca de galinheiro que Abu Laith colocara imprudentemente para proteger a jaula de cutucadores e outros perturbadores da paz alheia.

O filhote de leão foi sua primeira aquisição para o novo zoológico – o primeiro animal que era dele de fato, e não de Ibrahim. Encontrara o filhote na casa de Ahmed, meia hora a leste do Centro Antigo. Ahmed trabalhava no zoológico e tirava Abu Laith do sério, por andar sempre de moletom e não levar em conta os hábitos alimentares corretos dos animais.

Fazia já um tempo que Abu Laith desconfiava que Ahmed escondia algo dele, relacionado à gravidez de uma leoa, trazida ao zoológico dois anos antes junto com seu companheiro macho. Abu Laith suspeitava que quando a leoa desse cria, Ahmed tentaria roubar a ninhada e vender os filhotes sem o conhecimento do dono do zoológico.

Embora Abu Laith fizesse, muitas vezes, vista grossa para alguns furtos, não iria permitir que nenhum leãozinho fosse surrupiado. Como autoproclamado gerente do zoológico de Ibrahim, já decidira de antemão que tinha direitos sobre os filhotes de leão e que iria comprar o maior número possível deles assim que a leoa desse cria.

Embora nunca tivesse visto leões em seu habitat selvagem, Abu Laith sabia muito a respeito deles graças à *National Geographic*. Sabia, por exemplo, que os leões afiam suas garras nas pedras e gostam de dormir depois de comer.

Para Abu Laith, Ahmed só queria saber de dinheiro. Assim, no dia em que a leoa grávida começou a parecer de novo um pouco mais magra, sem sinal dos filhotes por ali, Abu Laith suspeitou na mesma hora que alguma coisa estava acontecendo. Mantendo a serenidade, ficou em frente à casa de Ahmed, esperando que seu filho mais velho passasse ali pela rua.

— Filho — Abu Laith chamou, como quem não quer nada. — Você por acaso sabe onde seu pai guardou os filhotes de leão?

— Estão lá em casa — disse o garoto.

Não demorou e Abu Laith já estava estacionando seu carrão americano em frente à casa de Ahmed, um predinho com garagem. Na garagem, o funcionário do zoológico, sentado, espiava dentro de uma modesta estrutura de tijolos contendo dois leõezinhos bem pequenos, não maiores do que um filão de pão. Abu Laith ficou furioso.

— Por que você separou os dois da mãe deles? — gritou, entrando de repente na garagem. — Agora, se ela vir os filhotes, vai sentir cheiro de humanos no pelo deles e vai comer os dois.

Ahmed, tranquilo, de moletom, não parecia ligar muito. — Qual dos dois você quer, então? — perguntou, visivelmente contrariado por ter sido descoberto.

Abu Laith agachou-se e observou os leões com olhar profissional. Movendo-se bem devagar, para não assustá-los, abriu a porta do cercadinho. Na mesma hora, um dos filhotes saiu e saltou sobre uma cadeira de plástico que ficava no meio da garagem.

— Este é meu — ele declarou, sorrindo para o jovem leão, que olhou para ele de volta, tranquilo. Em questão de dias, Abu Laith havia instalado o filhote numa jaula vizinha à dos pais dele no zoológico de Ibrahim.

Depois de refletir por um tempo, Abu Laith decidiu dar ao filhote o mesmo nome do pequeno leão de um desenho animado sobre animais da savana africana ao qual assistira com os filhos, com legendas mal traduzidas em árabe. Iria chamá-lo de Zombie.

Imediatamente passou a treinar o leão. Ensinou Zombie a sentar quieto fora da jaula enquanto ele a limpava. Quando o mandava voltar para a jaula, Zombie obedecia. O filhote sabia que não devia incomodar os outros animais do zoológico. Diante da jaula de Zombie viviam os dois ursos-pardos – Lula e o companheiro dela. Abu Laith percebia que o urso macho era fortíssimo e protegia Lula muito bem. Uma vez os tratadores do zoológico tentaram transferi-lo para outra jaula e separá-lo de sua companheira, mais ele urrara e lutara de tal modo que acabaram desistindo.

Lula era uma criatura tranquila, que adorava mel. Quando Abu Laith terminava o serviço na sua oficina mecânica, ia até o zoológico levando meio quilo de mel para ela, que comia tudo e lambia as patas. Lula gostava de maçãs, mas só se elas não tivessem tocado o chão. Era uma ursa muito limpa.

O treinamento continuou acelerado, e, em poucos meses, Abu Laith já tinha certeza, com a confiança de um homem que conhecera apenas quatro leões em sua vida, de que saberia identificar Zombie no meio de outros mil de sua espécie.

Quando anoitecia, e as famílias e todas aquelas crianças pequenas e chatas iam embora, Abu Laith levava uma garrafa de uísque para o zoológico e se sentava com Zombie para confabular.

– Se os animais são de fato impuros – ele às vezes se perguntava, com o olhar perdido na direção do Tigre, onde bambus farfalhavam –, por que Deus decidiu criá-los?

O leão não era capaz de responder, mas Abu Laith achava que o bicho sabia do que ele estava falando.

Alguns meses depois da chegada de Zombie ao zoológico, porém, os sonhos de Abu Laith de construir seu próprio parque selvagem no Tigre foram frustrados por um ataque suicida que matou um de seus sócios no empreendimento, bem no instante em que ele saía pelo portão da casa do amigo. Os dois haviam ficado bebendo no pátio da casa de Abu Laith, que sobrevivera, mas acabou sendo acusado pela polícia de ter ordenado a morte do sócio.

Como o homem morrera em frente à sua casa, Abu Laith sentiu-se obrigado a pagar uma indenização à família dele, num valor que praticamente consumiu toda a sua considerável fortuna, amealhada durante anos, poupando cada dólar que ganhava consertando carros americanos. Ao fim de quatro meses na prisão, libertado depois que a polícia concluiu que ele não era o assassino, Abu Laith foi até o zoológico ver Zombie, já desencantado com seus sonhos de recriar Dubai junto ao Tigre.

Ele pôde perceber que o leão havia sentido falta dele.

# 2
# HAKAM

AOS 25 ANOS DE IDADE, Hakam Zarari era um levantador de peso qualificado, um domador de aves e um dos químicos mais talentosos do ministério da Agricultura do Iraque. Era capaz de erguer cento e vinte quilos no levantamento supino e havia escrito uma dissertação de mestrado sobre o estudo teórico de parâmetros críticos de empacotamento de hidrótopos, usando a teoria da DFT e cálculos QSAR. Tinha um pássaro de estimação chamado Susu, que dormia sobre seu peito.

A família dele também era composta por gente de grandes feitos. Os pais de Hakam, Said e Arwa, eram advogados, e sua irmã, Hasna, estava se formando em Letras. Era uma garota de 20 anos que estudava inglês na Universidade de Mossul, uma instituição respeitável num edifício de pedra ocre, no lado leste da cidade, onde ela lia Shakespeare e Jane Austen. Hassan, o arrojado irmão mais novo de Hakam, estava no exterior, nos Estados Unidos, fazendo mestrado em Direito na Universidade Estadual da Pensilvânia. A casa deles era uma daquelas mansões nas ruas arborizadas não muito distantes da margem leste do Tigre. Por trás dos sólidos muros cor de pêssego da fachada, o jardim era um paraíso verdejante: um laranjal ladeado por delicados canteiros de flores, e, atrás deles, uma casa imponente com quartos bem arejados.

Mas o fato de pertencer à elite de Mossul não protegia a família da instável e perigosa realidade de sua cidade. Mossul, uma fortaleza da minoria sunita do Iraque, estava havia anos sob estrito controle do exército, enviado para lá pelo governo de Bagdá, dominado por xiitas.

Os soldados haviam mantido a cidade sob intervenção, para deter uma onda de ataques de jihadistas sunitas – parte de uma insurgência doméstica que assolara o país após a invasão liderada pelos norte-americanos em 2003. Os jihadistas atacaram os exércitos estadunidense e britânico – assim como o exército local, criado após a dissolução das forças de Saddam Hussein –, com explosivos improvisados e homens-bomba. Embora Mossul não fosse tão famosa quanto Fallujah – uma cidade mais ao sul, apelidada de "cemitério de americanos" –, vivia atormentada pela violência. Em 2004, a al-Qaeda decidiu tomar a cidade, e o ataque só foi rechaçado após a intervenção de milhares de soldados curdos, norte-americanos e iraquianos. Depois disso, os jihadistas ainda mantiveram, durante anos, um forte controle do lado oeste da cidade.

Mesmo assim, para muitos residentes de Mossul, os soldados eram invasores, e não salvadores – uma força de ocupação. Os ataques suicidas continuaram, com maior ou menor intensidade, mas deixando um medo sempre presente de estranhos e de multidões. Os soldados pareciam sentir prazer em causar infindáveis engarrafamentos e em humilhar as pessoas nos postos de controle. Montavam barreiras nas estradas sem mais nem menos, realizavam batidas incessantes e quebravam as janelas de carros estacionados que atrapalhassem suas buscas. As pessoas que eram presas voltavam, às vezes, incapacitadas, após sofrer tortura. Ou sequer voltavam.

Um parente de Hakam foi sequestrado de seu local de trabalho por um grupo de oficiais corruptos do exército, no principal distrito industrial de Mossul. De início, ninguém sabia onde ele estava. Após uma série de frenéticas ligações telefônicas, ficou claro que os sequestradores só iriam libertá-lo se a família pagasse um resgate. Esse tipo de sequestro sancionado pelo Estado, na opinião da família, era infinitamente melhor do que ser preso por motivos políticos. Pagaram o resgate, e ele foi devolvido, relativamente ileso. Pouco se comentou a respeito. A conclusão foi que o homem havia tido sorte.

Enquanto o governo tentava recuperar o controle sobre Mossul e suas tumultuadas ruas, a própria arquitetura da cidade ia sendo alterada, transformada numa estranha rede de fortificações. As entradas e saídas em volta do bairro onde a família Zarari vivia estavam fechadas por barreiras. A única passagem era por um posto de controle numa das pontas do distrito, uma área de cerca de três ou quatro quarteirões.

Em tese, o objetivo era impedir que os jihadistas desferissem ataques suicidas de vários tipos. Na prática, servia para atormentar a vida dos moradores da área e para dar mais trabalho aos soldados – muitos dos quais estavam entediados, com raiva e doidos para arrumar briga. Tinham amigos que haviam sido mortos por fanáticos sunitas, e muitos achavam que os residentes da cidade não difeririam muito deles.

Por causa das barreiras do exército, Hakam levava uma hora e meia para chegar ao seu laboratório, que ficava a apenas um quilômetro e meio da sua casa. Durante a intervenção militar, os serviços básicos foram negligenciados: o suprimento de água era intermitente, na melhor das hipóteses, a eletricidade sofria cortes por horas seguidas, e, nas favelas em torno do Centro Antigo – que ferviam de revolta contra o governo –, o esgoto corria a céu aberto. Muitos *moslawis* (como são chamados os naturais de Mossul) achavam uma clara ofensa da parte do governo não cuidar do bem-estar de sua cidade milenar.

Os sunitas detiveram a maior parte do poder sob o governo supostamente secular de Saddam Hussein, mas a classe dominante instalada pelos norte-americanos era comandada por xiitas. Seus novos líderes estavam ansiosos para se vingar daqueles que viam como seus antigos opressores. Apesar dos esforços do exército, as células da al-Qaeda continuavam a atacar regularmente os soldados e seus apoiadores norte-americanos, com carros-bomba, ataques suicidas e atiradores de elite. Na maior parte das vezes, civis acabavam também sendo mortos.

O risco era diário. A vida corria normal, mas, de repente, num instante, tudo virava poeira e sangue, tímpanos arrebentados, gritos e caos. Às vezes Hakam estava na escola, e os pais ligavam para dizer que não voltasse, porque havia ocorrido um ataque perto de casa. Antes da era do celular, podia levar horas até que um parente voltasse para casa depois de ter cruzado uma área alvo de alguma explosão suicida. A família ficava aguardando, colada no noticiário, esperando que daquela vez não tivesse sido afetada.

Em 2005, Hakam, então com 16 anos, voltava um dia a pé para casa com seus amigos de um grupo de estudos. Era verão, e vinham de aulas particulares, antes de seus exames de formatura. Caminhavam divagando por aquele calor em direção a um posto de controle quando alguém começou a disparar uma arma bem à frente deles. Não havia como se abrigar, nenhuma casa onde pudessem entrar. Deitaram no chão enquanto o mundo em volta deles explodia. Uma pancada fortíssima fez estremecer a rua diante deles. Talvez um carro blindado tivesse sido explodido, Hakam pensou, enquanto detritos caíam em torno deles, e ele rezou pedindo para não morrer.

A essa altura, Hakam já conhecia a dinâmica de um ataque. Às vezes, os milicianos simplesmente arremetiam contra um posto de controle, cravejando-o de balas ou detonando uma bomba suicida, e então fugiam correndo. Se você tivesse menos sorte, seria pego num atentado com um alvo específico: um assassinato ou um ataque vindo de diferentes direções com o objetivo de destruir um posto de controle. No caso, tratava-se de um desses ataques com alvo específico.

Por dois ou três minutos, Hakam e seus amigos ficaram ali deitados, as mãos cobrindo a cabeça, esperando. A rua estava cheia de fumaça, gritos dos feridos e dos soldados. Quando tudo foi se acalmando, os garotos levantaram aterrorizados. A situação agora se invertia, como sempre acontecia após um ataque. Não demorou para que os próprios soldados começassem a atirar às cegas em qualquer um que estivesse vestido em roupas civis – que eram os trajes que os milicianos usavam. Todo mundo era alvo. Os garotos saíram correram pela rua.

Quando Hakam voltou a passar pelo posto de controle no dia seguinte, não havia sinal do ataque. Várias famílias caminhavam pela rua, e havia pessoas fazendo fila para passar pelo controle, irritadas, sob o calor abafado. Todas haviam aprendido a conviver com aquilo.

Na cidade, as opiniões se dividiam: alguns viam os jihadistas como valentes libertadores que iriam livrá-los do exército; outros – entre eles a família de Hakam – viam-nos como fundamentalistas desordeiros.

Um dia, enquanto aguardava num posto de controle a caminho da academia esportiva, num calor de cinquenta graus, Hakam ficou imaginando o que aconteceria se os soldados fossem embora. Foi empurrando sua bicicleta pelo piso irregular da rua junto ao meio-fio, em direção aos soldados parados em pé na barricada. Teria preferido muito mais dirigir uma moto, mas estavam proibidas havia anos, pois tinham se tornado o transporte favorito dos homens-bomba. Em vez disso, ele pedalava pelas ruas congestionadas de Mossul numa bicicleta verde e azul, atraindo olhares de estranhamento e inalando golfadas de poeira.

Se não houvesse postos de controle, levaria cinco minutos para chegar à academia. Agora, por causa daquela rota que ele era obrigado a percorrer, que mais parecia um fio de espaguete, demorava muito mais. Às vezes, mostrava-se simpático com os soldados, que o deixavam passar logo. Já sabia seus nomes, então podia chamá-los e dizer "olá" ao se aproximar, tentando quebrar o gelo. Mas a cada duas semanas as unidades eram trocadas, e um novo grupo de soldados – cheios de suspeitas – assumia o posto. Estavam sempre nervosos, apreensivos e, às vezes, buscavam se vingar por causa dos amigos que haviam sido mortos pelos jihadistas. Todo *moslawi* que viam pela frente era um potencial terrorista.

Dessa vez, Hakam sentiu que a coisa seria difícil. Enquanto empurrava a bicicleta em direção ao posto de controle, viu rostos não familiares na barreira. Já se preparava para ter que encarar uma discussão, e sorriu amavelmente. Alguns dos soldados estavam sentados em cadeiras, outros, em pé, revistando os carros. Um deles foi até ele e fez um gesto ríspido com sua mão direita sobre o braço esquerdo, o sinal iraquiano universal para pedir documentos.

Hakam passou-lhe a carteira de identidade. Os carros buzinavam tão alto que ele estava ficando com dor de cabeça. O soldado ficou um tempo examinando a carteira e deu um passo para trás. Hakam entregou-lhe sua mochila, cheia de roupa de treino surrada.

O soldado remexeu calças e meias. Tirou de lá uma coqueteleira com *shake* de proteína, destampou-a e olhou dentro daquele líquido leitoso, procurando uma bomba.

– Que diabo é isso? – perguntou.

– É um *shake* de proteína – disse Hakam. Era sempre assim, quando havia soldados novos. Ele adotou um tom de paciência estudada. – Estou indo para a academia. Eu moro virando a esquina. Venho aqui todo dia.

O soldado olhou para a bicicleta. – Ponha as mãos na parede – ordenou, tirando a bicicleta das mãos de Hakam. Em volta deles, os carros continuavam com longos e insistentes buzinaços.

Hakam virou-se e levantou as mãos em direção à parede. Muitos homens haviam desaparecido desse modo, levados de postos de controle e nunca mais sendo vistos.

– Qual é seu nome? – o soldado perguntou.

– Hakam Zarari – ele respondeu.

– Aonde você está indo?

– Para a academia – disse Hakam, com a maior calma possível. – Eu passo aqui todo dia. Moro bem perto.

Não houve resposta. Os soldados haviam se afastado – alguns para checar os carros que passavam, outros para revistar pedestres, outros ainda para fumar e tomar chá. Hakam esperou, as mãos ainda na parede. Não queria virar para olhar. Seus ombros doíam. Sentiu-se desconfortável, e era o que eles queriam. Percebeu que estavam ignorando-o de propósito. A raiva e a vergonha foram brotando dentro dele enquanto o suor empapava sua camiseta.

Não demorou para que começasse a achar que talvez tivessem simplesmente se esquecido dele. Os carros continuavam buzinando, e o ar ficava cada vez mais quente. Arriscou olhar para trás. Os soldados estavam em pé ao redor da fila de carros, olhando pelas janelas e, de vez em quando, abrindo o porta-malas e verificando debaixo do chassi com um espelho. Ninguém olhava para ele.

Voltou a ficar de cara para a parede. Era impossível falar com os soldados. Ele teria que esperar.

À medida que os minutos foram passando, ele mergulhou numa confusão mental por causa do calor. Isso era pior que a atitude usual: ser tratado aos gritos e chamado de filho da puta pelos soldados.

– Hakam?

Alguém gritou seu nome do outro lado da rua. Ainda com as mãos na parede, virou a cabeça para olhar. Seu primo Mustafá estava em pé depois da fileira de carros, andando de um lado para outro, parecendo muito confuso.

Mustafá era um estudante cerca de um ano mais novo que ele, branquelo e alegre. Haviam combinado de ir juntos à academia naquela tarde. Ele parecia ignorar o grupo de homens armados que estavam detendo seu primo. Driblando o trânsito, correu até Hakam.

– O que está acontecendo? – ele perguntou, tanto para o primo quanto para os soldados.

Os homens olharam e foram se aproximando lentamente. Mustafá entregou seu documento de identidade, e os dois jovens ficaram em pé um ao lado do outro, olhando para os soldados.

– Então você conhece esse cara? – um dos soldados perguntou, com um tom de tédio profundo.

– Conheço – Mustafá replicou na defensiva. – É meu primo. Mora mais embaixo nesta rua.

O soldado ruminou a informação por um instante.

– Tudo bem – ele disse. – Podem ir.

Alguns minutos mais tarde, Hakam montava de novo na sua bicicleta, tremendo mais que vara verde, seguido por Mustafá, os dois afastando-se do posto de controle. Ficara ali retido por quase meia hora.

– Deixa pra lá – ele pensou, pedalando para a academia.

## 3
## ABU LAITH

O PROBLEMA DOS LEÕES, Abu Laith ponderou uma tarde quando ia visitar Zombie no zoológico, era que eles tinham pouco tempo para crescer. Naqueles anos em que sempre assistia ao canal da *National Geographic* na sua sala de estar, observara a rapidez com que os leões se transformavam de criaturas pequenas e indefesas, em adultos capazes de matar um humano com uma patada. A chave, ele sabia, estava no leite da mãe, que fazia com que eles crescessem a um ritmo impressionante.

Mas Ahmed havia separado Zombie da mãe, então o filhote não podia mais viver na mesma jaula que ela, nem se alimentar de seu leite. Abu Laith sabia que se Mãe sentisse o cheiro de um humano em Zombie, poderia matá-lo. Por culpa da ignorância de Ahmed, Abu teria que criar o leão ele mesmo. Mas não sabia o que lhe dar de comer, exceto leite de vaca.

O resultado é que, apesar de já ter seis meses de idade, o filhote – que vivia numa jaulinha de seis por nove metros com piso de cimento, vizinha à de seus pais – ainda tinha o porte de um cachorro médio. Zombie não crescia, e Abu Laith não sabia como resolver isso. Era uma preocupação para o aspirante a tratador de zoológico: por mais comida que desse ao filhote de leão, ele não ganhava peso. Abu Laith comprava leite para Zombie em grandes garrafas, numa loja perto do mercado ilegal de carneiros, junto aos muros da cidade, e alimentava-o usando uma mamadeira com um bico supercomprido – do tipo que ele sabia que era usado para alimentar carneiros rejeitados pelas mães. Zombie quase sempre engolia o leite, deixando cair uma espuma branca em volta dele, e também sobre a calça de Abu Laith. Mesmo assim, continuava visivelmente pequeno e muito acanhado para a sua idade.

Naquele dia, o leão parecia do mesmo jeito. Abu Laith veio andando pelo zoológico, suando sob o sol escaldante, e viu Zombie sentado na jaula, pequeno e vermelho como uma raposa. Abu Laith tivera um dia cheio na oficina mecânica, e chegou todo coberto de graxa e inclinado a fazer alguma bobagem. Era maio de 2014, não muito tempo depois de ter sido libertado da prisão. Aquelas semanas preso haviam sido um tédio, além de um insulto à sua reputação. Mas agora estava livre, com o nome limpo, e a liberdade era algo que combinava com Abu Laith.

Enquanto rodava pela cidade em sua picape ostensivamente grande – o suficiente para levar todos os seus vários filhos –, não pensava nos homens-bomba e nos sequestros que atormentavam Mossul e haviam levado embora um bom punhado de seus amigos e parentes. Abu Laith não era dado a introspecções e achava que não ganharia nada ficando apreensivo o tempo inteiro, como fazia sua esposa, Lumia. Embora odiasse profundamente todos os paramentos das religiões instituídas e achasse que os mulás, doutores da lei islâmica, não passavam de hipócritas barbudos, sabia que sua vida estava nas mãos de Deus. E que morreria quando estivesse escrito que iria morrer, não antes.

A vida de Zombie, no entanto, estava nas mãos de Abu Laith. Algo precisava ser feito para que o leão crescesse e ficasse forte. Abu Laith tinha grandes planos para Zombie. Imaginava que, quando o leão fosse mais velho, já teria construído para ele um recinto tão grande que o bicho poderia até caçar – abatendo carneiros e cabras num ambiente tipo safari, que Abu Laith julgava não ser difícil de criar em Mossul.

– Você é novo demais para comer carne – Abu Laith disse ao leão, examinando-o com ar crítico. – E não gosta de mel.

As tentativas de fazer Zombie se alimentar com uma dieta mais variada não foram bem-sucedidas, pois o leão torcia o nariz para tudo o que Abu Laith lhe oferecia. Cheirava e ignorava as maçãs e o pão, e fazia o mesmo com as finas tiras de carne de cabrito que ele cortava com todo o amor de uma carcaça fresca trazida do matadouro perto do zoológico, no lado leste da cidade.

Depois de ponderar muito – e de passar muitas horas meditando em frente à TV, vendo o canal da *National Geographic* – Abu Laith decidiu que, se o leite de vaca não era suficiente, então Zombie precisava de leite de jumenta. Ele ouvira em algum lugar que a rainha de Tadmur, a antiga cidade da Síria guardada por estátuas de dois bois alados, lavava o rosto com leite de jumenta. Ela era famosa por seu poder, e parecia razoável imaginar que aquele leite poderia tornar Zombie mais forte.

Ele perguntara aos fazendeiros no mercado e aos garotos maltrapilhos que levavam jumentos pelas ruas do Centro Antigo. Mas depois de dias procurando e colocando avisos em todas as leiterias dentro dos muros da cidade, ele desistiu, incapaz de encontrar um fornecedor regular. Simplesmente não havia jumentas suficientes produzindo o leite que ele precisava.

Já haviam passado semanas, e ele não conseguia ter uma ideia melhor. Zombie ainda vivia com duas garrafas enormes de leite de vaca por dia, e sua barriga estava coberta por uma pele ocre contraída, com costelas um pouco saltadas. Agora, vivia faminto de novo. Abatido, Abu Laith abriu a porta da jaula e entrou para dar comida ao leão.

– Sente-se aí – ele disse, e Zombie obedeceu. O leão sempre fora muito obediente, como Abu Laith relembrou mais tarde, exceto naquelas ocasiões em que não se dispunha a ouvir. O regime de treinamento de Zombie, que ele elaborara em suas longas horas na oficina mecânica, apertando rebites e trocando óleo, estava dando certo, mesmo que a comida não fizesse o leão engordar. Inspirado num vídeo a que assistira sobre domar leões, Abu Laith ensinou Zombie com relativo sucesso a sentar fora da jaula enquanto ele fazia a limpeza, e depois vir até ele quando chamado. Para ele, o fato de o filhote nem sempre obedecer aos seus comandos era apenas um sinal de que o leão tinha um temperamento independente, e não que se recusasse a seguir ordens.

Já era fim de tarde, e Abu Laith limpava a jaula quando viu alguns pastores de búfalos cruzando a ponte sobre o rio e teve uma ideia. Largou a vassoura, fechou a porta da jaula e correu pelo zoológico à margem do Tigre em direção a eles. Era um grupo de três ou quatro homens, alguns vestindo longas túnicas, segurando cajados compridos e finos para guiar os pesados animais pela estrada, onde o lento congestionamento de trânsito movia-se à base de buzinaços pelo ar abafado por fumaça de escapamentos.

— Vocês vendem leite? — Abu Laith gritou para os homens.

— Vendemos — respondeu um dos pastores. — Chegue mais perto.

No meio dos carros, com o Tigre e suas margens lamacentas estendendo-se abaixo deles, os pastores despejaram um jorro de líquido espumante — brilhante como óleo — em algumas garrafas de Pepsi readaptadas para o novo uso. Satisfeito com a própria perspicácia, Abu Laith abraçou as garrafas contra o peito e voltou ao zoológico, enquanto os búfalos seguiam a passo lento pela estrada.

Zombie nem se mexera muito do lugar. Ainda estava sentado na jaula, olhando para Abu Laith. O tratador do zoológico despejou uma boa talagada de leite de búfala na mamadeira de Zombie. Segurando o leão quieto, Abu Laith exultou quando o viu engolir o leite. Mais tarde ele explicaria seu processo de pensamento: se aquele leite era capaz de transformar pequenos bezerros de búfalo naquelas bestas enormes que se arrastavam pela estrada, certamente teria efeito similar em Zombie.

O experimento foi um sucesso completo. Com no mínimo dois litros de leite de búfala por dia, Zombie começou a ganhar peso a um ritmo notável. Conforme o verão ficava mais quente, seu abdome se arredondou, o pescoço ficou mais cheio, e ele parecia, aos olhos de Abu Laith, muito feliz com tudo aquilo. Na jaula ao lado, seus pais rondavam entre as grades ou dormiam. Para a intensa frustração dos visitantes do zoológico, quase nunca rugiam.

Em frente à jaula deles, a ursa Lula e seu companheiro vadiavam ao sol, ou lambiam restos de mel em suas patas. O pônei Shetland trotava pelo seu recinto e, às vezes, ficava indócil quando Abu Laith tentava colocar-lhe um cabresto. Ahmed passava o dia rodeando a entrada, recebendo o dinheiro dos ingressos, e quase não cuidava dos bichos. De Ibrahim, o dono dos animais — que Morava em Erbil —, tinham poucas notícias.

O tempo todo, em seu autonomeado cargo de tratador do zoológico, Abu Laith mantinha um controle rigoroso de tudo o que acontecia no zoológico à beira do Tigre — checando se o pônei recebia feno e se os macacos tinham galhos para ficar se balançando. Depois de um tempo, Abu Laith refletiu com satisfação, à medida que o calor do verão aumentasse, que tudo iria se acalmar, e ele poderia de fato começar a trabalhar em seu próprio zoológico.

## 4

# HAKAM

AO MEIO-DIA E MEIA DO DIA 5 de junho de 2014, uma campainha fez Hakam tirar os olhos da tela do computador. Seu supervisor gritava para todos no laboratório irem para casa mais cedo, e as pessoas em volta dele pegavam suas coisas e se dirigiam à porta. Olhou pela janela e viu as ruas cheias de gente e um congestionamento enorme.

Hakam saiu com os colegas, todos apinhados pela escada. Não se impressionou muito com aquilo. Funcionários do governo costumavam ser mandados para casa quando havia alguma ameaça à segurança, o que era frequente. Seguiram em fila até o estacionamento, cada um segurando sua pasta. Seu celular tocou. Era o pai.

– Já lhe contaram o que está acontecendo? – perguntou o pai.

Said Zarari era advogado, um dos melhores de Mossul. Trabalhava no tribunal, a uns cinco minutos do escritório de Hakam, um grande edifício branco cheio de arquivos empoeirados. Soou um pouco lacônico, o que não era incomum.

– Não tenho ideia – disse Hakam, enquanto seus colegas se amontoavam dentro dos carros e se juntavam ao congestionamento de trânsito. – O que a gente faz?

– Estou saindo do trabalho agora – disse o pai. – Tentando descobrir que rua tem menos trânsito. Venha para cá.

Enquanto seus colegas saíam, Hakam observou as ruas muito movimentadas, cada vez mais cheias, com os funcionários de escritórios que eram mandados para casa. Ninguém parecia estar em pânico, embora o congestionamento de trânsito e a tentativa do exército de organizar a confusão já fizessem os motoristas perderem a paciência. Os balconistas das lojas aguardavam a saída do último cliente, para poder baixar as portas de metal com aquele estardalhaço de sempre. Os manequins foram cobertos, e as lojas, trancadas com cadeado.

Um monte de soldados gritava por ali, sem muita coerência, mandando os motoristas pararem ou seguirem adiante – muitas vezes, as duas coisas ao mesmo tempo – e fazendo disparos para o ar. Hakam lembrou mais tarde que, enquanto esperava, achou que os soldados estivessem montando uma operação contra os jihadistas. Nos últimos dias, os fundamentalistas sunitas haviam entrado em choque com as forças armadas nos bairros pobres e tradicionais da cidade, na margem oeste do rio, apoiados por milicianos que, mais cedo naquele ano, haviam assumido o controle da maior parte da província de Anbar, ao sul.

O noticiário informava que os jihadistas estavam vencendo os soldados na região oeste de Mossul, embora o exército insistisse em dizer que mantinha a situação sob controle. Eram poucos os soldados iraquianos que se dispunham a morrer defendendo uma cidade sunita, pois a maioria deles provinha de áreas xiitas do sul. Tinha-se pouca consideração pelos cidadãos de Mossul, assediados a todo momento nos postos de controle pelo exército e vitimados pelas explosões aleatórias dos autoproclamados santos guerreiros – vivendo imobilizados entre as linhas de uma guerra onde ambas as partes clamavam ser seus protetores.

Os dois lados de Mossul eram separados pelo caudaloso Rio Tigre, de uns duzentos metros de largura, que cortava o centro da cidade. O lado leste estava, em termos gerais, um pouco melhor e mais bem defendido por guarnições do exército. Nas perigosas ruas do lado oeste, havia certo apoio local aos jihadistas. Mas a maioria das pessoas só queria ser deixada em paz. Hakam amava o Centro Antigo do lado oeste – sobretudo o movimento dos comerciantes e o cheiro de café torrado das bancas pintadas de dourado que preenchiam as ruas – e sentia orgulho dos séculos de história *moslawi* sobrepostos em camadas nas vielas de pedra ao longo da margem oeste; muitos invasores, de Hulagu Khan aos otomanos e britânicos, haviam lutado e tombado ali.

Em algumas ocasiões, ao longo dos anos, os jihadistas haviam transformado o Centro Antigo num ninho de cobras, escondendo-se pelas vielas e pelos forros dos telhados, de onde lançavam ataques-surpresa ao exército. À noite, alguns bairros do lado leste eram tomados por jihadistas. O perigo era ainda maior pelo alto grau de sua inserção na sociedade local. Três irmãos, morando na mesma casa, podiam ser respectivamente um soldado, um policial e um miliciano. Bastava ao jihadista pedir aos seus irmãos para não irem trabalhar no dia seguinte, e a rua ficaria totalmente vulnerável à sua ação quando os outros dois alertassem seus colegas para ficarem de fora. Com a geografia do Centro Antigo a ser favor, umas poucas centenas de guerrilheiros podiam facilmente resistir e imobilizar um inimigo muito mais numeroso e mais bem equipado.

O leste era diferente: ruas mais largas e edifícios baixos e relativamente modernos. Embora muitos ali simpatizassem com os jihadistas, o lugar era em geral mais rico e menos isolado que a parte oeste – moravam ali mais pessoas que trabalhavam para o governo de Bagdá, e eram poucas as que viviam na pobreza e na humilhação.

Unindo os dois lados, havia cinco pontes. Uma delas, a chamada Ponte Velha, era uma obra-prima de ferro construída pelos ingleses ao ocuparem a cidade após a Primeira Guerra Mundial. Era comum as pontes ficarem bloqueadas pelo trânsito de gente que ia e voltava dos mercados de ambos os lados, ou de *moslawis* que iam para a escola ou para o trabalho. Hakam achava que os jihadistas não teriam como cruzar as pontes e vir para o leste.

O pai dele chamou-o. – Você terá que vir a pé até aqui onde estou – disse. – O trânsito está péssimo.

Circulando entre os carros, simplesmente parados na rua, com os motoristas afundando a mão na buzina, Hakam ia seguindo até onde o pai o esperava. Como sempre, Said vestia um terno impecável e um chapéu de astracã, que lhe davam um ar de profunda sobriedade.

– Venha aqui – ele disse. – O trânsito está um inferno.

Era pior do que imaginavam. Enquanto seguiam devagar de carro pela rua no sentido leste, Hakam viu soldados se reunindo por toda parte nos postos de controle – que eram uma mixórdia de barreiras contra explosões, sacos de areia e bandeiras xiitas ostentando o rosto do imã Hussein –, ou passando rápido em carros blindados no sentido oeste.

– Não estou gostando disso – disse Said, e Hakam concordou.

Levaram quatro horas para chegar à sua casa, que ficava a poucos quilômetros do tribunal, encarando um trânsito que parecia piorar a cada esquina. Ninguém queria ficar empacado na rua, como alvo fácil para os jihadistas.

Estacionaram o carro do lado de fora da casa. Uma porta de metal dava acesso a um caminho entre os muros externos, de três metros de altura. Dentro ficava o pátio, que nessa época do ano era plantado com arbustos de flores vermelhas e amarelas, sombreado por laranjeiras que davam grandes frutos no inverno. Muitas casas de Mossul eram assim: por fora, um muro empoeirado, e dentro, um jardim exuberante e a casa da família, de teto alto, cheia de vida.

Arwa e Hasna, a mãe e a irmã mais nova de Hakam, já estavam na sala, ouvindo o noticiário em silêncio. Ao lado delas, a coleção de livros da família, uma parede inteira de volumes com encadernação de couro e brochuras comprimidas em estantes de madeira escura.

— Até que enfim você chegou – disse Arwa, muito aliviada. Era advogada, como o marido, mas deixara de exercer a profissão desde que se casara.

Hasna estava encurvada no sofá. De calça e camisa comprida, sua roupa usual, grudada na TV. O âncora do noticiário reportava que havia uma operação em andamento na região oeste de Mossul para neutralizar terroristas.

— Vão conseguir detê-los – disse Said. Mas Hakam podia ver que seu pai, que no tribunal metia medo nos criminosos, estava moderado e sem muita certeza.

Hasna, que frequentava a universidade e se preparava para as provas de literatura inglesa, perguntou: — O que vamos fazer se eles vierem?

— Vamos ficar – disse o pai. – Temos tudo o que precisamos aqui. Eles não vão dar atenção a pessoas como nós. Só querem atacar o exército.

A atmosfera era tensa, ninguém disse nada.

A família sentou e esperou. Nenhum deles sabia direito quem eram aqueles jihadistas. O pessoal contra o qual o exército lutava no oeste podia ser remanescente da al-Qaeda, ou filiado aos mesmos grupos que haviam tomado Fallujah e Ramadi. Tinham apoio dos jihadistas que haviam submetido Raqqa e partes de Alepo, derrotando os mais seculares rebeldes sírios na terrível guerra civil que vinha se estendendo desde 2011.

Toda noite a TV trazia atualizações sobre os combates em Mossul, intercaladas por notícias esportivas e sobre o tempo em Nova York e Washington. Os canais iraquianos não informavam mais do que os estrangeiros. Os celulares da família não paravam de tocar, com notícias e perguntas sobre parentes que viviam fora da cidade, ou aqueles que aguardavam por perto, ansiosos para saber o que estava acontecendo.

Hassan, o irmão de Hakam e de Hasna, continuava conectado numa chamada de vídeo dos Estados Unidos, com seu rosto pálido e amedrontado na tela, apoiada sobre a mesa do café. Hassan partira para a América do Norte algumas semanas antes. Agora ficava no quarto do seu alojamento, buscando informações em todos os canais. Mas por mais que a família comentasse, sabiam apenas de rumores e de alguma explosão ocasional que tivesse ocorrido à distância.

Por volta de 2 da manhã, ainda estavam todos reunidos na sala – largados nos sofás, meio sonolentos diante da TV. O som das buzinas do lado de fora, que prosseguira ao longo da noite, aumentava de volume.

– Vocês conseguem ouvi-los? – Hakam perguntou, andando em direção à porta.

– Não saia – disse a mãe dele, enfática. – A gente não sabe o que está acontecendo.

Hakam levou isso em conta. – Eu vou descobrir – ele disse, e subiu a escada correndo. Lá no alto, no patamar, perto do quarto de Hasna, uma janela dava para a rua. Agachado, procurou distinguir alguma coisa, com o cuidado de não criar uma silhueta que fosse visível de fora. Conseguiu ver apenas o grande cruzamento atrás da casa, com sua torre de vigia no lado mais distante, que era sempre ocupada por pelo menos dois soldados.

A rua costumava ficar deserta a essa hora da noite. Mas agora estava congestionada como se fosse a hora do *rush*: carros buzinando e motoristas avançando lentamente, grudados na traseira uns dos outros, a fila toda praticamente parada. De repente, Hakam compreendeu o que estava acontecendo. Esta era a rua que ia para o leste. As pessoas estavam fugindo de Mossul – provavelmente rumo às cidades curdas, mais seguras, isso se tivessem contatos para passar pelos postos de controle.

À direita e à esquerda da casa deles, Hakam viu seus vizinhos empacotando coisas e pondo no carro, faróis ligados e gritos abafados pelo ruído do trânsito.

Mas o pai de Hakam havia sido incisivo. Eles não iriam embora.

Até a noite seguinte, a família não fez nada a não ser conversar. Haviam repassado tantas vezes os cenários possíveis que todas as opções pareciam igualmente improváveis. Ninguém havia ido lá fora. A TV não noticiara nada de novo, mas os disparos a distância pareciam ter aumentado de volume.

Hakam voltou ao seu posto de observação na janela. Não havia congestionamento, mas muitos carros ainda transitavam pela rua. Entre eles, um número surpreendente de veículos blindados de cor bege do exército, saindo da cidade. Não havia veículos entrando, embora ele ainda ouvisse tiros a distância. Olhou para a torre de vigia no cruzamento. Pela primeiríssima vez, estava vazia.

Hakam sentou-se no chão. Sentia o cérebro dormente, comentou mais tarde. Os soldados estavam abandonando Mossul – fugindo dos jihadistas. Mas não fazia sentido. As ruas de Mossul costumavam ficar lotadas de soldados. Havia bases imensas, com muros de contenção com mais de quatro metros de altura. Eles tinham tanques, metralhadoras, helicópteros.

Mas embora o exército tivesse guarnições enormes, formadas e armadas pelos norte-americanos, com milhares de homens, estes eram fracos e desmotivados. Os jihadistas podiam ser apenas um bando de extremistas, mas eram movidos por uma sede de sangue religiosa, e agora centenas chegavam do deserto, em picapes empoeiradas, com seus rifles Kalashnikovs e lançadores de granadas. Desse modo haviam tomado Anbar, ao sul, e Raqqa, na Síria – numa ascensão conjunta, com o objetivo de derrubar o governo iraquiano ou as forças rebeldes sírias, de uma maneira que ninguém havia jamais imaginado que seria de fato possível.

Por mais que Hakam examinasse a situação, ela parecia sempre igual. Não muito mais do que mil combatentes de resistência, armados com fuzis, carros suicidas e metralhadoras montadas em picapes, haviam lançado um ataque que estraçalhara uma força de milhares de combatentes treinados pelo exército dos Estados Unidos, ao custo de bilhões de dólares. Em toda a Mossul, a polícia e o exército iraquianos haviam abandonado seus postos.

Ele desceu ao andar de baixo, onde a família ainda permanecia sentada. – O exército bateu em retirada –, ele disse ainda sem acreditar. – Vi os carros blindados indo embora. A torre de vigia foi abandonada.

Os jihadistas haviam vencido, e praticamente sem precisar lutar.

Na manhã de 10 de junho, menos de uma semana após os milicianos iniciarem os combates para tomar Mossul, tudo permanecia quieto. Hakam foi dar uma volta. As ruas estavam vazias, e tudo parecia na mesma. Mas o Estado Islâmico havia tomado o poder em Mossul, a segunda cidade do Iraque e lar de mais de meio milhão de pessoas.

# 5
## ABU LAITH

UNS TRÊS DIAS ANTES DA CHEGADA dos jihadistas, Abu Laith tinha ido beber com dois de seus amigos em Bashiqa, uma das vilas cristãs localizadas nas planícies de Nínive, nos arredores de Mossul. Passaram o dia sentados no lugar habitual, sob uma árvore de sumagre, tomando Black Jack, o uísque local de acidez horripilante, e copos de áraque gelado, leitoso, com sabor de anis, típico da região. Mas quando Abu Laith tentou voltar para casa de carro naquela noite, a estrada tinha sido fechada. Os soldados disseram que havia um toque de recolher e que ele não poderia entrar na cidade.

Abu Laith reclamou, mas não havia o que fazer. Era incomum o exército bloquear estradas, mas também não era nada de extraordinário. Os toques de recolher eram impostos toda vez que ocorria um grande ataque terrorista, ou ameaça disso. Os empregados do zoológico iriam alimentar Zombie. Seus filhos mais velhos, que estavam na casa em Mossul, poderiam cuidar de si e dos mais novos aquela noite. Ainda um pouco cambaleante pela bebida, foi até Gogjali, um subúrbio de Mossul fora da zona do toque de recolher, onde sua mulher, Lumia, por acaso estava na casa dos pais com seus três filhos menores – Nour, de 4 anos, Ashraf (conhecido como Geggo), 3 anos, e Mo'men, um bebê cujo cabelo era como o do pai, um tom claro de ruivo.

Demorou alguns dias para reabrirem a estrada para Mossul, e a essa altura Abu Laith estava tão entediado que a notícia foi um imenso alívio. Todos da família de Lumia falavam ao mesmo tempo, e com o mesmo impressionante volume, sem que ninguém parasse um instante para ouvir o que o outro dizia. Lá não havia nada para beber, nem leões com os quais conversar. Abu Laith estava muito preocupado com Zombie. De vez em quando alguém ia lá fora ver se a estrada havia sido liberada, ou para ligar para Luay, segundo filho mais velho de Abu Laith, que estava na casa em Mossul com três de seus irmãos. Nos últimos dias, sentiam tanto tédio quanto Abu Laith. Ouviam os boatos e o som de combates a distância, mas isso era perfeitamente normal em Mossul, e ninguém dava muita importância. Ficaram em casa, como sempre faziam em situações como essa, à espera de que a última crise terminasse.

No terceiro dia, quando Abu Laith e os demais se espremeram no carro, já tinha anoitecido havia um bom tempo, e viram acontecer algo muito estranho. A estrada para entrar na cidade estava totalmente livre, mas a que saía dela continuava cheia de carros.

– Está todo mundo indo no outro sentido – disse Lumia, observando de olhos arregalados pela janela. – Estão todos indo embora.

– Vai dar tudo certo – disse Abu Laith, que, mesmo tendo dito isso, sentia um pouco de apreensão. – Não se preocupe.

– Não estou preocupada – ela disse, ríspida.

Às vezes, Abu Laith sentia que viver com Lumia era como ter se casado com uma caixa de fogos de artifício, ou com um jovem urso. Era muito divertido estar por perto, mas a qualquer momento podia ocorrer uma explosão fatal.

Lumia era uma mulher de 35 anos, um rojão que falava como uma metralhadora e ria praticamente de tudo. Tinha os cabelos pretos como carvão, que, às vezes, cobria parcialmente com um xale, e contava piadas sujas que faziam os filhos chorar de rir e de embaraço. Ao contar histórias, o que fazia com frequência, gostava de reencená-las, e, se uma visita entrasse de repente na sala dela, poderia encontrá-la agachada no chão, fingindo ser um idoso reumático de Bagdá.

Ela e Abu Laith haviam se conhecido quatro anos antes, os dois viúvos e cheios de pesar e de filhos (Lumia tinha três crianças pequenas, Abu Laith, oito, já mais velhas). Para a surpresa de ambos, haviam gostado um do outro de uma maneira leve, confusa, hilária, que combinava com os dois. Trabalhando rápido, produziram outros três rebentos, Nour, Geggo e Mo'men, um seguido do outro, como se estivessem numa prova de revezamento. Os números eram complementados por um notável grupo de animais; alguns eram reconhecíveis como de estimação, outros – caso dos besouros que as crianças catavam do jardim, ou dos carneiros que haviam encontrado um dia e trazido para casa – eram meros agregados, que haviam sido igualmente acolhidos.

Aquela casa lotada de gente e de bichos ficava em frente ao velho parque de diversões construído pelos norte-americanos no leste de Mossul. Enquanto aguardava a volta dos pais e dos irmãos, Luay, o filho de 20 anos de Abu Laith, continuava sentado em casa vendo TV, com uma sensação insidiosa de que algo devia estar muito errado. Não costumava acompanhar o noticiário. Luay estava em época de provas. Tecnicamente estudava Geografia na Universidade de Mossul – um extenso complexo de edifícios tipicamente institucionais situado mais adiante, em direção ao centro da cidade –, mas na prática passava a maior parte do tempo jogando um *game* chamado Clash no seu celular, ou fumando narguilé no degrau frontal da oficina de seu pai, ao lado de casa. Baixinho como o pai, mas de constituição forte como ele, tinha a mesma cabeça de leão de Abu Laith e o mesmo trato fácil.

Desta vez, no entanto, estava realmente muito preocupado.

*Um grupo autodenominado Estado Islâmico do Iraque e da Síria infiltrou-se temporariamente no oeste de Mossul*, dizia um apresentador de um dos canais árabes. *O exército está revidando o ataque, e há uma operação em andamento.*

Luay não conseguia ouvir combate algum. O ar do verão estava quente e parado. Ele já ouvira falar do Estado Islâmico – um dos muitos grupos islamitas que vinham ganhando poder na Síria, tomando o lugar da oposição mais moderada e de outros grupos islamitas, e controlando cidades, como a remota e provinciana Raqqa. No Iraque, haviam ganhado terreno em Anbar. Mas isso não iria acontecer em Mossul, onde o exército muito bem treinado exercia um poder absoluto nas ruas e combatia, havia anos, grupos fanáticos similares.

Mesmo assim, algo não andava bem.

A uns quinze quilômetros dali, Lumia e Abu Laith vinham de carro em direção à periferia da cidade e viram um abrigo de metal vazio, com algumas barreiras de contenção diante dele. – O posto de controle não está mais ali –, gritou Lumia, e isso era uma real confirmação de que algo terrível tinha acontecido. Continuaram dirigindo pela cidade. O posto de controle na rua principal, não muito longe da casa deles, no qual eram sempre parados pelos soldados, também estava vazio. Viram armas abandonadas no chão dentro da guarita.

– O exército foi embora – disse Lumia. – Eles fugiram.

Abu Laith não tinha tanta certeza. – Talvez seja só neste posto de controle – ele disse. – Quem sabe o exército está na parte oeste agora.

Mas conforme iam seguindo até a casa deles, viam apenas um fluxo de gente indo no sentido oposto. Não havia soldados, e a estrada que dava acesso a Mossul estava vazia.

Pararam em frente à casa às 11 da noite. Era uma noite bem escura, e a rua secundária onde moravam estava tranquila. Abu Laith e Lumia entraram pela porta da frente, carregando as crianças pequenas.

Dentro, os filhos mais velhos estavam nos últimos estágios do pânico. Havia uma pilha de pão em cima de uma toalha na sala, e Lubna – a terceira filha mais velha de Abu Laith, recém-divorciada e muito estressada – estava na cozinha. Luay corria pela casa, procurando roupas e cobertores para as crianças.

– Temos que ir embora – gritou Lubna, enquanto embrulhava mais pão. – Todos os outros já foram embora. Acho que aqui na nossa rua só sobrou a gente.

– O policial que mora mais para o fim da rua já foi embora há horas – disse Luay, cujo cabelo comprido sempre caía na frente dos olhos.

Abu Laith ponderou por um instante, examinando a cena caótica à sua frente. – Certo – disse ele. – Vamos embora.

As crianças choravam, Lubna chorava, Lumia chorava e Luay ainda estava de chinelos na hora em que todos já haviam entrado no carro – o enorme Chevrolet preto e prateado de Abu Laith –, levando pão, alguns cobertores e uma muda de roupas. Lumia não parava de falar, e Nour, que era tão barulhento quanto a mãe, gritava e gesticulava de um jeito que lembrava a própria Lumia.

– Zombie está correndo perigo – disse Abu Laith no meio daquela algazarra, com ar pesaroso. – Quem vai cuidar dele? Ele precisa comer. Eu tenho que ir ao zoológico.

— A gente precisa ir embora — gritou Lumia, e empurrou o marido para dentro do carro. Haviam decidido ir para a casa do amigo de Abu Laith, em Bashiqa, onde alguns dias atrás ele estivera, comendo *mezze* — homus, saladas e tabule — e tomando uísque. No entender de Abu Laith, era longe da cidade o suficiente para oferecer alguma segurança, o que quer que fosse aquela invasão. Pelo menos os Peshmerga, combatentes curdos que patrulhavam o limite de seu território, que não ficava muito longe de Bashiqa, protegeriam as cidades cristãs.

Espremidos no carro, saíram da sua rua tranquila e entraram na via principal, naquele trânsito lento e congestionado. Não era uma rua larga, mas quando chegaram à periferia da cidade, havia se transformado numa via de várias pistas, com milhares de pessoas tentando, ao mesmo tempo, ultrapassar as demais.

Alguns quilômetros fora de Mossul, o trânsito empacou de vez. Todos os motoristas em volta buzinavam e tagarelavam sem parar. Aqueles que podiam desciam dos carros e tentavam ver o que estava acontecendo mais adiante. O veículo estava abafado com o ar da noite, e a fumaça de diesel dava tonturas. No banco de trás, as crianças choravam.

Gritando para todos se calarem, Lumia tentou abrir sua porta. Não conseguiu. O carro ao lado estava perto demais do deles. Ela alcançou a outra porta traseira, que abriu por um instante, mas fechou de novo com uma batida forte e não abriu mais.

— Se o carro pegar fogo, vamos todos morrer aqui dentro! — ela bradou em meio aos gritos das crianças. — Temos que sair daqui. Temos que sair!

Disparos de armas de fogo soavam ao longe, em algum lugar. Em volta deles, todos corriam, saltando com suas famílias por cima dos veículos parados, abandonando as malas. Abu Laith, que quase conseguia colocar meio corpo para fora do carro, tentou ver o que estava acontecendo, mas era uma noite escura, maluca e caótica.

Lumia, com considerável agilidade, saltou por cima dos assentos e saiu pela porta dos passageiros. Com Luay, formou uma corrente humana e passaram as crianças dos assentos traseiros para a frente e para fora do carro, onde foram arrebanhadas por Abu Laith.

Reunidos num bando compacto, cada um segurando uma criança acalorada, cansada, ou agarrando no braço de alguém, conseguiram escapulir por aquele rio estagnado de veículos. Em volta deles, as pessoas se empurravam e gritavam, procurando membros da família perdidos e tentando chegar a um grande armazém próximo dali, à beira da estrada. Sem saber realmente por que, Abu Laith e sua família foram levados por aquela onda.

O som de armas de fogo aumentava e parecia cada vez mais perto. Centenas de pessoas haviam se refugiado no armazém, e tudo o que as crianças conseguiam ver eram as pernas e malas das pessoas ao redor. As que não estavam chorando gritavam, inutilmente, tentando descobrir o que estava acontecendo.

Na frente do armazém, grandes monitores de TV de circuito fechado mostravam aquele rio de carros e as pessoas saindo deles correndo. – Aquele lá é meu pai! – um homem gritou.

Mais disparos de arma de fogo, mais gritos, até que, sem nenhuma razão particular, a família sentiu um movimento ao redor e foram sendo empurrados para fora, todos de volta aos seus carros. Luay perdera os chinelos e corria descalço pelo chão esburacado.

Lumia ficara para trás, arrastando as saias, e, quando se deu conta, viu-se, de repente, sozinha entre estranhos.

– Abu Laith! – ela gritou. – Luay! Lubna! Abu Laith!

Não estavam mais por perto. Todos ali em volta dela se pareciam um pouco com eles – crianças com cobertores, ou homens baixinhos e robustos, mas eram todos estranhos. Uma rajada de armas de fogo soou atrás dela, que correu com todos os demais em direção aos carros.

– Abu Laith! – ela gritou, e acabou se chocando com um homem de uniforme militar. Era um soldado curdo Peshmerga, que falou para ela se acalmar.

– Acalmar? – disse Lumia. – Eles estão atirando.

E estavam mesmo. Alguém disparava atrás dela, bem perto, e as pessoas em volta corriam em desespero ou se atiravam no chão. Lumia corria, e, de repente, viu alguém caído no chão diante dela, e teve que pisar nele para não tropeçar e cair. Era um soldado, assim como o combatente Peshmerga que acabara de ver, e estava coberto de sangue.

Lumia gritou e continuou correndo em direção aos carros. Alguns estavam com as portas abertas, e as pessoas tiravam coisas de dentro – saqueando malas e rádios. Os disparos haviam cessado, e ela veio aos tropicões entre os automóveis, que agora se moviam. Lumia se desviava, gritando os nomes da sua família, até que viu Abu Laith alguns metros à frente, chamando-a também aos gritos.

Chegaram à casa do amigo de Abu Laith mais ou menos uma hora mais tarde. O nome dele era sheik Hassan Ali Beg, um antigo assessor do ex-primeiro-ministro Nouri al-Maliki — um muçulmano xiita como ele. As luzes da casa de campo estavam acesas, e a família toda esperava acordada e ansiosa. Nas paredes da sala, havia retratos do imã Ali, genro do Profeta Maomé, que os muçulmanos xiitas consideram seu legítimo sucessor. Os familiares do sheik eram membros da Shabak, uma antiga minoria do norte do Iraque, distinta dos curdos e dos árabes, perseguida por ambos em várias épocas.

— Estamos partindo para Duhok — disse a mulher do sheik, enquanto zanzava pela casa carregando malas e enxotando crianças do caminho. Esta cidade, cinquenta e seis quilômetros ao norte, ficava bem dentro do território curdo e era rodeada por montanhas, o que iria retardar o avanço dos milicianos. Quem quer que estivesse atacando, com certeza eram insurgentes sunitas, que iriam massacrar qualquer xiita que encontrassem pela frente, pois os viam como apóstatas e heréticos.

A mulher do sheik parecia aterrorizada. — Você é sunita — ela disse. — Você pode ficar. Mas eles vão cortar nossas cabeças.

— A gente deveria ir junto com eles — disse Lubna, quando a família se reuniu na sala do sheik. — É melhor fugir também. Não devíamos correr riscos. Temos pão e podemos nos ajeitar de algum modo.

Lumia interveio. — E o que vamos fazer quando o pão acabar? — perguntou ela. — A gente vai comer o quê então? Sequer pegamos algum dinheiro.

— Como assim? — questionou Abu Laith, surpreso. — Você não trouxe o dinheiro?

A pele branca de Lumia enrubesceu. Era ela que cuidava das finanças da casa e tinha por hábito guardar bolsas com dinheiro vivo escondidas pela casa, para que os outros não ficassem gastando. Mas, na pressa de ir embora, esquecera-se de pegá-lo.

— Eu estava muito ocupada! — ela gritou. — Estava em pânico!

Abu Laith ficou desconcertado. — Bem, de qualquer jeito a gente teria mesmo que voltar — ele disse. A decisão havia sido tomada. Se não voltassem, perderiam a casa e o dinheiro para algum saqueador. Além do mais, eram sunitas, e ele nunca trabalhara para o governo de Bagdá. Resistiriam algumas semanas até que o exército voltasse e destruísse os jihadistas.

Foi uma longa noite. Ninguém dormiu direito, pois os sobressaltos causados pelo barulho da família do sheik empacotando coisas e do fluxo de carros na rua mantinham a família acordada. Quando clareou, todos tomaram o café da manhã juntos. Lumia ligou para a família do primeiro marido dela, que morava no oeste de Mossul, tomado pelos jihadistas alguns dias antes.

– Está tudo bem aqui – eles disseram. – Não mudou nada. A única diferença é que o exército foi embora.

Enquanto o dia ainda estava fresco, juntaram suas coisas e se prepararam para partir. Lumia deixou seu pão para a família do sheik, imaginando que eles talvez fossem precisar. Eram pessoas ricas, mas estavam abandonando tudo o que tinham, e ela se sentiu mal por eles.

– Vocês vão ficar seguros – disse o sheik, enquanto os filhos de Abu Laith se amontoavam no carro. Ele sorria, mas a mulher estava quieta e assustada.

Abu Laith acomodou-se no assento do motorista, enquanto as crianças berravam nos bancos de trás. O sol ainda não queimava forte, e o rio de automóveis da noite anterior havia desaparecido. Em seu lugar, uma fila constante de veículos saía de Mossul, num ritmo quase preguiçoso.

– Eles foram embora mesmo – disse Lumia, olhando pela janela ao passarem por mais um posto de controle abandonado pelo exército. – Eles traíram Mossul.

Conforme se aproximavam, viram uma névoa cinza pairando sobre a cidade. Era fumaça de incêndios que pareciam obscurecer o céu, mesmo no sol quente de verão.

O primeiro vislumbre que tiveram deles foi no bairro Saddam, na periferia leste. – Olhem lá! – alguém no carro gritou. – Lá na frente. – Ao longe, viram apenas duas figuras segurando armas, em pé na calçada. Não pareciam soldados. No instante seguinte, não estavam mais à vista, e todos no carro começaram a falar ao mesmo tempo.

– Calma! – gritou Abu Laith. – Logo eles irão embora. Calma.

Mas, na verdade, ninguém se acalmou, e quando chegaram à rua em que moravam – passando de carro pelo posto de controle abandonado ao entrar no bairro –, a ansiedade era densa e palpável.

— *Assalamu aleikum!* — exclamou Abu Laith, com a saudação islâmica. Os vizinhos deles, que também haviam ido embora na noite anterior, já tinham voltado e estavam descarregando o carro. Cumprimentaram de volta. O ambiente ficou mais leve quando Abu Laith abriu a porta da casa — que ainda estava trancada, do jeito que a haviam deixado — e todos entraram.

Enquanto as crianças corriam pra lá e pra cá, Lumia permanecia imóvel. — Não vou sair desta casa até que essa confusão termine — disse ela. — Nem as crianças. É isso.

Abu Laith não estava realmente ouvindo. Sua maior preocupação era Zombie. Não sabia se os funcionários do zoológico haviam alimentado o animal, nem se os pastores de búfalos tinham fugido da cidade também. Mas o zoológico ficava bem distante, às margens do Tigre, a meia hora de carro da sua casa, e ele não podia ir até lá agora. Ninguém sabia dizer se havia combates no centro da cidade, ou se os jihadistas estavam matando civis. Ele tinha que ficar em casa para cuidar de Lumia e das crianças até que as coisas ficassem mais claras.

Por ora, precisava obter mais informações. Deixou as crianças fazendo a bagunça delas e subiu a escada, todos os quatro andares, onde a poeira se erguia pelo ar, passando pelos blocos vazados do piso. Abriu a porta que levava até a laje do terraço e caminhou pelo espaço de concreto liso de onde podia ver o velho parque de diversões de frente à casa.

Estava quente agora, o sol bem forte. O vento trazia uma fumaça tóxica que deixava o ar como uma sopa enjoativa, cáustica. Alguma coisa resvalou nele. Era um pedaço de borracha preta. Por toda parte caía borracha carbonizada, como se fosse chuva, e Abu Laith sabia de onde vinha.

Caminhou até a beirada da laje, atento aos jihadistas, e viu pneus sendo queimados no meio da estrada, umas duas ruas adiante. Não muito longe dos pneus, havia dois homens ao lado de uma picape. Abu Laith agachou-se depressa atrás do parapeito da laje, torcendo para não ter sido visto. Os homens vestiam um camisão marrom comprido por cima da calça, o que era conhecido como roupa *kandahari*, por causa dos afegãos, que costumavam usá-la. Tinham armas dependuradas no ombro. Uma bandeira preta, ele lembrou mais tarde, tremulava na traseira da picape. Era o Estado Islâmico.

# 6
# IMAD

*1970*

NAQUELA CASA GRANDE no leste de Mossul, perto do Tigre, onde a névoa se ergue e refresca as ruas, Imad – o rapaz que um dia seria chamado de Abu Laith – estava sentado no chão. Tinha 10 anos, cerca de um metro e vinte de altura e já ostentava uma barriguinha de barril. Tinha nos braços Bobby, um sabujo sarnento do tamanho de uma geladeira, e um cachorro chamado Jonny, maior ainda. Haviam se conhecido minutos antes, numa pilha de lixo onde os dois cavoucavam procurando comida. Imad achou que eram lobos, e estava muito feliz por tê-los encontrado. Após um momento de ponderação, deu-lhes os nomes de dois personagens do livro das aulas de inglês.

O pai de Imad estava gritando já fazia algum tempo. A mãe chorava, e isso acontecia há mais tempo ainda. – Esses animais são asquerosos – o pai criticou. – Eles têm doenças.

Imad, esparramado à vontade no meio dos cachorros, foi implacável. – Eu levo os dois ao veterinário se ficarem doentes – ele disse. – E vou levá-los para passear todo dia.

– Você não vai fazer nada disso! – o pai gritou. – Vai levá-los de volta ao lugar onde os encontrou.

Bobby e Jonny não pareciam se incomodar com aquela intimação. Nem Imad. Por mais que odiasse apanhar, Imad não tinha medo do pai. Gritos e ameaças aconteciam toda vez que ele trazia um novo animal para casa. Já acontecera com os pombos, que dormiam dentro de duas caixas de manteiga sob o beiral do telhado.

Quando comprou os pombos na loja da Rua Síria, escolheu-os por sua beleza: pombos *sabuni* – cor branco-marfim, com coroas de penas sobre os pés. Depois vieram as fêmeas, com cintilações verdes nas pontas das asas e plumagem cinza. Não serviam para levar mensagens, e não brigavam, como outras aves conseguem fazer, mas ele gostava de segurá-los na mão e soltá-los, vendo-os batendo as asas pelo céu.

O pai também gritara outras vezes por causa do gato da sua irmã, que travava uma guerra com outros animais por espaço – o número de animais vinha aumentando –, ou então reclamava do jumento de seu irmão Ziad, que ele montava de costas, até que caiu e quebrou o braço. A coisa corria um pouco melhor com os cordeiros; Imad comprara os bichos com o próprio dinheiro e pastoreava-os por Mossul, radiante de felicidade, enquanto os bichos copulavam pelas ruas, incomodando os vizinhos e trazendo vergonha para a sua família, segundo a mãe dele. Quando cresceram, foram arrebanhados e sacrificados. Nesse dia, Imad sentou-se no jardim e chorou até a primavera seguinte, quando nasceram novos cordeirinhos.

Imad amava animais de todo tipo, mas quanto mais perigosos melhor. Sabia como prender aranhas em armadilhas e como treinar um cão para caçar. Sabia atrair qualquer gato, cachorro ou coelho para vir simplesmente cheirar suas mãos vazias.

No interior de cada ser vivo, ele tinha uma noção instintiva disso, havia uma personalidade, uma vida com necessidades, gostos e coisas que cada um deles odiava. A exceção eram os insetos. Não se interessava muito por eles. Achava que funcionavam melhor para entreter outros animais – como as mariposas, que eram brinquedos para os gatos perto de uma lâmpada acesa, ou um grilo que fosse dado a um pássaro faminto. Ele gostava de aves. Os ninhos delas eram as suas casas, e ele batia em qualquer criança da vizinhança que tentasse roubar os ovos.

A casa da família no bairro de Zuhour constituía o seu feudo. Eram vários hectares de jardim e bosque nos arredores de Mossul, onde as ruas largas e tranquilas pareciam outro mundo em comparação com a poeira e a agitação da cidade. Ele escavava o terreno e brincava por ali, onde mantinha uma longa rixa com Nouri, o jardineiro, um curdo corpulento e bonachão de Akre, que tivera uma vida tranquila até conhecer Imad.

Nouri cuidava com grande zelo dos jardins e ficava pessoalmente ofendido quando Imad e seu bando destruíam seu trabalho. Com muito esforço, conseguira enfiar as galinhas de Imad num recinto construído para esse fim, coberto com ramos de romãzeira. Mas Imad, que queria que as aves ficassem soltas, abria a porta assim que Nouri virava as costas, e as galinhas ficavam ciscando pelo gramado que o jardineiro tinha arrumado com tanto cuidado.

Quando os carneiros de Imad comeram as flores que Nouri passara meses cultivando, ele não aguentou mais. Furioso, subiu a escada e foi até Umm Sabah, a avó de Imad, que mandava na casa e em tudo desde que o marido falecera. Tinha um rosto largo e um temperamento dificílimo.

Mas era uma causa perdida. Umm Sabah tinha um fraco por Imad, pelas galinhas dele que lhe davam ovos de manhã e por suas travessuras, que ela achava geralmente muito divertidas. — Não ligue pro garoto — ela disse, e Nouri desceu as escadas de volta pisando duro, mais furioso ainda que antes.

Imad achava que era capaz de domesticar qualquer animal. Mesmo com lobos não seria diferente. Aqueles bichos que acabara de encontrar não viviam na neve, como os animais que ele havia visto nos livros, mas pareciam exatamente iguais. Ele não iria perder essa oportunidade. — Você tem duas opções — disse ao pai, depois que este gritara até fazê-lo ficar em silêncio. — Ou Bobby e Jonny ficam, ou eu nunca mais volto para a escola.

O pai parecia a ponto de bater nele. Mas virou as costas e saiu do quarto muito bravo. Imad ficou feliz, lembrou bem mais tarde, e sorriu para os dois cães ofegantes.

— Agora vocês moram aqui — disse para os dois.

## 7
## ABU LAITH

A PROMESSA DE LUMIA de não sair da casa durou uns dois dias. Toda manhã, ela ficava com as crianças e os pombos aguardando notícias do mundo exterior trazidas por Abu Laith, que saía para dar uma volta pelo bairro. Sem o fluxo usual de fofocas da vizinhança, sentia-se entediada, e cada vez mais irritada, tanto com o marido quanto com os filhos e os bichos. Andava agitada pela cozinha, batendo as panelas, xingando os animais que trançavam pelas suas pernas, enquanto os adolescentes ficavam emburrados, grudados nos seus celulares. Estava tudo tranquilo desde que tinham voltado. A única vez que haviam tido um vislumbre dos jihadistas – homens armados, barbudos, com seus camisões *kandahari* – foi quando eles vieram até uma residência umas três portas depois da sua (os moradores haviam fugido) e levaram o carro deles, que pertencia ao governo.

Para piorar as coisas, era Ramadã, e todo mundo passava o dia com fome e de mau humor naquele calorão. O mês de jejum costumava ser um período de férias, quando a televisão passava séries especiais, em geral dramas familiares com muito sangue e traições. Os devotos rezavam, enquanto os outros aproveitavam para dormir o dia inteiro, até a hora de quebrar o jejum, ao anoitecer. Mas quando o Ramadã caía no verão, os dias longos deixavam todo mundo meio maluco. Embora o jejum começasse todo dia com as orações do amanhecer, só terminava quase às 9 da noite, já que o sol dava a impressão de estar dependurado, estático no céu. Para as pessoas religiosas de fato, era um teste importante de sua fé. Para os de mente menos espiritualizada, era algo incrivelmente maçante.

— É o seguinte — Lumia gritou para Abu Laith uma tarde, quando ele acabara de fechar o portão e entrar no pátio. — Cansei de esperar. Não tenho nada para fazer aqui. A gente vai embora hoje à noite. — Ela foi avançando pelo pátio até o marido. — E você — ela disse —, você vai cuidar de nós. E se houver algum problema, voltaremos todos direto para casa, e não quero ver nenhuma briga.

Abu Laith estava um pouco abatido. Na condição de *shaqawa*, de homem forte local, sempre fora a pessoa chamada para apoiar os vizinhos em alguma confusão, ou para fazer cumprir a justiça imposta pelas autoridades locais. Naquele canto de Mossul, se alguém mexia com sua esposa ou roubava sua loja, você sabia a quem recorrer. Grandes punhos fechados, a barriga saliente sob seu longo *thobe* — uma túnica que ia quase até o chão —, Abu Laith atacaria seus inimigos, com o rosto vermelho de raiva, e, se necessário, daria uma boa lição no malfeitor.

Lumia sabia que as coisas não seriam mais as mesmas na nova Mossul. Alguns dos seus vizinhos haviam ficado felizes com a chegada dos jihadistas, e ela não confiava neles.

— Estou falando sério — ela disse. — Estamos indo embora, e vamos continuar todos juntos.

Abu Laith concordou, mas com uma condição. Eles iriam até a área de piqueniques onde as famílias faziam refeições, e depois, se fosse seguro, seguiriam de carro junto ao Tigre para ver Zombie no zoológico. A essa hora da noite, durante o Ramadã, pensou ele, não haveria muitos postos de controle para detê-los. Ficou muito animado para ver o leão.

Só bem tarde da noite é que ficaram todos vestidos e prontos para sair. Por volta de 8h30, Lubna e Oula, as duas filhas mais velhas da casa, ainda circulavam pelos cômodos, tentando fazer as crianças menores se arrumarem.

Abu Laith, como de costume, continuava sentado no sofá assistindo ao canal da *National Geographic*, comentando com empolgação os melhores trechos que iam passando. "Nunca se desgarre do bando quando um leão estiver perseguindo você!", gritava de vez em quando, sem se dirigir a ninguém em particular.

Lumia nunca se impressionava muito com os seus conhecimentos.
– Que tal você começar a esquentar o carro? – gritava ela.

Abu Laith tinha o maior orgulho de sua picape Chevrolet, e, desde que a adquirira anos atrás, cuidava com muito carinho de seu motor, que ainda funcionava perfeitamente. Ele levantou de um pulo e foi para o pátio.

Não muito tempo depois, a família já estava espremida no espaçoso Chevy. As crianças brigavam para ocupar seus assentos atrás, para não serem lançadas para cima quando passassem pelos inúmeros buracos de Mossul.

Na frente, iam sentados os adultos, com a voz de Lumia sobressaindo ao barulho do motor enquanto explicava às duas meninas mais velhas como queria que se portassem em relação aos jihadistas. – Não olhem para eles – ela dizia. – Esses caras são reprimidos. Nunca viram uma moça vestida de um jeito normal antes. Se vocês olharem para eles, vão querer casar com vocês, portanto, muito cuidado.

Oula, que tinha 11 anos e usava o cabelo comprido sobre os ombros, com um xale jogado displicentemente na parte de trás da cabeça, riu do que a madrasta falou e deixou o xale pendendo do mesmo jeito. A irmã dela, Lubna, cujos três filhos brincavam atrás, também deu risada.

Lubna tinha apenas 21 anos quando nasceu seu primeiro filho, fruto de um casamento arrumado às pressas, com um professor de Geografia que a família toda era unânime em tachar de bunda-mole. Ela discordara disso nos primeiros anos, mas acabou admitindo que estavam certos e largou o marido para morar na casa do pai, com a custódia compartilhada dos filhos. Agora ela passava a maior parte do tempo livre em elaborados tratamentos de beleza e sessões de fotos solo. Tinha ilusões de encontrar um novo companheiro, menos patético.

Até aquele momento, não havia funcionado. Mas naquela noite, seu cabelo loiro descolorido escapava de um xale folgado, e seus olhos delineados de kohl realçavam as pálpebras inferiores, mais claras. Vestia uma camisa e jeans bem justos.

O sol começava a se pôr quando partiram de carro, com os filhos sacolejando nos bancos de trás – e Abu Laith guiando e se desviando de cachorros vadios e de pilhas de detrito que haviam se acumulado pelas ruas. De vez em quando, algo típico dele, gritava algum cumprimento a outro motorista ou pedestre, e desacelerava, chegando a parar para cumprimentá-lo e fofocar alguma coisa, sem dar a mínima para as buzinas e xingamentos que aumentavam à sua volta.

Passaram em seguida pelos vários shoppings da rua principal, que corria perpendicular ao rio, e pelos cafés onde as famílias sentavam-se para fumar narguilé e tomar chá doce de longa infusão. Com as crianças fazendo bagunça, dobraram a última esquina, e o Tigre, então, se estendeu à direita – água preta cintilando com os reflexos dos cafés às suas margens, das luzes decorativas dependuradas em fios estendidos pelos salgueiros, entrelaçados como barbantes em uma cama de gato. Do outro lado, dava para ver o Centro Antigo, uma massa de cúpulas e arcos amontoados em direção ao rio, como pinceladas de tons de areia e cor-de-rosa. Àquela distância, as casas, com cada janela brilhando sua luz, pareciam empilhadas umas sobre as outras, como no brinquedo de blocos Jenga.

Por centenas de anos, desde antes de os seljúcidas governarem a cidade, todo viajante que conhecia Mossul escrevia sobre sua beleza e a fertilidade de suas terras. Saqueada pelos mongóis e conquistada pelos otomanos, a cidade sobrevivera e crescera até se tornar a caótica metrópole daquele verão de 2014.

Conforme a família seguia de carro, as luzes do bairro ribeirinho Floresta brilhavam à frente deles num torvelinho de vermelhos, roxos e verdes. À esquerda, ficava a densa mata que dava nome à área. Margearam um trecho de um quilômetro e meio de estrada junto ao Tigre, que toda noite explodia numa espécie de parque de diversões: uma torrente de luzes e musiquinhas alegres repetidas infinitas vezes pelos alto-falantes das atrações do parque, ou saindo de caixas de som amarradas com pedaços de arame a carrinhos de chá.

O caos diminuía apenas no final das noites de verão, quando um calor sufocante se prolongava bem depois de o sol ir embora, fazendo as combalidas ruas transpirarem manhã adentro. Restavam, então, apenas alguns pescadores e os últimos beberrões – assando a pesca do dia em pequenas fogueiras debaixo das pontes, ou bebericando áraque até que a crista rósea do nascer do sol se erguesse sobre a cidadela.

Abu Laith estacionou o carro no meio da rua e saltou do assento do motorista, pegando braçadas de crianças do banco de trás. – Vamos! – gritava, enquanto as mulheres desciam com um pouco mais de compostura. Descarregaram do porta-malas as coisas trazidas para o piquenique. Geggo, novinho demais para lembrar que já havia estado ali antes, olhava boquiaberto para tudo.

Estavam indo para um café junto ao Tigre, que às vezes frequentavam com os primos. Abu Laith e Lumia gostavam do lugar por causa da vista do Centro Antigo depois do rio, e as crianças estavam intrigadas com a notícia de que um canhão iria disparar uma chuva de purpurina no rio para marcar o fim do dia de jejum. O zoológico ficava a uns quinze minutos de carro rio acima, e Abu Laith vibrava com a ideia de ir ver Zombie mais tarde naquela noite.

Abdulrahman e Mohammed, duas das crianças mais novas, já haviam saído na frente e corrido até o café. Lumia foi um pouco mais cautelosa. Ao sair do carro, deu uma boa olhada em volta, sem pressa. Viu que havia alguns carrosséis novos, inaugurados nos dois últimos anos. Um homem vendia sementes de girassol torradas num barril de metal com uma chama embaixo.

Em volta deles, as pessoas passeavam – mulheres, como Lumia, vestindo *hijab*, camisa e jeans justo. A maioria dos homens, como Abu Laith, ostentava o bigode grosso típico da época de Saddam Hussein, mas havia outros bem barbeados e com elegantes blazers e sapatos lustrados. Tudo parecia muito normal, lembraria Lumia mais tarde. Animada, ela começou a passar as sacolas de comida para os demais. O ar exalava aromas de suco de laranja e sementes assadas.

– Vamos nos sentar ali – disse ela, levando todas as crianças que conseguiu juntar até uma mesa nos jardins. A área já estava ocupada por algumas famílias, todas sentadas às mesas ou no chão, de pernas cruzadas, em volta de finas toalhas, com comida em pratinhos de plástico: uma travessa comunitária no centro, com arroz e frango caseiros – tigelas de homus e *moutabal* ao lado –, ou então *kebabs* de carneiro comprados em loja, pingando gordura das embalagens de papel.

Abu Laith, radiante, foi correndo cumprimentar alguns conhecidos. Enquanto as crianças brincavam, Lubna e Lumia serviam a comida.

– Onde estão os tais jihadistas? – perguntou Lubna. – Tudo parece muito normal.

O canhão do *iftar* foi disparado, e as crianças vibraram quando a chuva de purpurina caiu sobre a água que corria lentamente.

Logo a prole toda estava espremida em volta do prato de *dolma* que Lumia havia preparado em casa, empurrando uns aos outros para disputar um pedaço de pão, fazendo balançar as latinhas de Pepsi geladas que Abu Laith havia pedido ao garçom. O churrasco montado no chão perto deles já fumegava. Aguardavam o fogo ficar no ponto para assar *kebabs* sobre os carvões.

— Está vendo? — Abu Laith dirigiu-se a Lumia, entre um bocado de arroz e outro. — Eu não disse a você que não haveria problema? Os jihadistas estão preocupados demais com eles mesmos, não vão nos importunar.

Lumia não tinha tanta certeza. Um silêncio começou a baixar pela margem do rio, e crescia a sensação de inquietude. As pessoas que estavam perto de um pavilhão, a uns trinta metros dali, ficaram em pé, olhando para aquela construção, e depois sentaram-se de repente.

— O que está acontecendo ali? — perguntou Lubna, e Lumia fez sinal para ela ficar quieta. Havia visto homens armados, de camisão *kandahari*, saindo do pavilhão. Ela olhou para o interior do café de onde eles vinham e viu alguns deles sentados numa mesa, comendo. Estavam acompanhados por algumas mulheres — vestidas como ela, de *hijab* e jeans, carregando bolsas de mão. Pareciam todos estrangeiros. Alguns tinham olhos azuis e pele clara. Outros pareciam da Ásia Central.

— Não olhe para eles — ela sussurrou, já cuidando de segurar as crianças. Abdulrahman e Mohammed ainda corriam ali por perto, em volta das pessoas, sem ideia da mudança de atmosfera. Ela puxou Geggo e o fez sentar em seu colo, e reuniu os demais em volta.

— O que vamos fazer? — ela cochichou no ouvido de Abu Laith, que agora enchia a boca com arroz e pimentão.

Ele ergueu o olhar, absolutamente despreocupado, e teve um pequeno sobressalto ao ver os jihadistas.

— Fique quieta — disse, assertivo. — Abdulrahman, Mohammed!

Os meninos, que estavam dando risadas, voltaram correndo para a mesa. Aos poucos, a conversa foi cessando, e a estrada da Floresta ficou em silêncio, a não ser pelo tilintar metálico e contínuo dos brinquedos do parque de diversões.

Lumia viu, com crescente preocupação, que o rosto de Abu Laith tinha uma expressão de raiva. Ela sabia, lembrou mais tarde, que seu marido não ficaria calado e passivo se os combatentes insultassem sua mulher e seus filhos. Lumia prendeu o xale na cabeça bem apertado, escondendo o cabelo que esvoaçava na testa, e indicou com um gesto que Lubna e Oula fizessem o mesmo.

– Cubram-se! Agora! – ela advertiu, com aquele tom baixo e furioso que tanto as crianças quanto os adultos haviam aprendido a temer.

Abu Laith olhava fixo para os combatentes. Três deles haviam se separado do grupo principal e vinham andando bem na direção deles. Eram todos homens jovens, com cabelo escuro e barba rala comprida. Vestiam longas camisas pretas ou marrons e calças até os tornozelos, e carregavam armas. Vinham sorrindo e cumprimentando as pessoas ao passar. De vez em quando, paravam para conversar com algum grupo familiar. Todos faziam questão de sorrir de volta. Algumas de suas mulheres vinham andando com eles, e também sorriam.

Lumia não precisou olhar para saber que se aproximavam. Sem pronunciar uma palavra sequer, buscou desencorajar Abu Laith de tomar qualquer atitude, pois ele já fervia de indignação.

Ouviram-se uns estalos pelos alto-falantes, que normalmente tocavam música, e em seguida uma voz masculina anunciou:

– Atenção, atenção. O uso de celulares está proibido neste local.

As famílias no café correram para colocar os celulares de volta em suas bolsas. A fúria de Abu Laith aumentava conforme observava os combatentes se aproximando. Ficou com muita raiva ao ver que todas as pessoas se submetiam a eles – como aceitavam suas regras sem questionar? Era algo indigno, pensou, e denotava fraqueza também.

– *Assalamu aleikum* ["Que a paz esteja sobre vós"] – um dos homens gritou, quando estava a poucos metros. Vestia uma camisa marrom e tinha cabelos pretos.

– *Wa aleikum assalam* ["E sobre vós, a paz"] – cumprimentou de volta Abu Laith, com a voz mais sonora e confiante que conseguiu produzir. Não queria que achassem que estava intimidado, ponderou. Lumia e Lubna murmuraram saudações como resposta. O jovem era extremamente bonito, pensou Lumia, numa percepção bastante inadequada para aquele momento.

– Tudo certo? Quais são as novidades? Como vão as coisas? Estão todos bem? – o combatente perguntou educadamente, usando aquela saraivada de saudações que precedia todas as interações em Mossul.

– *Alhamdulillah* ["louvado seja Deus"] – proferiu Abu Laith.

– *Alhamdulillah* – respondeu o combatente. Havia algo pouco espontâneo no seu sorriso. Os olhos dele pousaram em Lubna, e na mesma hora ele desviou o olhar para o chão. Não reconhecera a presença das mulheres.

– Irmão – disse ele, ainda sorrindo para Abu Laith. – Louvado seja Deus, queremos que todos tenham uma vida pacífica e santificada. Esperamos que não se assuste com nossa presença, irmão, e que entenda que queremos apenas deixá-los viver uma vida normal.

Abu Laith balbuciou algo. Olhou para Lumia, que mais tarde relembrou quase ter morrido de medo nessa hora. Ela balançou a cabeça afirmativamente.

Abu Laith mal conseguia se controlar. Sua vontade era acertar um murro no rosto do jihadista, para que aprendesse a nunca mais bancar o superior. Só que ele e a família não teriam, então, a menor chance de sobreviver. Os outros jihadistas vinham agora em direção à mesa onde estavam sentados. Abu Laith assumiu uma expressão que julgava expressar uma atitude devota.

– Claro – disse ele. – Que Deus o proteja.

O combatente retribuiu com um sorriso benevolente. "Seu merdinha", Abu Laith pensou, furioso com todo mundo e consigo mesmo.

– Obrigado, irmão – disse o combatente, afastando-se com seus companheiros.

Assim que os combatentes saíram do raio de audição, Lumia começou a recolher as crianças, juntou toda a comida no centro da toalha e amarrou as pontas numa trouxa. As demais pessoas em volta fizeram o mesmo.

– Vamos logo – ela cochichou.

Abu Laith parecia mais furioso do que antes, levantou depressa e fez menção de ir atrás dos combatentes. Lumia, Lubna, Mohammed e Oula se atiraram sobre ele todos ao mesmo tempo.

— Não, Baba – disse Mohammed, sério. – Estamos indo para casa.

Com seu orgulho ferido, Abu Laith pegou aquelas crianças inocentes e se deixou levar em direção ao carro. Lumia murmurava coisas o caminho inteiro. Os outros ficaram em silêncio.

Ao saírem, passaram pelo dono do café, que estava em pé, junto à porta da saída, olhando os que passavam indo embora. – Por que já vão? – perguntou. – Não vai acontecer nada com vocês. Podem ficar aqui, é seguro.

Isso foi demais para Abu Laith. Ele já havia sido testado além de seus limites, e finalmente reagiu: – Por que você deixou esse pessoal entrar aqui? – gritou, indo para cima do dono, que se afastou de lado. – Este lugar é só para as famílias.

Lumia percebeu que a crise poderia se agravar e postou-se entre os dois homens, afastando o marido dali. Os habitantes de Mossul agora lotavam a estrada, e o caminho para o zoológico ficou bloqueado mais adiante. Lumia conseguiu convencer Abu Laith, relutante, de que não conseguiriam mais chegar ao zoológico para ver Zombie. Acabrunhado, ele concordou.

— É isso mesmo – disse Abu Laith depois que todos haviam entrado no carro, e ele teve que empurrar o veículo ladeira abaixo, para fazê-lo pegar no tranco. – Esta foi a última vez que saímos juntos, e só vamos sair de novo quando esse pessoal for embora. – E, pela primeira vez na história da família, todas as mulheres concordaram.

# 8
# IMAD

*1971*

**PARA IMAD, FAZIA POUCO** sentido ir à escola. Não estava a fim de fazer novas amizades e achava as aulas chatas. Seus amigos estavam fora, esperando por ele na rua. Bobby e Jonny haviam crescido num ritmo alarmante por seguirem a dieta de Imad, baseada em muita carne, mas continuavam fiéis a ele.

Juntos, os três pareciam os reis das ruas de Mossul. Quando Imad matava aula, o que era frequente, ficavam vagando pela cidade, de Zuhour, a leste, até o Centro Antigo, por aquelas vielas de pedra empoeiradas, cheias de homens vendendo café com canela e queijo salgado. Corriam os três pelas áreas verdes na margem leste do rio, e Imad raramente ganhava. Às vezes – e essas eram quase sempre as melhores horas –, alguns garotos tentavam puxar briga com eles. As crianças na escola achavam Imad estranho. Ele não queria saber de trabalhar ou estudar. Só queria ficar com os animais.

Mas se quisessem arrumar briga, ele estava pronto para isso. Era grande para um garoto de 11 anos: seus braços já tinham bons músculos, e a barriga era dura e saltada, coberta por uma sólida camada de gordura alimentada à base de *kebab*. Alguns bandos de meninos julgavam poder enfrentá-los. Uma má ideia. Certa vez, Imad, Bobby e Jonny, depois de brigarem com um grupo de oponentes, saíram correndo pelas vielas de Mossul, celebrando a vitória aos gritos – e latidos.

Na escola, os colegas de Imad já estavam habituados a vê-lo se gabar o tempo todo de Bobby e Jonny. Sempre viam os cachorros esperando por ele no portão da escola, de rabo abanando – Bobby, amarelo-claro, cor de dedo de fumante, e Jonny, quase branco, com uma pata dianteira vermelho-tijolo – e percebiam também como os cães se aninhavam no rosto dele quando corria para encontrá-los. Nas rodas do recreio, os colegas de Imad comentavam que os cachorros pareciam muito mansos.

Imad ria daquela observação.

– Eles são fortes – dizia aos seus amigos. – São ferozes. Experimentem só bater em mim quando estiverem por perto e vão ver o que acontece.

Jaffer e Auni não acreditaram nele. Eram seus primos – novos na vizinhança e decididos a fazer seu nome. Os dois eram da tribo *surchi*, cujos membros tinham a fama injusta de serem meio estúpidos e muito submissos ao seu sheik. Queriam ganhar uma reputação por si mesmos, e a única maneira de consegui-la era, como se diz, quebrando a pose de Imad, dando-lhe uma boa surra.

Uma tarde, os dois ficaram na rua, em frente a um restaurante em Zuhour, esperando Imad passar por ali com os cães. Os três vieram, como esperado, muito alegres e felizes. Jaffer, que era mais alto que seu primo, olhos azuis e expressão de garoto malvado, tomou a iniciativa e tacou uma pedra na cabeça de Imad.

Imad viu tudo preto, e, antes que pudesse reagir, Jaffer atacou-o com um empurrão e quase conseguiu jogá-lo numa corrente de água suja que vinha dos restaurantes na beira da estrada.

Imad via o chão rodar em volta dele e mal conseguia entender o que estava acontecendo. Mas ouvia latidos e gritos, pois Bobby e Jonny estavam rasgando as roupas de Jaffer, atacando-o contra o chão. Imad estava sendo salvo por seus amigos. Quando sua cabeça clareou um pouco, pulou em cima de Auni, que ficara de pé em estado de choque, junto à estrada. Ao final do dia, a história dos cães assassinos de Imad, que atacavam quem quer que chegasse perto dele, já se espalhara pela vizinhança, para grande satisfação de Imad.

Naquela noite, quando se sentaram para comer alguma coisa no degrau da frente de casa, a mãe de Imad apareceu, muito brava.

– Agora você passou dos limites! – ela ralhou, e puxou-o escada acima até o quarto da avó.

Dentro do cômodo, duas outras mulheres estavam tão bravas quanto a mãe dele. Sua avó, porém, parecia quase a ponto de rir.

– Ouvi falar que você andou brigando por aí – ela disse. – As mães de Auni e Jaffer vieram aqui reclamar.

– Meu filho está com um corte na mão, e foi seu cachorro que fez isso – disparou uma das mulheres.

Imad olhou firme para ela. – Então ele não devia ter tentado me bater – retrucou. – Os cachorros só estavam me protegendo.

Então fizeram os filhos entrar no quarto. Ali, sob os olhares severos das mulheres, foram obrigados a darem-se as mãos, enquanto Bobby e Jonny aguardavam do lado de fora, excluídos. Os meninos ficaram olhando feio uns para os outros, já pensando em vingança.

No dia seguinte, porém, tudo havia sido esquecido. Juntos, Auni, Jaffer, Imad e os cães corriam à vontade pelas ruas de Zuhour, criando o caos por onde passavam.

# 9
# HAKAM

DUAS SEMANAS DEPOIS que os jihadistas haviam tomado Mossul, Hakam Zarari saiu de casa para dar uma olhada na cidade. Não fazia sentido, ponderou, ficar parado esperando que as coisas mudassem. Vista da janela do patamar da escada, Mossul parecia tranquila. Desde a chegada dos milicianos, não houvera mais carros-bomba, e ele estava entediado. Hasna, sua irmã, que já gozava das férias de verão, tinha mesmo que ficar em casa estudando para as provas de outono – e a suposição era que, a essa altura, os jihadistas já teriam ido embora.

Sob a luz tênue do sol da manhã, Hakam pegou seu carro e foi até o centro da cidade. As ruas estavam mais vazias que de costume – tanto de veículos quanto de gente. Por hábito, entrou na única rua que o governo deixara aberta em seu bairro. Quando chegou ao cruzamento onde ficava o posto de controle, reduziu a velocidade.

Não havia ninguém ali. A fila que sempre se estendia por quase um quilômetro pelo bairro não estava mais lá, e o posto de controle havia sido desmontado. Alguém empurrara as barreiras de contenção, que costumavam bloquear a rua inteira e deixar espaço apenas para a passagem de um carro por vez, fazendo o trânsito parar. Uma pilha de sacos de areia marcava o local onde ficava a metralhadora, guardada por ao menos quatro soldados.

Hakam dobrou a esquina e entrou na rua principal. Havia umas poucas lojas abertas, expondo parte de seus produtos na calçada. Os vendedores de hortaliças haviam colocado seus carrinhos para fora, e ficavam junto à sarjeta como sempre, com um monte de dejetos e cascas podres em volta.

Enquanto dirigia, Hakam sentiu uma emoção diferente. Podia transitar por onde quisesse. Nesse ritmo, demoraria apenas dez minutos para chegar ao trabalho, em vez da usual uma hora e meia. Não tinha simpatia alguma pelos jihadistas, mas o governo não o vinha tratando bem. Aqueles caras eram bons administradores, pensou. Sabiam chegar ao coração das pessoas. Acabe com os congestionamentos de trânsito, e o caminho se abrirá à sua frente.

Mais adiante, notou os restos de outro posto de controle que havia sido removido da rua. Perto dali, viu um grupo de homens em pé, vestidos mais ou menos como ele, bem barbeados, de jeans e camiseta, mas com Kalashnikovs nos ombros. Hakam desacelerou ao se aproximar, pronto para frear o carro. Sentiu medo.

Mas, ao chegar mais perto, viu-os fazendo sinal para ele passar, com um sorriso forçado e um ar de jovialidade maníaca.

– Como vai? Tudo certo aí? – gritaram quando ele passou.

Hakam não sabia muito bem o que fazer, então apenas sorriu de volta e continuou em frente, com uma sensação de alívio percorrendo suas veias. Devem estar tentando trazer-nos para o lado deles, pensou, enquanto dirigia rumo à casa de um amigo. Era estranho, mas não era nada mau, em comparação com o exército. Para a maioria dos *moslawis*, aqueles homens eram apenas o mais recente episódio daquela desconcertante série de forças de ocupação. E, ao contrário do último grupo, não bloqueavam as ruas.

Enquanto Hakam dirigia por Mossul, os milicianos – muitos da própria cidade, ou então combatentes de outras províncias sunitas do sul – cuidavam de trabalhar. Haviam lutado contra os norte-americanos, depois contra o exército iraquiano. Agora controlavam Mossul, a potência sunita do norte do Iraque, sem precisarem travar quase nenhum combate. Não iriam desperdiçar a oportunidade, e sabiam que precisavam ter a população local do seu lado.

Por toda a cidade, desmontaram as barricadas que haviam provocado tanto transtorno aos *moslawis*. Desmancharam os postos de controle onde tanto jovens quanto velhos haviam sido humilhados. Numa cidade que vivera sufocada até então pelo controle militar e pela constante ameaça de prisão ou de bombas, era a primeira vez em anos que alguma calma se instalava.

As pessoas começaram a visitar amigos que não encontravam havia muito tempo e que moravam do outro lado da cidade. Correram para os mercados sem medo dos costumeiros ataques de sexta-feira. Com os homens-bomba suicidas no poder e o exército expulso, as ruas sem dúvida pareciam mais calmas e seguras.

Os combatentes, de início, não davam impressão de se importar que homens como Hakam usassem jeans apertados, fumassem muito e acreditassem, acima de tudo, na ciência. Nem que Hasna circulasse pela rua de calça comprida, camisa e *hijab*, com o rosto descoberto. Naquelas primeiras semanas de seu domínio, ela usou as mesmas roupas de sempre, e os jihadistas não comentaram nada. Fingiam não se importar com o fato de Said, pai de Hakam, insistir em se ater à letra da secular Constituição iraquiana, mas desde que, a partir dali, parasse de fazer isso.

Em outras questões, eram menos indiferentes. Algumas semanas após a chegada dos milicianos, Said tentara entrar em contato com o tribunal de Mossul para ver se estava funcionando. Não estava: os jihadistas haviam incendiado o prédio, pois, para eles, qualquer lei que não fosse a de Deus estava proibida. Said sentiu tamanha revolta ao tomar conhecimento disso que ficou sem saber o que fazer da própria vida.

Toda vez que saía de casa, Said fervia de ódio da ignorância e das crenças cegas que predominavam na nova Mossul. Uma tarde, não muito tempo depois da chegada dos milicianos, foi ao banco – de espinha ereta e imponente, como sempre, com seu chapéu de astracã. Concluíra que era melhor sacar do banco todo o dinheiro da família antes que os jihadistas percebessem que podiam roubá-lo para bancar as próprias operações.

Os milicianos já haviam ocupado o banco e substituído os caixas por homens do seu pessoal. Said olhou para eles com ar de superioridade quando entrou naquele edifício empoeirado. Eram ignorantes, avaliou, e assumiam isso sem qualquer pudor. Said era profundamente religioso e tinha muito orgulho de sua fé. Não queria saber daquele povo que clamava falar em nome do Deus dele.

O caixa olhou para Said com interesse enquanto ele fazia seu saque, observando sua postura e suas roupas bem-confeccionadas.

– O que o senhor faz? – ele perguntou.

– Eu não acho que o senhor queira realmente saber – disse Said, num tom glacial. Não queria começar uma discussão com aquelas pessoas, a não ser que não houvesse outro jeito.

– Não, eu faço questão – disse o caixa. – Está tudo certo, seja qual for sua ocupação.

– Ótimo – disse Said. – Sou advogado.

O caixa do banco deu um sorriso zombeteiro. – Isso é *haram* ["proibido"] – disse ele, seguro de si. – A lei iraquiana não é a lei de Deus. É a lei dos humanos, e o senhor não deveria segui-la.

A raiva de Said transbordou antes que ele pudesse sequer pensar.

– O senhor acha mesmo? – retrucou ele. – E de onde acha que vêm as leis iraquianas?

O caixa parecia desconcertado.

– Vou lhe dizer – prosseguiu Said. – A maior parte das leis iraquianas, assim como a Constituição, deriva da charia, a lei do islã. Se o senhor examinar as leis comerciais que governam o que este banco pode ou não pode fazer, verá que são quase exatamente iguais às leis escritas na charia. Isso porque são leis justas.

Os demais funcionários haviam ouvido a conversa, e se aproximaram um pouco mais enquanto Said se expressava usando um tom assertivo, de frases curtas, fruto de anos de experiência falando no tribunal.

– Não sabia disso – comentou um dos funcionários.

– O senhor não gostaria de trabalhar conosco? – perguntou o caixa que o havia atendido. – Poderíamos aproveitar a experiência de alguém como o senhor.

Said precisou fazer muito esforço para não gritar com eles. Indignava-se com o fato de acharem, mesmo que por um momento, que poderia ser um deles.

– Não – ele disse. – De forma alguma. – Pegou o dinheiro e saiu pisando firme do banco.

Numa sexta-feira, pouco tempo depois, Hakam estava sentado em seu quarto no andar de cima da casa olhando o Facebook, rolando distraidamente a tela pelos posts de suplementos de proteína e por vídeos de gatos. De vez em quando, mantinha abertas as janelas de chat que havia criado com amigos do mundo todo – outros fãs de academia nos Estados Unidos e algumas garotas na Alemanha. Havia travado contato com eles pelo Instagram, ou por meio de fóruns ou – tempos atrás, quando a *web* era um lugar mais simples – pelos chats do Yahoo. A internet não havia sido afetada pela tomada da cidade, mas ele não comentara muito com os amigos sobre o que acontecera. Aqueles com os quais tocara no assunto achavam que seria melhor ele ir embora, mas ele dizia que não poderia fazer isso por causa da família. A maioria não sabia onde ele morava. Falavam sobre outras coisas.

No andar de baixo, seus pais e Hasna assistiam à TV na sala. O Oriente Médio fora pouco noticiado durante a última semana – o foco agora eram os protestos de estudantes em Hong Kong.

Então sua mãe gritou. – Isso aí é a mesquita al-Nuri! – exclamou. – Ele está em Mossul.

A mesquita al-Nuri, no Centro Antigo, era famosa por seu minarete inclinado, conhecido pelo povo local como al-Hadbaa, "o Corcunda". Havia sido encomendada no século XII por Nur al-Din, um sultão seljúcida conhecido por suas tentativas, que acabaram fracassando, de unir um exército sunita contra os cruzados. Mas se havia algo que unia todas as pessoas em Mossul era o amor pela al-Hadbaa, aquele marco da cidade com sua angulação tão peculiar.

Hakam desceu correndo os degraus da escada sinuosa e foi até a sala. Um homem de turbante preto e com trajes compridos estava na TV, comandando as orações de sexta-feira na al-Nuri. A família, sentada no sofá, ouvia cada palavra que ele dizia.

– Sou o líder que governa vocês agora – disse o homem, enquanto uma bandeira preta tremulava no canto da tela. – Fui colocado para experimentar essa grande responsabilidade que me foi confiada.

Diante dele, havia um grupo de homens, aparentemente *moslawis* comuns, rezando. Pareciam desmazelados e desconfortáveis, e, de vez em quando, olhavam para a câmera.

– Quem é esse sujeito? – Hakam perguntou a Hasna, que estava de olho grudado na TV.

– Não faço ideia – ela disse. – Mas ele está dizendo que é o califa.

Desde a queda do Império Otomano, na década de 1920, não havia um califa ou governante islâmico. Durante séculos, os sultões governaram grandes territórios do mundo muçulmano desde sua sede em Constantinopla – império que chegou a se estender dos portões de Viena até as águas azuis e quentes do Golfo Pérsico. Esses sultões eram califas, isto é, representantes de Deus na terra.

Antes disso, desde o século VIII, viviam em Bagdá, onde eram os governantes do Califado Abássida. Enquanto a Europa enfrentava a Idade das Trevas, os governantes abássidas patrocinavam importantes estudos de geometria e astronomia. Mantinham algumas das bibliotecas mais ricas e sofisticadas da época, com muitos textos gregos salvos da destruição que se abateu sobre a cultura europeia após o colapso do Império Romano.

Era esse legado, fruto de mais de um milênio de acúmulo de erudição do império islâmico, que estava contido e implícito no título de califa. Enquanto observava o homem falando na TV, naquele árabe formal rebuscado, com o rosto pálido sob as fortes lâmpadas fluorescentes da sala de orações, Hakam teve vontade de rir. A coisa toda parecia absolutamente ridícula.

– Quem foi que escolheu este homem? – soltou Said. – Um líder tem que ser honesto e bom. Quem foi que escolheu este homem?

Hakam ficou olhando fixo para os fiéis. Pareciam gente da cidade. Ele duvidava que também soubessem algo a respeito desse novo califa. O mais provável é que tivessem simplesmente ido às orações de sexta-feira e deparado com aquela bizarra distorção da história. Era estranho, mas não parecia particularmente ameaçador.

Cerca de um mês depois, conforme o verão de 2014 seguia, foi expedido um comunicado dizendo que os funcionários do governo deveriam retornar ao trabalho. Eles receberiam seus salários do governo de Bagdá. Hakam gostou: estava quase enlouquecendo de tédio e sem dinheiro. Reunido de novo com seus colegas, retomou sua vida no laboratório: de manhã, dirigia até o trabalho, passando por ruas desimpedidas, e voltou a frequentar a academia e a sair com os amigos.

Nas barbearias da cidade, os homens faziam a barba. Nos cafés, fumavam cigarros e tomavam chá. As mulheres iam às compras de calça comprida e blusa.

A vida, em suma, mantinha-se praticamente igual.

# 10

# ABU LAITH

TODA VEZ QUE LUMIA SAÍA de casa para visitar parentes ou ir às compras, seguia a mesma rotina. Primeiro, aplicava pó facial branco-marfim, uns três tons mais claro que sua pele. Depois o delineador kohl, que fazia uma curva suave no canto das suas pálpebras. A sombra de olhos, com frequência num sedutor tom pastel, era para ocasiões especiais. Então usava um vestido longo, geralmente uma peça de veludo azul salpicada de lantejoulas, e caminhava pelas ruas, gritando seus "olás", com seu xale folgado em volta de seu volumoso cabelo preto.

Lumia sentia-se orgulhosa de sua beleza e muito feliz em ostentá-la. Não pretendia dar ouvidos às estúpidas ideias da sua cunhada.

– Você vai ter que começar a usar isso – ela disse a Lumia uma tarde, segurando uma peça de tecido de chiffon preto. – Eu já te avisei.

Lumia sentia-se irredutível em relação a isso. – Nunca vou usar essa coisa – ela disse. – É horrível.

Alguns dias antes, os milicianos haviam declarado que as mulheres teriam de cobrir o rosto e que seus maridos e irmãos seriam punidos se elas não o fizessem. Poucas haviam seguido essas regras. A maioria simplesmente ignorara o assunto e seguira a vida normalmente. Mas agora havia cartazes espalhados pela cidade, em muros e placas de trânsito, avisando que as mulheres deveriam usar longas túnicas pretas e um pano cobrindo o rosto.

– Acabei de ser parada num posto de controle – sua cunhada contou, pálida e apreensiva, quando Lumia apareceu na casa dela aquela tarde. – Disseram que eu precisava cobrir o rosto e os olhos.

— Você está brincando! — exclamou Lumia. — Como vão obrigá-la a fazer isso?

Para muitas mulheres *moslawi*, a ideia de usar o *khemmar* para cobrir o rosto era bizarra, quase cômica. Embora a maioria das muçulmanas em Mossul usasse o *hijab* em público, cobrir o rosto era algo restrito apenas aos *wahhabis* no Golfo, a aldeões no deserto ou a mulheres ultrarreligiosas. Em Mossul, dois tipos de mulheres usavam o *khemmar*: as muito devotas, ou as muito promíscuas, que o vestiam para poder levar adiante seus casos amorosos em segredo.

Lumia disse que não iria usar algo que a fazia parecer uma esposa de mulá ou uma prostituta.

— Não importa o que você pensa — disse a cunhada. — E eles não vão punir você, vão punir Abu Laith.

Isso fez Lumia refletir. Ela passara a vida inteira refutando as tentativas dos homens de controlar como falava ou o que fazia. Quando adolescente, recusara uma proposta de casamento porque o pretendente queria que ela usasse o *khemmar*. Mas tudo isso era nada comparado com o horror de imaginar que os jihadistas poderiam prender seu marido.

— Tudo bem — ela disse. — Vou usar.

As duas mulheres passaram a tarde na máquina de costura fazendo conjuntos de três peças, do tipo "tamanho-único-que-serve-para-todas". Primeiro, a *abaya*, uma roupa longa, da altura do pescoço até o chão, com mangas compridas e coberta na frente, como um casaco. Depois, Lumia amarrou o cabelo num coque e cobriu-o com o *hijab*, prendendo bem firme uma das pontas do xale debaixo do queixo e enrolando o resto em volta da cabeça, bem preso no pescoço e cobrindo o cabelo. Em seguida, com dois quadrados de tecido costurados, vinha o *khemmar*, que cobria todo o rosto, exceto os olhos, e era amarrado atrás da cabeça com um elástico bem firme, que machucava a cabeça. Ele caía sobre os ombros e os seios, e ia até os joelhos, como uma segunda *abaya*, mas que cobria também a cabeça.

A essa altura, ficavam visíveis apenas as mãos, os olhos e os pés dela. A cunhada assumiu a parte final do conjunto — um grande recorte quadrado de tecido preto — e o estendeu sobre a cabeça dela, enfiando-o na parte de trás do *khemmar*. Lumia sentiu a respiração quente por baixo de todas aquelas camadas de roupa. Sua cunhada olhava para ela, e nenhuma delas ria. Lumia, como lembraria mais tarde, sentiu que fosse desmaiar.

Na volta para casa, parou no mercado e comprou um par de luvas e meias pretas grossas. Quando usava as luvas, não conseguia contar o dinheiro, que caía no chão a toda hora. Pior, mal conseguia enxergar, e, quando entrava e saía do táxi, tropeçava na barra da *abaya*. Por toda parte, havia mulheres como ela, todas de preto e andando muito mais devagar que de costume.

Ao chegar em casa, sentia muita raiva, em particular de Abu Laith, que não parava de se lamentar por causa de seu leão. Não conseguira ir ver Zombie desde que os jihadistas haviam chegado. A rua que levava ao zoológico não era segura. Ele ouvira dizer que os milicianos haviam montado um campo de treinamento bem ao lado do zoológico e que os civis estavam evitando a área. Não conseguia achar um jeito de ir até lá sem correr o risco de ser preso. Ninguém chega àquela região, ele disse mais tarde, sem dar de cara com os jihadistas. Esperava que algum dos funcionários do zoológico continuasse dando comida ao Zombie.

– Se os jihadistas encostarem a mão em Zombie – Abu Laith vivia dizendo, sem se dirigir a ninguém em particular –, vou descobrir quem foi, e eles vão se arrepender disso.

Mesmo vendo Lumia ignorar suas palavras, ele continuava.

– Se eu conseguisse pelo menos ouvir um rugido, saberia se era o Zombie ou não – lamentava-se. – Saberia identificá-lo no meio de mil leões.

Não fazia muito tempo que Lumia chegara em casa quando bateram na porta. Imediatamente, como sempre, uma leva de crianças, com pernas e braços magrinhos, e uma variedade de animais foram correndo até o portão, brigando para atender.

– Quem é? – gritaram todas. – Quem é?

– Abu Rafal – disse uma voz do outro lado do portão. – Preciso falar com seu pai.

Abu Laith, que havia acompanhado com interesse aquela movimentação junto ao portão, foi até lá e o abriu. Não estava particularmente interessado em ver Abu Rafal, que ele considerava um babaca, mas atendeu-o mesmo assim.

– *Assalamu aleikum* – disse Abu Rafal, quando o portão abriu.
– *Wa aleikum assalam* – retribuiu Abu Laith.

Os dois homens trocaram cumprimentos formais antes de Abu Rafal justificar sua visita. – Os *dawla* vieram à mesquita – ele disse, usando a palavra *dawla* – "Estado" – com a qual os jihadistas descreviam a si mesmos. Aqueles que não os apoiavam os chamavam de *daeshi*, da sigla em árabe do nome completo do grupo. – Estão perguntando sobre você. Querem saber por que não tem ido às orações.

Abu Laith podia ver a mesquita turquesa atrás de Abu Rafal, um edifício térreo com um esguio minarete. Abu Laith, num arroubo piedoso, havia construído a mesquita com o dinheiro guardado consertando automóveis caros, isso há mais de uma década, mas parara de frequentar a mesquita ao perceber que a maioria dos fiéis vinha apenas pelo café da manhã grátis, que ele oferecia nas orações matutinas. Embora permanecesse próximo a alguns de seus amigos mais fiéis à religião, ficara cada vez mais irritado com a hipocrisia que via nos mulás enriquecidos, que apoiavam a al-Qaeda, mas fingiam ser eruditos tementes a Deus.

Agora, quando Abu Laith tomava alguns drinques, esses mulás duas-caras eram o tema favorito de suas queixas, junto com os parentes que se metiam na sua vida e com as pessoas que maltratam cachorros. Seus amigos devotos, já habituados àqueles rompantes, só resmungavam e o repreendiam.

Abu Rafal, no entanto, não era um amigo, e menos ainda alguém que pudesse dar-lhe ordens. – Não vou mais lá – disse Abu Laith. – São todos hipócritas. Rezam de dia, e à noite...

Abu Rafal estava muito agitado.

– Você precisa ir – disse. – Estávamos todos lá agora há pouco, e eles estão pensando em retirar algumas coisas da mesquita. Eu disse a eles que teriam de falar com você primeiro.

– Exatamente – disse Abu Laith. – Porque fui eu que construí essa mesquita, e foi com meu próprio dinheiro.

– Eu sei – Abu Laith mais tarde relembraria que Abu Rafal concordou com ele. – Mas tem um sujeito lá, um *daeshi*, chamado Abu Hareth. Ele se mudou para a casa abandonada pelo pessoal curdo do fim da rua. É um cara importante do Daesh, e perguntou por você. Disse que já ouvira seu nome antes e estava intrigado com o fato de você não frequentar mais a mesquita. Ele quer que você vá lá. Agora.

Abu Laith ficou indignado. – Um *daeshi*? – ele gritou. – Mandando eu ir à mesquita que eu construí? Quem ele pensa que é? Eu vou lá quando eu quiser, e pode dizer isso a ele.

Sem a menor consideração, Abu Laith bateu a porta na cara de Abu Rafal e entrou de novo. – Mandei esse bajulador de mulás para aquele lugar – vociferou, dirigindo-se a Lumia. – Falei que eu construí aquela mesquita com meu dinheiro e que eles não podem querer mandar em mim.

Lumia, que durante toda a sua vida de casada ouvira versões daquela história da construção da mesquita pelo menos uma vez por semana, parou de escutar. Havia muito tempo resignara-se a ver a incontinência verbal do marido colocando todos eles em sérias dificuldades.

Uma noite, não muito depois disso, Abu Laith estava sentado em sua cama no primeiro andar, olhando pela janela para a rua lá embaixo. As luzes da mesquita estavam acesas, e ele viu um fluxo contínuo de gente entrando para as orações da noite. Então, de repente, a mesquita ficou no escuro.

– Eles devem ter queimado o maldito gerador! – gritou Abu Laith, tomado pela raiva. – O gerador que eu paguei!

Abu Laith, embora às vezes tivesse dificuldade em lembrar exatamente a data do nascimento de seus filhos, sabia com precisão de centavos quanto tinha pagado na compra de cada coisa que possuía, e quando havia sido. O gerador, relembrou enquanto descia a escada decidido e cruzava o pátio em direção à rua, tinha sido muito caro, e portanto, a expectativa razoável era que durasse no mínimo uns cinco anos, ou mais.

Ele subiu rápido os degraus até a mesquita. Havia tolerado, mesmo a contragosto, que aquelas pessoas invadissem sua cidade e fizessem sua mulher usar um cobertor. Mas não iria deixar que destruíssem sua propriedade em nome de alguma hipócrita ideologia que eles julgassem mais santa que a dele. Precisavam ter uma conversa, de homem para homem, e então cairiam em si.

– Que a paz, a misericórdia e as bênçãos de Deus estejam convosco – disse Abu Laith ao entrar na mesquita. Foi a saudação islâmica mais piedosa que conseguiu formular, e sabia que ela faria os *daeshis* levarem-no a sério.

— *Wa aleikum assalam* — um deles respondeu, virando o rosto para olhá-lo. Era um sujeito grande, não exatamente gordo, mas com uma massa sólida de barriga e uma robustez que o fazia parecer inamovível. Seu sotaque soava *moslawi*, mas Abu Laith não o reconheceu. Tinha pele clara e barba comprida, e parecia absolutamente confiante.

— Vocês queimaram o maldito gerador! — gritou Abu Laith, avançando sobre o homem. — Eu paguei esse gerador, e construí essa mesquita com meu dinheiro, portanto agradeceria muito se vocês não a destruíssem.

O homem ficou observando-o. Ao lado dele, havia um sujeito grande, loiro, que parecia não entender o que estava acontecendo, e mais algumas pessoas da cidade.

— Se você construiu esta mesquita — disse o *moslawi* de pele clara —, por que nunca vem aqui rezar? Sei quem você é, Abu Laith. Ouvimos a seu respeito. E sabemos que você consome bebida alcoólica.

Abu Laith não estava ouvindo. Notou que a bênção islâmica inscrita na parede com uma caligrafia caprichada havia sofrido danos — fora pintada por cima recentemente, dava para perceber. — Você está destruindo minha mesquita — ele disse. — Veja o que você fez! Paguei dois mil dinares por isso em 2012.

O *daeshi* ainda parecia calmo. — É *haram* — ele disse. — É como se fosse uma foto. Deus pune as pessoas que olham para imagens como essa.

Abu Laith dava voltas no mesmo lugar. Estava furioso com o gerador e com a caligrafia apagada, mas aquele desplante do *daeshi* de vir até sua mesquita e querer passar-lhe um sermão sobre o Alcorão era tão insolente que ele tinha vontade de gritar. — Se este é o seu Islão, então dane-se o seu Islão! — gritou Abu Laith. — Não quero ter nada a ver com isso.

Virou as costas e saiu da mesquita, xingando.

As vinte e quatro horas seguintes na sua casa foram insuportavelmente tensas. Lumia estava furiosa com Abu Laith como jamais lembrava ter ficado. Não conseguia entender — disse mais tarde — por que ele insistia em provocar todo mundo e colocar a família em risco. A segunda razão era que Abu Laith — que não dava mais ouvidos a Lumia —

havia montado guarda junto à porta da frente, de onde vigiava o que acontecia na mesquita.

Desde que saíra bufando de raiva, suspeitava que os novos mulás planejavam roubar as coisas que havia comprado para mobiliar a mesquita – mediante extensos gastos pessoais. E qual era o problema de Abu Laith nunca ir à mesquita e não gostar da maioria dos fiéis? Isso era uma questão de princípios. – Verifiquem direito se o ar-condicionado ainda está lá! – gritara para os fiéis que entravam para as orações da tarde. – Se não, é provável que roubem isso também.

Não roubaram. Mas, no dia seguinte, bateram à porta, mais ou menos à mesma hora, procurando Abu Laith. Lumia enfiou as crianças rapidamente no quarto dos fundos, ordenando-lhes que fizessem silêncio, sob ameaças. Trancou a porta que dava para a sala e ficou ali sentada, torcendo para que dessa vez Abu Laith não fizesse algo estúpido demais.

– Sejam bem-vindos – disse Abu Laith ao abrir a porta às visitas. Vieram o grandão loiro da mesquita, o imã e alguns de seus acólitos. O *moslawi* robusto de pele clara não estava entre eles. Entraram em fila, murmurando cumprimentos religiosos e olhando em volta com ar suspeitoso para o pátio, que vivia sempre cheio de brinquedos e cascas de frutas espalhados. Todos, exceto o imã, portavam armas dependuradas nos ombros.

O loiro russo – Abu Laith imaginou que fosse russo – falava um árabe estranho, entrecortado, formal, e parecia decididamente deslocado ali. – Vós precisais ir à mesquita para as orações, cinco vezes ao dia – disse ele, num tom erudito, assim que entraram na sala. – Recebestes ordens de não consumir bebida alcoólica.

– Vocês ainda nem se sentaram – disse Abu Laith – e já estão me dizendo o que é *haram* e o que não é!

O imã e seus amigos sentiram-se incomodados com isso, mas o russo ignorou. Lançou um olhar pela sala de Abu Laith, das lajotas de cimento rústico em tom bege do piso e os sofás marrons até as paredes do lado oposto do ambiente. – Estais retratando o Profeta, que a paz esteja com ele, em sua própria imagem – disse o russo. – Sabei que estas imagens são proibidas.

Ele apontava para os retratos dependurados na parede oposta: um de Abu Laith, jovem e usando um xale xadrez vermelho *kaffiyeh* na cabeça, e outro de seu irmão, quase igual a ele, que morrera na guerra Irã-Iraque.

– Está brincando comigo? – Abu Laith relembrou mais tarde ter perguntado. – Esta não é uma imagem do Profeta.

Mas o russo já dava passos decididos até a parede, e subiu no sofá – pelo qual Abu Laith pagara bem caro há dez anos – para arrancar as fotos da parede.

Abu Laith ficou paralisado, em choque. Sempre dissera que Mossul era como um camelo – mijava para trás, não para a frente. Mas isso era outra coisa. Era um sectarismo de um tipo que ele nunca havia visto antes.

Mas agora as fotos haviam sido removidas, e o russo olhava fixo para a citação do Corão escrita em caligrafia rebuscada e moldada em gesso sobre a parede. Sem dizer uma palavra sequer, o combatente começou a golpear a inscrição com a coronha de seu fuzil.

Agora tanto o imã quanto Abu Laith observavam boquiabertos o russo. Voavam pedaços de gesso por todo lado, e o ar se encheu de poeira.

– Que diabos você está fazendo? – gritou Abu Laith, mas não adiantou. O homem parecia habitar um mundo diferente.

Quando terminou, ficou um tempo ali, ofegante, e virou-se para encará-los. – Vós deveis ir à mesquita cinco vezes ao dia – disse, e saiu marchando porta afora, com seus companheiros atrás.

Abu Laith seguiu-os pelo jardim e viu-os ir embora. – Sem condições – avaliou, fechando a porta atrás deles. – Esse pessoal é doido.

# 11

# HAKAM

O MERCADO JUNTO À CASA de Hakam estava movimentado, como sempre acontecia à tarde, com uma multidão de *moslawis* suados e mal-humorados, na sua lida diária. Pairava no ar o perfume da banca de sabonetes, misturado ao fedor de hortaliças apodrecendo, pisoteadas nos cantos das sarjetas.

À tarde, antes de irem para a academia, Hakam e seus amigos passaram pelo mercado, cumprimentando conhecidos e comprando algumas coisas. Com as novas regras impostas pelo Estado Islâmico, não restara muita coisa para fazer.

Naquele dia, Hakam comprou uma calça na banca do mercado. Eram jeans pretos justos, que ele vinha carregando numa sacola de plástico.

Mohammed, um colega da escola, tinha uma loja na esquina. Hakam estava quase entrando ali quando viu Abu Jaffar e Abdulkareem do outro lado da rua. Evitou ter que forçar um sorriso. Os dois homens eram da *hisbah* – a polícia religiosa nomeada pelos jihadistas –, e patrulhavam aquele mercado. Eram também o alvo de piadas do bairro todo: garotos de uma aldeia dos arredores de Mossul, cujos intelectos somados não se igualavam aos de uma pulga, e cujos poderes de combater o crime não eram muito melhores que isso.

Infelizmente, a brutalidade deles era bem mais desenvolvida. Naqueles dias, algumas pessoas tinham desaparecido – detidas pelos *daeshis* por alguma infração menor – e nunca mais foram vistas. Claro que esse tipo de coisa já acontecia havia tempos em Mossul. Mas antes a ameaça maior eram os sequestros, e não as prisões. Se você tivesse dinheiro, poderia ser solto. Agora, poucos meses após a chegada dos milicianos, você simplesmente podia desaparecer de vez.

A máscara amistosa que o Estado Islâmico vestira ao chegar ia aos poucos caindo, e agora circulavam histórias de mortes. A tensão aumentava. Quando Hakam viu os dois membros do *hisbah*, atravessou a rua e torceu para que desse tudo certo.

Abu Jaffar e Abdulkareem comprazram-se com seu poder, como fazem os pequenos tiranos. Naquela tarde, andavam pela rua como dois pavões, os longos cabelos pendendo por cima dos xales enrolados em volta do pescoço. Vestiam uniformes – roupas pretas com "*hisbah*" impresso nas costas.

– Ei, você! – Abu Jaffar gritou, apontando para um adolescente que havia dobrado a esquina à sua frente. – Que negócio é esse que você fez no seu cabelo?

O garoto parou e levou, na mesma hora, a mão ao cabelo – um elaborado arranjo com gel em seu cabelo preto. Pareceu sentir-se muito culpado. Aquele seu penteado sofisticado imitava o de um ator turco de novela e se encaixava com precisão no rol das coisas que o EI condenava, embora não tivessem ainda chegado a ponto de proibir explicitamente o uso de gel no cabelo.

– Nada de mais – respondeu o garoto.

Abu Jaffar e Abdulkareem foram até ele. – Você está cuidando do seu cabelo como se fosse uma menina – disse Abu Jaffar. – Por que essa necessidade de ficar bonito?

O jovem olhava em volta, tentando achar uma rota de fuga. Os amigos de Hakam haviam entrado na loja, mas ele continuou fora, olhando. Os membros do *hisbah* odiavam ver homens de boa aparência, pensou Hakam, notando os cachos pretos deles, ensebados, caindo sobre os ombros.

Abdulkareem continuava gritando com o garoto. Mas Hakam percebeu que Abu Jaffar olhava fixo para ele. Então resolveu dar meia-volta e entrar na loja.

– Ei, você! – o combatente gritou, dessa vez apontando para Hakam. – Você aí, de óculos.

Sem avaliar direito o que estava fazendo, Hakam abriu a porta da loja e entrou. Dava para ouvir passos de gente correndo atrás dele. Seus amigos estavam na loja, conversando alegremente com Mohammed. Olharam para ele por um segundo, e então viram Abu Jaffar abrir, decidido, a porta e entrar na loja.

Hakam virou-se. O membro da *hisbah* parecia muito satisfeito consigo. – Ei, você – ele disse. – Sua calça está comprida demais.

A última regra dos milicianos fora anunciada havia apenas uma semana, e Hakam tinha esperança de que não fosse aplicada. Circulara pelos mercados um edital estipulando que as calças deviam ser usadas acima dos tornozelos, como o Profeta Maomé (supostamente) fazia.

Com mais de um metro e oitenta de altura, a maioria das calças já ficava curta demais em Hakam. Mas vestir uma do tipo pula-brejo fazia-o parecer um idiota. Será que teria de encurtar todas as suas calças quinze centímetros só porque o *hisbah* achava isso uma boa ideia?

Sorrindo para Abu Jaffar, ele mostrou a sacola de compras que carregava. – Ah, eu sei – disse, amistosamente. – Foi por isso que comprei essa calça nova.

Abu Jaffar pegou a sacola e conferiu o interior, e então tirou o jeans para fora. Olhou confuso por um segundo, e em seguida ficou com raiva.

– Ei! – ele gritou. – Essa calça é comprida!

Hakam estava curtindo aquilo. – O quê? – ele perguntou, perplexo. – Não estou entendendo. Parecia curta na loja. Acho que me deram o tamanho errado.

Abu Jaffar ficou um segundo olhando para Hakam, como se suspeitasse de algum truque. Mas Hakam fez cara de decepcionado e confuso, e pegou a calça de novo. – Vou devolver na loja – disse, tentando parecer chateado. – Saí para comprar calças *halal* ["permitidas"] assim que tive conhecimento do edital. Desculpe, mas eu não sabia que tinha acontecido isso. Não é culpa minha se as pessoas da loja me deram a calça errada.

Abu Jaffar olhou para ele, sem saber muito bem o que fazer. – Quero ver seu documento de identidade – ele disse.

Isso não era nada bom. Se vissem a identidade de Hakam, teriam como encontrá-lo de novo. Poderiam ir à sua casa, perturbar sua família e ir ao seu local de trabalho. Pelas regras vigentes antes do EI, todo mundo tinha que andar com a identidade o tempo todo.

– Não tenho identidade – Hakam relembrou mais tarde ter dito. – A carteira de identidade era fornecida pelo governo infiel. Deixei a minha em casa e tinha intenção de tacar fogo nela. Estou esperando o Estado Islâmico fornecer a nova identidade, para os verdadeiros fiéis.

Abu Jaffar pareceu mais perplexo ainda. – Onde você mora? – perguntou. – Vamos até lá pegar.

– Olha, é bem longe daqui – disse Hakam, em tom vago, mas sua apreensão aumentou. – É bem longe mesmo.

O miliciano avançou e apontou para um dos amigos de Hakam, todos parecendo nervosos, de olhos arregalados num canto escuro da loja. – Que tal se eu ficar com esse cara aqui? – disse o miliciano. – Fico aqui com ele até você voltar com a identidade.

Então a porta abriu com violência, e Abdulkareem entrou. Hakam esperava que isso significasse que o garoto de cabelo com gel havia sido liberado. – O que está acontecendo aqui? – perguntou Abdulkareem.

Hakam tentou explicar mais uma vez a história da calça nova, da identidade e a distância imensa que ele estava da sua casa. Os dois membros da *hisbah* pareciam prestes a bater nele. Mas na hora em que Abdulkareem ia dizer alguma coisa, olhou pela janela da loja e algo lá fora chamou sua atenção. – Espere aí! – gritou. – Aquela mulher ali não está usando luvas!

Abu Jaffar virou-se e olhou pela janela. – Não está mesmo – disse ele.

Os dois correram até a porta. – Se eu vir você de novo usando calça de infiel, vou levá-lo embora – advertiu Abdulkareem, já saindo.

Hakam assentiu. – Não se preocupe – disse, enquanto os dois corriam para alcançar a mulher, que não suspeitava de nada. Hakam esperou a porta bater e fechar, e então caiu na risada com aquela obsessão de Abu Jaffar com as calças dos infiéis.

Ele virou-se para olhar os amigos. Nenhum deles estava achando graça naquilo.

## 12
## ABU LAITH

— É ISSO MESMO – disse Abu Laith dirigindo-se a duas de suas filhas. Como de costume, estava esparramado na sala, onde era obrigado – pelas restrições de espaço e pela falta de espelhos na casa – a vê-las fazendo maquiagem e tirando selfies por um tempo exorbitante. – Vocês terão que ir embora.

Lubna e Oula sabiam que isso iria acontecer em breve. Desde que Lumia colocara seu primeiro *khemmar* na casa do irmão, as leis do cobertor, como Abu Laith costumava chamá-las, estavam cada vez mais difundidas. A polícia religiosa se multiplicara, e seus membros percorriam as ruas procurando um vislumbre de um tornozelo fora da ordem, ou de rostos não cobertos. Quando Lumia ia às compras, vestia-se toda de preto, da ponta dos pés ao topo da cabeça, coberta sempre com, no mínimo, três camadas de poliéster preto.

Abu Laith olhava para as filhas – que geralmente andavam de saia ou jeans apertados, com lantejoulas nos bolsos – e pensava que não iria permitir que usassem aquelas roupas. Não deixava mais que as duas saíssem desde aquela noite do piquenique no bairro Floresta. Embora os *daeshis* fingissem ser amistosos, Abu Laith sabia que eram muito perigosos. Nas raras ocasiões em que se aventurara a andar pela cidade, evitara o principal posto de controle do Daesh no final da rua. Já tentara de tudo, ligara para uma porção de gente, procurando achar um jeito de ir até o zoológico junto ao rio para ver Zombie. Mas o zoológico ficava perto demais do campo de treinamento deles, não era seguro ir até lá. Pelo que havia sido informado, ninguém mais frequentava o zoológico. Tinham medo do fogo disparado no campo de treinamento, onde eles ensinavam a nova geração de "filhotes do califado" – os filhos dos *daeshis* – a combater. Dia e noite, Abu Laith preocupava-se com Zombie. Desde que os *daeshis* haviam chegado, não conseguira falar por telefone com Ahmed, o gerente do zoológico. Só restava a Abu Laith esperar que Zombie estivesse sendo alimentado, e aguardar até que as coisas se acalmassem o suficiente para que pudesse visitar o leão.

Para suas filhas, sair na rua no início do outono de 2014 era, sob vários aspectos, bem mais perigoso do que para o resto da família. Ao contrário de Lumia, eram jovens e solteiras. Se fossem vistas pelos combatentes do EI, talvez eles tentassem abduzi-las para o próprio uso. Portanto, quando sua filha mais velha, Dalal, ligou para dar sua opinião sobre o que fazer, ele, pela primeira vez, deu-lhe ouvidos.

– Baba – ela disse, com sua voz rouca. – Você precisa mandá-las para cá.

Dalal morava em Bagdá, onde trabalhava na inteligência militar iraquiana. Tinha 29 anos, era eficiente, loira tingida, com uma determinação incansável. Não dava a mínima para quem quer que tentasse dar-lhe ordens, fosse o marido, que havia anos a pressionava para que largasse o emprego, ou até mesmo seu pai.

– Não posso mandá-las sozinhas – Abu Laith retrucou.

– Baba, é urgente – disse Dalal. – Você não sabe como é esse pessoal. E vai ficar muito pior.

Quanto a isso, Lumia concordava. – Os jihadistas vão querer casar com elas mesmo que tenham visto apenas seus olhos – ela insistiu. – E você não vai conseguir detê-los.

– Eles têm feito muitas mulheres de escravas – Abu Laith lembrou mais tarde que Dalal havia comentado isso. – Se descobrirem que não são casadas, vão pegar as meninas. Querem ter o maior número de bebês possível para encher o califado de gente.

Abu Laith debatia-se entre duas forças. Era arriscado mandar as meninas embora. Podiam ser capturadas no caminho, ser presas ou ter que se casar à força. Mas se ficassem em Mossul, não poderiam mais sair de casa, viveriam sempre com medo e talvez fossem obrigadas a se casar com algum maluco fundamentalista.

— Mas como elas vão conseguir chegar a Bagdá? — Abu Laith perguntou. — Eu não posso levá-las. Se eu sair, os jihadistas não vão me deixar entrar de novo em Mossul. Vamos perder a casa. E também não posso deixar Lumia aqui sozinha.

A voz de Dalal era séria do outro lado da linha. — Deixe-me cuidar disso — ela concluiu. — Eu vou até aí buscá-las.

É impossível superestimar o perigo que Dalal corria vindo a Mossul. Bagdá ficava a seis horas de carro, mas desde a chegada do EI parecia que era na Mongólia. Os postos de controle pelo caminho haviam sido ocupados por jihadistas, que suspeitavam de tudo. Os homens que saíam da cidade precisavam deixar as escrituras de sua casa como garantia. Se não voltassem, o imóvel era entregue a um membro devoto da *dawla*, o "Estado". As mulheres não podiam viajar, a não ser com um homem junto como guardião.

Mais que qualquer coisa, os *daeshis* procuravam espiões e funcionários do governo, os quais tinham que assinar uma *towba* – declaração de arrependimento e de fidelidade ao Estado Islâmico –, caso contrário, eram presos. Dalal era mulher, viajando sozinha, e não só trabalhava para o governo, como também fazia parte do setor de inteligência militar.

Mesmo assim, ela decidiu vir. Estranhamente, Abu Laith não ficou muito preocupado com ela. Dalal sabia o que estava fazendo.

— Lumia! — exclamou Abu Laith, em tom decidido, à esposa. — Você tem que ir embora junto com elas. Não vou deixar você ficar aqui.

Lumia não se afetou com isso. — Vou ficar — ela disse, firme. — Se você morrer, eu também morro, e é assim que vai ser.

— Mas então os outros meninos também vão ter que ficar — disse Abu Laith, pensando em Luay, seu segundo filho mais velho, e nas três crianças menores.

— Sim — disse Lumia. — Mas eles vão ficar dentro de casa, e de qualquer modo isso vai passar logo.

Não demorou para que Dalal concluísse os arranjos necessários para a viagem e viesse dirigindo de Bagdá a Mossul, uma distância de quatrocentos quilômetros. Avisou que não iria até a casa, pois talvez pudesse ser seguida. Encontraria as meninas na casa da irmã Ridha, mais perto do centro da cidade.

Lubna ficou muito aliviada ao saber que iria embora. Poderia levar os filhos junto e viver sem os parentes no seu cangote, atazanando-a por causa do seu divórcio. Poderia sair à rua sem ter que se preocupar com a possibilidade de um adolescente armado decidir, de repente, casar-se com ela.

Ainda faltava resolver o problema do guardião homem. As mulheres não tinham permissão de viajar sozinhas, e Abu Laith e Luay teriam que ficar para proteger a casa. Só restava uma opção.

– Mohammed – Abu Laith anunciou. – Você vai para Bagdá com suas irmãs.

Mohammed, que tinha 13 anos e vinha morrendo de tédio ali, concordou entusiasmado. Sabia que as irmãs é que assumiriam o comando de tudo, e que sua missão de guardião seria apenas nominal. Mesmo assim, pensou, ir para Bagdá talvez fosse divertido.

No dia da partida, as meninas e Mohammed se reuniram na sala e abraçaram seu pai e Lumia em despedida. Levavam malas pequenas, para não chamar muito a atenção. Dalal arrumara um contrabandista que aceitara levá-los por dois mil dinares. Mas o homem tinha um carro pequeno, e estavam em sete, além do próprio contrabandista. Iriam viajar pelo deserto, por uma trilha secreta que passava pela Síria e corria junto à fronteira antes de voltar para o Iraque. Era melhor mesmo, Abu Laith refletiu, que Oula e Mohammed não tivessem noção do quanto aquilo era perigoso.

– Não vai ser por muito tempo – Lumia disse a Abu Laith, enquanto as crianças saíam em fila pela porta e subiam num táxi. – Logo todos estarão de volta.

Depois que os irmãos foram embora, Luay, o estudante de Geografia, viu-se meio sem chão. Embora fosse de bom temperamento e constituição robusta como o resto da família, não tinha a mesma determinação de Dalal, nem a autoconfiança do pai. Passava a maior parte do tempo em joguinhos de celular, ou em algum trabalho manual. Desde a chegada do Daesh, aguentava os longos discursos do pai a respeito de Zombie, e sua preocupação com a saúde do leão. Juntos haviam tentado achar um jeito de ir até o zoológico. Mas era simplesmente perigoso demais.

Uma manhã, não muito tempo depois que as meninas e Mohammed haviam partido, ele foi dar uma volta pela rua, para se distrair um pouco.

Era um dia quente, embora o calor escaldante do verão começasse a diminuir. Procurando algo para fazer, Luay foi até o parque em frente à casa, atrás da mesquita que o pai tinha construído. Os norte-americanos haviam criado o parque em 2006, numa tentativa de restabelecer a ordem em Mossul após a invasão. Era uma área de quase meio hectare, em formato oval. Um perímetro de árvores e arbustos delimitava uma trilha ao redor dele. À direita dos portões principais ficavam alguns carrosséis, que raramente funcionavam e faziam uma barulheira infernal quando em movimento. No centro do parque, havia um lago com uma ponte em arco, que no verão abrigava bandos de aves migratórias e uns poucos pedalinhos. Junto ao lago, havia uma estátua enorme de um bule de café dourado. O lado esquerdo do parque era ermo, exceto por algumas árvores e um galpão.

O parque costumava ficar fechado de manhã, mas naquele dia Luay atravessou os portões e viu que estava movimentado. Uns poucos *daeshis*, com seus camisões *kandahari*, andavam pela parte asfaltada junto aos carrosséis. Através das árvores, Luay pôde ver um grupo de pessoas reunindo-se do lado esquerdo do parque. Foi até lá, para ver o que estava acontecendo.

– Luay – gritou um de seus amigos. – Venha cá. Você precisa ver isso.

Ele caminhou em meio àquele grupo esparso de pessoas e viu três jaulas no chão. Dentro delas havia um urso, um filhote de urso e três leões. Um dos leões era pequeno, não muito maior que um filhote.

Na mesma hora, Luay reconheceu Zombie e ficou paralisado. Por algum milagre bizarro, os leões e os ursos do zoológico junto ao Tigre haviam sido transferidos de seu lar à beira do rio para aquele parque, bem diante da casa de Abu Laith.

– Chegaram num caminhão hoje cedo – o amigo contou. – Descarregaram as jaulas com um guindaste.

Luay virou as costas e correu para casa. Seu amigo gritou de novo.

– Vão começar a construir um zoológico aqui! Trouxeram os animais primeiro. Parece que o Daesh abriu um campo de treinamento no lugar onde eles ficavam, então tiveram que mudá-los para cá.

Luay, dando berros de satisfação, passou correndo pelos portões e entrou em casa.

— Baba! — gritou, cruzando o pátio e entrando na sala. — O Zombie está no parque, e também Mãe, Pai e dois ursos.

Abu Laith, que estava reclinado no sofá, deu um pulo e ficou em pé com uma agilidade raramente vista em homens do seu porte. Mais tarde relembrou ter tido uma sensação de profunda satisfação e uma estranha ausência de surpresa, como se soubesse que o leão, em algum momento, acabaria indo até ele.

— Leões! — ele gritou. — Eu sabia. Zombie voltou! — E sem mais palavras, saiu em disparada pela porta da sala para ir ver seu leão.

Quatro dias depois de partirem para Bagdá, as meninas seguiam de carro por um trecho de deserto parecido com o que haviam atravessado nas últimas vinte e quatro horas. Dentro do carro estava quente e empoeirado, e os olhos e o cabelo coçavam por causa da areia do deserto. Lubna, com crianças chorando no colo dela, estava quase caindo de sono. Viajando pelas infindáveis planícies da fronteira entre o Iraque e a Síria, ela imaginava o veículo como se fosse um ponto minúsculo sobre um imenso tecido. Se o carro quebrasse, morreriam no calor ou seriam capturados pelos jihadistas, que provavelmente os matariam. O pretexto que haviam inventado era que iam a um funeral.

Dia e noite, Lubna perscrutava o horizonte em busca de agressores, que poderiam ser avistados a quilômetros de distância, mas dos quais não teriam como fugir. Ninguém falava muito, e, depois de um tempo, o calor e o tédio anestesiaram um pouco o medo.

Agora, no quarto dia, ainda estavam no deserto, mas as aldeias já tinham se multiplicado, e as ruelas haviam virado ruas. Já tinham deixado para trás o território dominado pelo Estado Islâmico e entrado na terra de ninguém, situada entre os domínios do governo e o dos jihadistas.

— Vejam ali! — disse Dalal, espiando pela janela. — É o exército.

Adiante, os irmãos podiam divisar uma linha marcada no deserto, que ia crescendo e virando um posto de controle cercado por veículos blindados. — Coloque música bem alto no rádio! — gritou Dalal para o motorista, e ajeitou de novo o xale na cabeça. — Abra as janelas. Dirija devagar. Temos que deixar bem claro que não somos *daeshis*.

Virou-se para as meninas.

– Comecem a cantarolar – ela ordenou, como suas irmãs lembraram mais tarde. – Façam cara de alegres.

Lubna e Oula puseram as mãos na boca e emitiram aquele ulular estridente de celebração, que as mulheres iraquianas costumam fazer nos casamentos. Puseram o rosto colado à janela e forçaram um riso. À frente, podiam ver os soldados a postos.

– *Assalamu aleikum* – disse Dalal, quando chegaram ao posto de controle, com a música tocando bem alto e suas irmãs cantarolando atrás. – Eu trabalho na inteligência militar.

## 13

## IMAD

*1973*

OS CÃES DA CASA POLONESA perto de Zuhour estavam trancados, e por um motivo muito justo. Seu latido espalhava tamanho medo na vizinhança que poucos se atreviam a passar a pé por aquela rua. Nas poucas vezes que alguns garotos mais atrevidos da área tentaram encará-los para mostrar sua valentia, os animais haviam saltado direto no pescoço deles, as mandíbulas estalando. Por isso, a rua da casa dos poloneses — uma mansão ajardinada, bem perto do escritório da companhia de enxofre que os moradores administravam — estava quase sempre vazia.

Imad fazia seu habitual passeio quando ouviu os cachorros latindo. Chegou perto da casa, procurando encrenca. Ao encostar na cerca que protegia o complexo, os latidos aumentaram. Intrigado, Imad foi até o portão. Viu então que os cachorros eram pastores-alemães, uma raça que ele conhecia por fotos em livros. Não ficou assustado com eles.

Eles estavam brincando com uma mulher jovem, de uns 25 anos, que vestia apenas sutiã e shorts. Era loira e fazia os cães se sentarem nas patas traseiras e colocarem as dianteiras nas mãos dela. Imad mal olhou para a moça, embora fosse muito incomum em Mossul uma mulher andar pelo jardim de roupa íntima.

A jovem polonesa viu o garoto no portão, com um tufo de cabelo ruivo, o rosto rechonchudo. Era baixo e forte, e parecia muito determinado. Imaginando que fosse outro europeu, fez-lhe sinal para que se aproximasse.

— Eu gostaria de conhecer seus cachorros — disse ele, em árabe.

— Não vai ser possível — disse um *moslawi* cristão que trabalhava como intérprete para os poloneses e estava por ali no jardim. — Vão latir como doidos se você chegar perto.

O garoto ignorou-o. — Olá — ele disse, dirigindo-se à polonesa. — Posso entrar e chegar perto dos cachorros?

O cristão traduziu.

— Você não tem medo deles? — perguntou a jovem, que levava os cachorros junto onde quer que fosse e já se acostumara a ver o pessoal dali fugir quando os cães chegavam mais perto.

— Na verdade, não — disse Imad, apesar de estar um pouco assustado. Ele abriu o portão e entrou no jardim, e ficou bem agachado.

Por alguns instantes, manteve uma distância respeitosa, e ficou assobiando baixinho. Os cães sossegaram. Então, ainda bem devagar, foi andando até eles. Era como se estivesse conversando com os dois. Toda a raiva dos cães havia passado, e eles lamberam as mãos de Imad e deram uivos roucos de prazer.

O intérprete ficou atônito. — Como você fez para não ser mordido por eles? — ele perguntou a Imad.

— Eles não poderiam me morder — disse Imad. — Eles me respeitam, todos os animais me respeitam. É por isso que todos me chamam de Abu Laith.

A jovem entendeu. A partir de então, Imad passou a frequentar aquela casa quase todo dia. Ajudava a moça a dar carne enlatada aos cães e brincava com eles, atirando bolinhas para que fossem buscar. Em pouco tempo, conseguiu fazê-los sentar nas patas de trás e dar as dianteiras para ele segurar, como a moça fazia.

Foi seu primeiro contato com uma importante verdade — a de que ser bom com os animais traz coisas boas.

# 14

# HAKAM

NO INÍCIO, NINGUÉM PÔS MUITA FÉ naqueles cartazes espalhados por Mossul – colados pelas esquinas e muros dos mercados, alguns meses depois da chegada dos milicianos. Grandes letras pretas em contraste com o papel branco anunciavam que fumar cigarros e narguilé estava proibido em todo o Estado Islâmico, e que os veículos que transportassem tabaco teriam sua carga confiscada. Os fumantes poderiam ser açoitados ou presos.

A notícia deixou todo mundo perplexo. Embora, é claro, as pessoas em Mossul fossem tecnicamente conscientes de que os cigarros eram proibidos pela lei do Alcorão, poucos haviam pensado alguma vez em tomar algum tipo de medida em relação a isso. Apenas uma minoria consumia bebida alcoólica, mas o hábito de fumar – cigarros e narguilé – era algo entranhado na vida cotidiana.

Nas estreitas ruas do Centro Antigo e nas amplas avenidas do lado leste, as mesinhas dos cafés se espalhavam pelas calçadas, e o ar ficava preenchido pela fumaça dos grandes narguilés de vidro que os garçons traziam para fora, indo e voltando com um fornilho de carvões incandescentes para acendê-los. À noite, o cheiro de gasolina e de peixe do Tigre juntava-se aos fortes odores de hortelã ou maçã das misturas de tabaco locais. À tarde, os homens sentavam-se para tomar chá doce nas esquinas, soltando baforadas de Winstons ou Kents.

Quando os cartazes apareceram, ninguém levou a sério. Era preciso mais que alguns cartazes, segundo os amigos de Hakam, para que os *moslawis* largassem o hábito de fumar.

De início, a *hisbah* abordava os fumantes para dar-lhes sermões bem intencionados – embora muito mal recebidos – sobre os perigos do fumo: o câncer de pulmão e o enfisema. Depois de um tempo, quando todo mundo os ignorou, começaram a restringir o acesso dos fumantes a maços de cigarros.

Mas logo surgiram boatos de que donos de lojas que vendiam cigarros estavam sendo tirados de circulação e não voltavam mais. Contrabandistas, quase uma tradição de Mossul, começaram a fazer grandes negócios com cigarros, elevando o preço do maço de menos de uma libra a mais de treze libras. Hakam passou a racionar os cigarros, fumava um a cada três dias no jardim, à noite, sob as estrelas, cuidando para que ninguém sentisse o cheiro do lado de fora dos muros da casa.

Os cafés de narguilé, e também – em ritmo mais lento – os cafés convencionais, fecharam. Alguns ainda funcionavam, mas os clientes eram atormentados por membros da *hisbah*, que paravam as pessoas para checar o comprimento da barba – tinha de ser mais comprida que um punho fechado, medida a partir de sua base – ou a extensão da calça. Agora eram poucas as mulheres que ainda saíam de casa, entre aquelas, é claro, que tinham essa opção. Aos poucos, a vida foi sendo drenada de Mossul.

Ultimamente, o tédio de Hakam se agravara, e seus dias eram permeados por uma sufocante inércia. Com isso surgiram a raiva e a imprudência. Nos últimos meses, os milicianos estavam mais intransigentes e sentiam-se justificados a fazer qualquer coisa, desde confiscar manequins de lojas a açoitar fumantes, sempre apelando a referências deturpadas ao Corão. O pai de Hakam, que conhecia as complexidades da charia melhor do que quase todo mundo em Mossul, repreendia-os toda vez que ousavam desafiá-lo.

Esses sermões eram ainda mais difíceis de engolir quando vinham de algum daqueles ocidentais – alguns recém-convertidos – que apareceram em Mossul nos últimos meses. Hakam achava absurdo que pessoas da Noruega ou do Zimbábue procurassem Mossul para tentar viver sua utopia extremista.

Quando topava com eles, o que acontecia algumas vezes, arrumava desculpas para não lhes dar informações sobre endereços ou não ter que perguntar se ia tudo bem com eles. Uma tarde, estava numa loja de videogames quando um homem loiro entrou, cumprimentando todos num árabe muito precário. Parecia saber apenas algumas palavras, e todos na loja responderam com um murmúrio.

– *Assalamu aleikum* – ele disse ao dono da loja, e passou para o inglês. – Você tem *Call of Duty*?[1]

O dono da loja, em pânico, não tinha ideia do que o homem estava querendo, e olhou em volta de olhos arregalados buscando ajuda. Todo mundo na loja começou a sair de fininho ou virar as costas e passar a olhar concentradamente para as vitrines de jogos.

Hakam interveio. – Posso ajudar? – perguntou, num inglês impecável, que aprendera nos chats da internet com seus amigos de outros países.

O estrangeiro sorriu e agradeceu. Poucos minutos depois, estava indo embora, com seu *Call of Duty* na mão, e todo mundo na loja respirou aliviado.

Esse foi o primeiro encontro, mas não o último. Até aquele momento, ele já havia visto franceses, norte-americanos, britânicos e indianos, além de homens e mulheres de várias outras nações.

Todos usavam a vestimenta completa do Estado Islâmico, e os homens andavam armados. Em comparação com alguns dos membros nativos, que haviam se alistado em busca de poder e dinheiro, esses voluntários internacionais comportavam-se como membros de uma seita – seguindo suas novas regras mais estritamente que a maioria dos *moslawis*.

Hakam não conseguia aceitar o fato de eles terem colonizado sua cidade como se fosse uma terra prometida.

---

[1] *Call of Duty* é uma série de videogames de guerra e ficção científica, da modalidade "tiro em primeira pessoa", em que o jogador compartilha o ponto de vista do personagem do jogo, empunhando armas, como se fossem o mesmo observador. [N.E.]

## 15
## ABU LAITH

O PARAPEITO QUE PROTEGIA a beirada da laje de Abu Laith tinha um metro de altura e vinte de comprimento – em cimento róseo, moldado num contraforte que ressaltava da lateral da casa. Dali, qualquer um agachado na laje com o alto da cabeça sobressaindo da amurada ficava quase invisível a quem estivesse trabalhando no novo zoológico do parque, em frente à casa.

No meio da tarde, Abu Laith estava às voltas com sua habitual administração do zoológico a partir da laje. Vinha mantendo um perfil discreto desde que os homens da mesquita haviam ido à sua casa, pois tinha receio de ser preso se o vissem no zoológico. Mas sua segurança tinha uma enorme desvantagem – não podia mais passar um tempo com Zombie, nem com Mãe e Pai, ou com Lula, a ursa, e o filho dela, que as crianças dali apelidaram de Warda.

Desde a semana em que os leões haviam chegado ao novo local em frente à casa de Abu Laith, não aparecera ninguém com um mínimo de competência para cuidar dos animais. Abu Laith estava furioso, queria alguém para ficar de olho neles. Ahmed, o funcionário que havia escondido Zombie e seu irmão ainda filhotes num cercado na garagem da sua casa, parecia ser o atual encarregado do zoológico, depois de sua transferência forçada. Não passava muito tempo ali, e, no entender de Abu Laith, não se preocupava tanto com os animais quanto em coletar os quinhentos dinares que as pessoas pagavam para entrar e vê-los. Além de Ahmed, havia também alguns funcionários que cuidavam de aparar a grama, gerir os carrosséis e, de vez em quando, dar algo de comer aos bichos.

Tecnicamente, Ahmed era os olhos e os ouvidos de Ibrahim, o dono do zoológico – e também o seu administrador na ausência do patrão. Ibrahim morava em Erbil e não tinha nada a ver com a gestão do dia a dia do parque de diversões.

Desde que o zoológico viera para sua nova localização, Abu Laith via outros animais chegarem quase todos os dias. Pavões, macacos – incluindo um babuíno – e um avestruz, com suas longas penas pretas, haviam sido trazidos em caminhões, soltando guinchos e assumindo posturas indignadas. Depois vieram as cabras e a raposa, alguns porquinhos-da-índia e um esquilo. As cobras chegaram em caixas de vidro, e dois pôneis shetland corriam soltos num pequeno recinto.

A maioria dos animais foi disposta em jaulas em volta de uma área cimentada na parte esquerda do zoológico, do ângulo em que Abu Laith os via de sua casa. Ele queria muito ir até lá e ver os bichos de perto. Desde a breve visita que fizera no primeiro dia, quando os animais chegaram, e quando teve um feliz vislumbre de Zombie, não fora mais até o zoológico. No limite do parque, entre a casa de Abu Laith e o zoológico, ficava a mesquita. Como não retomara as rezas, ignorando, portanto, as instruções que lhe haviam sido dadas, Abu Laith não podia correr o risco de passar pela mesquita e ser identificado. Então ficava ali na laje, aguardando, espionando o que acontecia no zoológico, dando um tempo até ver se conseguia conceber algum plano.

Só que, em várias ocasiões, quase foi visto por Ahmed e pelos *daeshis* que andavam pelo zoológico. Precisava era de alguém ali, para informá-lo sobre o que acontecia. *Um espião*, pensou Abu Laith, enquanto se afastava de seu posto.

Desceu e começou a traçar um plano. Já contava com Luay, que ele podia mandar ao zoológico. Mas, embora o menino fosse muito esperto, intimidava os outros tanto quanto um cocker spaniel. Abu Laith precisava de um leão – alguém capaz de manter os animais em segurança e que ficasse de olho em Ahmed. Se tivesse um milímetro de espaço, Abu Laith ponderou com pessimismo, aquele homem seria capaz de vender os animais pela melhor oferta.

Sabia o que devia fazer. Pegou uma cadeira e sentou-se junto à porta de entrada, como um homem num trono. O portão estava semiaberto, portanto ele podia observar o que acontecia na rua sem ser visto. Sentou, bebericando seu copo de chá, esperando que aparecesse alguém apto a ser espião – alguém que ele pudesse enviar ao zoológico em seu lugar.

Teve que esperar até o sol começar a se pôr e a rua ficar quase esturricada com o calor do dia. Luay se juntara a ele, e os dois ficaram ali, observando a rua. Já haviam passado alguns jovens por ali, mas Abu Laith descartara todos. Baixinho demais, magro demais, fraco demais. Precisava de alguém mais assertivo, que fosse capaz – se preciso – de impedir qualquer tentativa de roubo dos animais e de supervisionar a dieta alimentar de Zombie.

Por volta das 6h30 da tarde, ouviram uma voz rouca de algum aldeão que gritava pela rua.

– Esse aí é o Marwan – disse Luay. – Eu o conheço, é daqui do bairro. Um cara legal, mas meio tosco.

Abu Laith pareceu interessado.

– Às vezes ele bebe – disse Luay. – E o pai dele é uma figura. Mas é um cara forte.

Percebendo a aproximação do rapaz, Abu Laith levantou e foi até o portão da casa. O jovem tinha mais ou menos a idade de Luay, mal saído da adolescência, magro, mas musculoso. Seus antebraços estavam cheios de tatuagens caseiras, relevos esverdeados e confusos em cima da pele. Era bem bronzeado de sol e parecia bravo.

Para Abu Laith, o cara perfeito.

– *Assalamu aleikum* – ele o saudou, e chegou perto dele.

O rapaz olhou surpreso para Abu Laith e cumprimentou Luay com um aceno de cabeça.

– *Wa aleikum assalam* – respondeu.

– De onde você é? – Abu Laith perguntou.

– Hasan Sham – ele disse. Era uma vila de maioria curda, fronteiriça ao território do Daesh. Embora fosse árabe, Marwan aprendera a falar curdo por ter sido criado lá.

– Você está empregado? – perguntou Abu Laith, sabendo muito bem que não estava.

– Não – disse Marwan. – Sabe de alguma vaga?

Abu Laith, que concebera um plano no qual punha muita fé, indicou com um gesto uma pilha de tijolos junto ao portão. – Você se incomodaria em ajudar a transportar alguns desses tijolos? – ele perguntou, de olho na reação de Marwan. Luay ficou rondando por perto, procurando não interferir nos assuntos do pai.

Marwan concordou. Sem demora, carregou os tijolos e os dispôs em duas pilhas no ponto indicado pelo dono da casa. Seus braços, Abu Laith notou, eram admiravelmente robustos, e ele parecia capaz de cumprir ordens.

– Muito bem – ele disse, enquanto Marwan acomodava uma braçada de tijolos empoeirados. – Venha aqui dentro, um momento. Seja bem-vindo.

Foram até a sombra e sentaram-se os três. Marwan tinha 20 anos, disse a Abu Laith, e viera à cidade com a família para ganhar algum dinheiro. Precisava muito de trabalho.

– Estou procurando um espião – disse Abu Laith, enquanto descansavam um pouco em meio à algazarra dos pardais que faziam ninho nos muros do pátio. – Preciso de alguém para trabalhar no zoológico e verificar se ele está funcionando direito.

Marwan pareceu muito irritado. – Não estou aqui por gostar de animais – ele disse, sob o olhar perscrutador de Abu Laith. – Estou aqui porque preciso trabalhar.

Abu Laith avaliou-o. Pelo menos, era honesto. Abu Laith sabia lidar com gente que queria dinheiro. Se o rapaz era pobre, trataria bem os animais, caso contrário não receberia o dinheiro. O pai dos leões não confiava em gente que estava atrás de poder, ou em caras fracos que aceitavam ser mandados pelos outros. – Isso tudo vai mudar – Abu Laith lembrou mais tarde de ter dito ao rapaz. – Agora preste atenção ao que vou lhe dizer.

Marwan saiu de lá naquele dia confuso, com a cabeça dando voltas. A dieta de Zombie consumira pelo menos uma hora de explicações. E ele não sabia que limpar a jaula de um pavão pudesse ser algo tão complexo.

Mas, de qualquer modo, ali estava ele, um aprendiz de tratador de zoológico recém-contratado. No dia seguinte, ofereceria seus serviços a Ahmed, dizendo apenas que morava no bairro e estava à procura de trabalho. O velho maluco havia sido muito claro em suas instruções. Ahmed procurava mão de obra barata, e certamente contrataria aquele jovem forte. Mas Marwan iria se reportar apenas a Abu Laith. Ignoraria a programação de alimentação estipulada por Ahmed, que lhe pagaria uns poucos dólares por dia para trabalhar no zoológico, e informaria a Abu Laith que tipo de comida estava sendo dada aos leões, e este então lhe passaria uma nova lista de compras. O dinheiro de Abu Laith iria compensar a diferença, complementando seu baixo salário e permitindo-o comprar carne para os animais.

O velho, sem dúvida, era maluco, pensou Marwan, enquanto andava de volta para casa. Mas gostara dele, embora não soubesse nem dizer por quê. Naquele dia, pela primeira vez, Mossul começava a se parecer um pouco com um lar.

Em dois dias, Marwan já estava trabalhando no zoológico. De manhã, sob a colorida sombra das árvores, varria as jaulas e, com a devida discrição, alimentava os leões com a carne subsidiada por Abu Laith. Mas não era suficiente – eles estavam sempre famintos e um pouco doentes. Na maioria das manhãs, o pai de Zombie dormia – com as costelas um pouco saltadas sob a pele. Zombie ficava deitado ao sol na sua jaula, com seu pelo ruivo brilhando.

A mãe do leão sentava-se sobre as ancas, observando Marwan com um olhar malévolo característico. Ele, às vezes, enquanto enchia os baldes com água da torneira, sentia que não confiava minimamente nela. Algumas vezes, ao trabalhar no pátio, fantasiava que era capaz de sentir os olhos dela acompanhando-o. A leoa, de vez em quando, soltava um rosnado que o fazia apressar o passo. Lula, a ursa, e seu filho, Warda, eram bem mais educados. Ficavam quietos, em silêncio, embora Lula se contraísse de medo a cada som que ouvia. Abu Laith dizia que ela ficara medrosa durante sua estadia no zoológico do bairro Floresta, por causa do som dos rojões que o pessoal soltava ali com frequência. O companheiro dela, que Abu Laith achava que a protegia, havia sido deixado na Floresta, e agora Lula estava sozinha com seu filhote.

Os macacos quase sempre soltavam guinchos quando viam Marwan, o que o fazia saltar de susto. Nusa, a macaca mais velha, tinha pelo tão vermelho quanto o cabelo de Abu Laith. Marwan, que tampouco era lá de boas maneiras, ficara chocado ao ver como a macaca tratava mal os visitantes do zoológico. Toda vez que alguém ficava falando diante de sua jaula, ela se atirava na rede e gritava até que fosse embora. Marwan não tomava nenhuma providência em relação a isso, a não ser quando os visitantes eram jovens mulheres, que ele imaginava que talvez fossem muito bonitas por baixo de seus *khemmars*, e então ele delicadamente afastava Nusa para que fosse berrar na sua cabana.

O babuíno trazia um desafio diferente. Era uma criatura meio estúpida, que vivia zanzando com preguiça pela jaula. Mas, às vezes, quando havia um monte de mulheres por perto, era estimulado a entrar em ação. Dava um salto, abria as pernas e sacudia seu pênis desenfreadamente na direção delas. Choro, gritos e caos eram inevitáveis.

Se as coisas se complicavam, Marwan estalava a língua para que o babuíno saísse dali. Mais tarde, quando ele relatou o episódio a Abu Laith, numa das inquirições que lhe fazia regularmente, o velho chorou de tanto rir. – É um perfeito cavalheiro com as damas – comentou, rolando de rir no sofá.

Havia várias coisas a serem relatadas a Abu Laith. Primeiro, a comida. Ahmed e os outros guardas davam-lhe sacos com restos de comida obtidos sabe-se lá de onde – provavelmente de restaurantes, já que a presença de arroz era massiva. De início, Marwan tentou dar aquela mistura rançosa a todos os animais. Mas os únicos que aceitaram comê-la foram os bodes pequenos e a raposa.

Depois que consultou Abu Laith, Marwan passava toda manhã sentado no piso junto à jaula dos leões, separando pedaços de carne do arroz, ou tirando feijões do molho para alimentar os animais. Os macacos gostavam de azeitonas e picles – de qualquer tipo –, enquanto os porquinhos-da-índia preferiam alface. Os leões, era evidente, não gostavam de arroz. Com o dinheiro de Abu Laith, Marwan comprava uma carcaça inteira de carneiro do matadouro clandestino junto aos muros do Centro Antigo e dava aos leões, que iam então rasgando a carne delicadamente com seus dentes, segurando a carcaça entre as patas.

Na maioria dos dias, Marwan sequer recebia seu pagamento do zoológico. Ahmed ou um de seus funcionários davam-lhe um sanduíche ou dois, e ficava implícito que ele deveria se dar por satisfeito. Outros dias, recebia uns dois mil dinares – cerca de dois dólares.

Marwan muitas vezes ponderava que, se Abu Laith não lhe pagasse, não passaria nem perto do zoológico. Nunca se importara com animais – mal dedicava um pensamento a eles. Mas, ao se sentar todos os dias com aquela comida rançosa, catando restos de cartilagem, começou a se sentir um pouco deprimido ao alimentar os pavões, os bodes ou a raposa – que talvez preferissem algo que tivesse sido morto havia menos tempo.

Os dois pôneis shetland, que corriam pelo seu recinto com as crinas esvoaçando, comiam grama e feno. Os bodes, a mesma coisa. Os pavões e os pombos se alimentavam de arroz, que não era a comida certa para eles, mas era o que havia. A raposa comia de tudo, mas as cobras – compridas como o braço de um homem – eram muito exigentes e comiam apenas camundongos, difíceis de capturar. Nenhum dos animais, exceto os bodes e os pombos, gostava de pão velho.

Seguindo as instruções de Abu Laith, ainda que fosse apenas no seu espírito, e não no conteúdo, complicado demais de relembrar, Marwan lavava as jaulas com água todos os dias e tentava alimentar aquela desconcertante variedade de animais com algo que, no mínimo, não os fizesse adoecer.

Na maioria dos dias, depois de terminar seu trabalho, Marwan ia prestar contas a Abu Laith. A cada informação que recebia, Abu Laith ficava com mais raiva, até que, a certa altura, explodia num dilúvio de imprecações e ameaças de extrema violência. Com frequência, mandava Marwan fazer coisas tão bizarras que o rapaz mal conseguia ter ideia do que se tratava. Uma vez mandou que ele comprasse um brinquedo para Lula, porque ela se sentia entediada.

Ao mesmo tempo em que Abu Laith esforçava-se para encontrar maneiras de entreter a ursa, ele se mostrava um pouco indiferente às dificuldades mais prementes que sua família enfrentava. Num dia extremamente quente, Lumia vinha andando pela rua, acalorada dentro de sua *abaya* e *khemmar*, sentindo náuseas. De tempo em tempo, ela levantava o tecido preto da sua boca para respirar um pouco – ar quente. Mas as fumaças de diesel estavam deixando-a sonolenta, e ela temeu desmaiar. Enquanto andava, relembrou mais tarde, alimentou um desejo com todas as suas forças: "Por favor, que seja apenas pressão baixa".

Numa tarde, em que ficara às voltas com a habitual agitação na cozinha, remexendo panelas ferventes e limpando as crianças sempre sujas que zanzavam o tempo todo entre suas pernas, notou uma sensação horrivelmente familiar. Era uma espécie de enjoo opressivo na barriga, que ela conhecia muito bem. Teve dor de cabeça, e sentou-se, cansada demais até para sentir muito pânico. Ao sentar, fez as contas. Então vestiu todas as camadas de preto, calçou as luvas e saiu para a rua.

A clínica era um edifício de dois andares, cerca de dez minutos a pé da sua casa, ou quinze, no intenso calor do verão. No andar térreo, havia uma farmácia que vendia analgésicos, antibióticos e comprimidos para disfunção erétil. O consultório ficava no primeiro andar. Lumia já estivera ali antes, e subiu a escada transpirando de calor.

Junto à porta, perto de onde sentava a recepcionista, havia um homem com roupas *kandahari* e barba, segurando um fuzil mais comprido que o usual. Parecia asiático, e Lumia ficou imaginando que diabos ele fazia ali. Junto dele, havia uma mulher com o filho, de uns 10 anos, que chorava e gemia, com as mãos na barriga. A médica, ou pelo menos alguém com toda a aparência de um médico, estava em pé dentro do consultório, toda de preto.

– Por favor, atendam o menino – a mãe implorava. – Por favor, ele está muito doente.

– Eu não posso – disse a médica. – Não posso, eles não vão deixar.

O guarda permanecia em silêncio, ignorando a cena que transcorria à sua frente.

– É só um garotinho – a mãe dizia, enquanto o menino chorava. – Por favor, atendam a criança.

– Sinto muito – a médica dizia, e parecia constrangida. – Ele vai ter que ir até um médico homem. Não posso encostar a mão nele. Eles não deixam.

A mãe, e agora era ela que chorava, pegou o filho e carregou-o escada abaixo. Lumia afastou-se para deixá-la passar e entrou no consultório, tremendo.

– Estou grávida – ela disse à médica.

– De novo? – a médica perguntou, parecendo exausta. A última vez que Lumia fora ao consultório, estava grávida de Mo'men e animadíssima, tanto com a médica, muito profissional, quanto com a clínica bem equipada. Agora, Lumia só queria deitar no chão e chorar. Mas não havia tempo para isso, então fizeram um ultrassom, que mostrou o bebê, o coração batendo.

– Estou grávida – disse Lumia a Abu Laith, entrando com esforço pelo portão e tirando seu *khemmar*. Parecia ter muita raiva, mas sem nenhum tom acusador. – Estou grávida e não sei o que vamos fazer.

Abu Laith deu um sorriso. – Isso é maravilhoso! – gritou – Por que você está triste?

– Que raios está acontecendo com você? – berrou Lumia. – Não posso ter o bebê agora!

Abu Laith, cujos sonhos iam pouco além de querer viver rodeado de uma grande horda de filhos e animais, sentiu o orgulho estufar de novo seu peito, como ocorrera em relação ao seu último filho.

– Não se preocupe – disse ele, em júbilo. – Vai dar tudo certo. Vamos ter outro filho.

Mas Lumia, que se sentia muito fraca, não conseguia ficar feliz.

# 16
# IMAD

*1978*

POR VOLTA DOS SEUS 18 ANOS, Imad já havia descoberto um fato imutável: os animais são melhores que as pessoas.

Havia apenas uma exceção, e o nome dela era Sara. Ela vivia em Bagdá, amava os animais e o amava também. Desde pequenos, Sara e Imad haviam sido prometidos um ao outro por suas famílias, que faziam parte do mesmo clã. Desde que ela completara 15 anos, Imad, dois anos mais velho, começara a arrumar pretextos para vir a Bagdá visitar a família da moça. Levava-a a pé até a escola, com sua calça boca de sino e camisa de colarinho pontudo, e depois ia buscá-la na saída.

Já se viam em segredo havia mais de um ano, quando tensões prolongadas entre o Iraque e o seu vizinho Irã levaram Saddam Hussein a promover uma invasão do Irã pela fronteira sul, em 1980. Foi decretado o alistamento, e todo dia homens jovens morriam e cidades eram bombardeadas. Os preços dos alimentos foram às alturas, e as pessoas entraram em desespero.

Em meio a isso tudo, o pai de Sara – arrimo da família – morreu. A mãe, que não sabia mais o que fazer, comunicou Sara que ela seria dada em casamento a um parente mais velho do lado materno da família. Com isso, Sara receberia um dote que manteria a família estável e a deixaria a salvo das atenções de outros homens.

Horrorizada, Sara atirou-se nos braços de Imad da vez seguinte que ele veio a Bagdá. – Precisamos nos casar agora – disse chorando. – Você precisa pressionar seus pais a darem a permissão, senão os meus vão me entregar a outra pessoa.

Imad disse que tudo iria se resolver bem. Eram jovens e apaixonados, e parecia simples. Imad voltaria a Mossul e diria aos pais que fossem a Bagdá pedir à família de Sara a mão dela em casamento. Então voltariam todos juntos a Mossul, um imã leria trechos do Corão, e eles assinariam um compromisso de casamento. Estariam prometidos um ao outro. Não haveria nenhum problema.

Mas Imad não sabia que, conforme Sara ficava mais velha, mais aumentava a desaprovação que os pais dele sentiam por ela. A garota era avoada, interessada demais em insetos, gatos e todas aquelas coisas estranhas que o filho deles adorava. Achavam que Imad precisava de uma mulher *moslawi* sólida para trazê-lo de volta ao mundo real.

A mãe decidiu pregar uma peça em Imad para mantê-lo em casa. Uma manhã, os pais, depois de semanas sendo atormentados por Imad, partiram para Bagdá dizendo que iam pedir a mão de Sara. Mas em vez de irem à casa dos pais da moça, pararam na casa de uns parentes, pernoitaram ali e voltaram para Mossul sem falar com ela. Sara ficara esperando que viessem, mas eles nem passaram lá.

Na casa em Mossul, Imad esperava na sala, que havia sido preparada com travessas de quibe e arroz para a festa de noivado. Os pais apareceram na porta, com ar soturno, depois da viagem a Bagdá. Não vinham acompanhados de ninguém.

O pai de Imad parecia muito deprimido. – Sinto muito, filho – disse. – Ela não aceitou.

Imad não acreditou no pai. Disse que ele era um mentiroso.

– Ela disse não – a mãe reforçou. – Ela falou assim: será que Bagdá está com tanta falta de homens a ponto de eu ter que me casar com Imad?

E o jovem sentiu o mundo desabar à sua volta.

Ficou três dias trancado no quarto, sem comer, nem dormir. Quando finalmente levantou da cama, não era mais o mesmo. A traição de Sara afastara Imad ainda mais da companhia de humanos, que ele julgava não confiáveis e cruéis.

Sua dor aliviou-se um pouco quando mandou um recado aos parentes de Sara dizendo que iria matá-los se pusessem o pé em Mossul.

Tais ameaças, relativamente comuns, eram muitas vezes cumpridas. Os familiares da moça em Bagdá – embora não tivessem ideia das razões por trás da ameaça – acharam melhor manter distância de Mossul.

De início, Imad recusou-se a acreditar que Sara tivesse algo a ver com a recusa. Mas logo a mãe dele forneceu as respostas pelas quais ele ansiava. Ela era leviana, disse a mãe, e provavelmente já se apaixonara por outro. Em pouco tempo, ele começou a acreditar que a moça nunca o amara.

Imad precisava de alguma distração, e ela veio rapidamente na forma do alistamento no exército para combater os iranianos. Em poucas semanas, estava no alto de uma montanha tempestuosa, perto da fronteira iraniana. Com fome, frio e sozinho.

Haviam ficado para trás os sonhos com Sara e uma vida tranquila com seus animais. À noite, deitava na sua tenda no acampamento na montanha, rodeado pelos estrondos dos morteiros disparados pelo inimigo, e então pensava nos amigos em Mossul e sentia que, na verdade, precisava de uma bebida.

Imad não estava interessado na guerra. Tudo aquilo, no seu entender, parecia um pouco sem sentido e dava um trabalho insano. Acima de tudo, não gostava que lhe dissessem o que fazer. Vivia irritado, evitava fazer a maior parte das tarefas e logo foi relegado à oficina mecânica, com seu cheiro de ferro quente e cigarros.

De vez em quando, vociferava, bêbado de uísque contrabandeado, falando com os cães vadios que vagavam pelas montanhas. Embora as rações de combate do exército fossem sempre escassas, reservava um pouco de sua comida e dava aos cães, atraindo-os com pedaços de carne rançosa. Às vezes dava até uísque aos cachorros, o que parecia deixá-los com uma zonzeira agradável.

– Imad, que história é essa de ficar dando comida aos cachorros? – seus companheiros soldados perguntavam. – As pessoas também têm fome, por que não dá sua comida a elas?

Imad só ria. No refeitório, ninguém se sentava com ele – o *moslawi* sujo que comia com os cães. Mas Imad não ligava.

Depois de alguns meses, cansou daquele frio cortante e decidiu ir embora. Mexeu alguns pauzinhos com um comandante e foi despachado para casa de licença, sem ser oficialmente dispensado do serviço ativo. Ao chegar em casa, descobriu que a mãe lhe arrumara uma esposa.

– De jeito nenhum – disse Imad.

Mas a mãe não deu ouvidos. Quanto mais tempo esperassem, ela sabia, maior a probabilidade de Imad ir a Bagdá para descobrir o que havia de fato acontecido com Sara.

– Você vai gostar dela – disse a mãe, e já começou a cuidar dos preparativos.

Enquanto vagava pelas ruelas de Zuhour, aguardando ser chamado de volta ao *front*, Imad admitiu que, afinal de contas, talvez fosse bom ter uma esposa. Logo soube que ela se chamava Muna. Era alguns anos mais nova que ele, magrinha e tímida, como uma gata. Imad nunca ouvira falar dela. Conheceu-a no dia do casamento. Muna vestia uma túnica florida vermelha, e seu cabelo caía trançado às suas costas. Cortaram o bolo juntos, e Imad sentia-se muito mal com aquele equívoco todo.

O casamento transcorreu rapidamente num ambiente confuso, com parentes tomando suco de laranja e o casal evitando olhar um para o outro, numa sala dividida por gênero – as mulheres cantarolando atrás de uma cortina com seus melhores vestidos e os homens fumando narguilé.

Na hora em que os convidados já se enfileiravam para ir embora, Imad já havia caído em desgraça por ter perguntado à família da moça se ele não poderia se casar com a irmã gêmea de Muna, e não com ela – desde que isso não fizesse diferença para eles. Muna era magrinha, ao passo que a irmã tinha bochechas alegres, de esquilinho, e era mais rechonchudinha, como um melão, o que fazia mais o gosto de Imad. Mas ela já era casada, então Imad e Muna foram encaminhados para fora da sala antes que algo mais pudesse dar errado, com os parentes da moça garantindo que ela engordaria logo, assim que tivesse filhos.

– Quando se trata de gêmeos, é como uma maçã – disse alguém da família de Muna. – Você pode cortá-la em duas metades, mas ambas têm o mesmo gosto.

Vinte e três dias mais tarde, o casal mudou-se para sua nova casa, numa rua tranquila de Zuhour. Dentro havia um pátio, que se estendia até quartos arejados, recém-pintados, e até uma gaiola debaixo da escada, onde um bando de pombos olhavam para baixo com desdém para os coelhos, cães e galinhas que corriam e ciscavam por ali.

– Vou cuidar de todos eles – Muna prometera, e pôs mãos à obra.

Então se instalaram na sua nova vida – Imad, que gozava daqueles meses de licença entre suas idas ao *front*, dedicava-se a consertar carros e criar pombos. Começou também a comprar filhotinhos de pombos no mercado Ghazal de Bagdá por vinte e cinco dinares cada. Depois que cresciam, vendia as pombas por quatrocentos dinares, depois de cada uma gerar trinta outros filhotinhos.

O mercado era um lugar primal, um antro barulhento com bater de asas e gritos. Às sextas-feiras, as suas alas ficavam cheias de sangue escorrendo e coágulos e todos os efluentes de mil formas de vida, que ali cresciam e morriam numa algazarra profana. Imad adorava aquilo. Depois de alojar os filhotes de pombo bem seguros no banco dianteiro, piando dentro de suas caixas, dirigia de volta a Mossul, com o vento circulando pelas janelas, totalmente satisfeito consigo.

Mas aí chegava outra convocação do exército, e ele precisava voltar ao *front*, deixando Muna cuidando dos animais.

## 17
## ABU LAITH

ABU DALAL ERA UM HOMEM DEVOTO, de rosto bondoso, que nunca arrumava confusão. Era assistente de um imã que morava na mesma rua que ele. Quando o Estado Islâmico chegou, continuou trabalhando na mesquita, mesmo sem concordar com o que os recém-chegados diziam.

Um dia, porém, indo à mesquita para as orações da tarde, Abu Dalal viu-se na incomum posição de assistir a algo tão terrível que acabou entrando numa confusão sem querer.

Eram 4 da tarde, seis meses após a chegada do EI, quando saiu da mesquita e foi bater na porta de Abu Laith, torcendo para que ninguém na rua o visse.

– O que posso fazer para ajudá-lo? – perguntou Abu Laith, assim que se sentaram na sala.

– Preciso lhe contar uma coisa – disse Abu Dalal.

O grupo de sempre estava reunido na mesquita – uma mistura de *daeshis* e do pessoal local, que Abu Dalal conhecia havia anos. Todos desenrolaram suas esteiras de oração e voltaram-se para Meca, começando a rezar. Quando terminaram, Abu Hareth – o *daeshi* grandão de pele clara com quem Abu Laith havia gritado na mesquita – pediu a atenção de todos. Disse a cada uma das pessoas que deveriam comunicar-lhe quais eram os vizinhos que não vinham à mesquita, e que estes teriam de remover as fotos que tivessem nas paredes de suas casas.

– Algum de vocês conhece o Abu Laith, esse sujeito que mora aí em frente? – perguntara Abu Hareth. – É um infiel. Toma bebida alcoólica e nunca vem à mesquita. Já o advertimos antes, mas ele não deu ouvidos. Não veio rezar hoje e tampouco esteve aqui em nenhum outro dia.

Os fiéis ouviam com atenção.

— Bem, todos vocês já sabem o que acontece com os infiéis, mas vou repetir agora — prosseguiu Abu Hareth. — Vou cortar a garganta de Abu Laith e sacrificá-lo como um cordeiro no Eid.

Lumia estava sentada, em pânico, enquanto ouvia a história contada por Abu Dalal. Abu Laith, porém, reagiu com fúria.

— Como o quê? — ele gritou. — Como um cordeiro?

Abu Laith sabia que alguns de seus vizinhos não gostavam dele. Torciam o nariz quando o viam voltando para casa vindo de Bashiqa, carregando sacolas com garrafas tilintando, embora fizesse questão de nunca beber em público ou apresentar-se bêbado. Mais do que qualquer outra coisa, ressentiam-se porque eram acordados havia décadas no meio da noite pelo seu bando de animais arrulhando, latindo e berrando.

Mas isso era o cúmulo. Ele construíra aquela mesquita com o próprio dinheiro, e agora as pessoas que rezavam ali o haviam delatado ao Exército Islâmico. Ficara várias semanas evitando sair à rua, na esperança de que os *daeshis* da mesquita esquecessem que ele existia e pensassem que havia fugido. Alguém devia ter contado a Abu Hareth que ele, Abu Laith, ainda estava em casa.

— Você precisa ir embora agora, senão eles virão aqui e vão encontrá-lo — disse Lumia, que havia escutado e ainda estava incrédula com tudo aquilo.

Abu Laith avaliou suas opções, enquanto a família em volta dele entrava em pânico. Teria que se esconder em algum lugar. Seus primos tinham uma casa de campo na periferia de Mossul, onde ele poderia ficar até a crise imediata passar. Mas, enquanto estava ali sentado, veio-lhe a inspiração.

Quando uma gazela está sendo perseguida, a pior coisa que pode fazer é desgarrar-se do bando. Os sobreviventes mantêm discrição, misturam-se. — Vou ficar — ele anunciou a Lumia. — Jamais pensarão em me procurar aqui.

Ela tentou protestar, mas Abu Laith ficou em pé de um salto, energizado por sua audácia, e correu até o andar de cima para investigar o sótão.

A casa tinha quatro andares, mas a família – sem nenhuma razão particular – habitava apenas os dois de baixo. O terceiro ficava vazio, exceto por um armário quebrado que descansava empoeirado junto a uma janela. A escada que subia deste andar era de tijolos vazados, sem reboco. O quarto piso, o sótão, era pouco mais que uma passagem para a laje do teto – o grande espaço aberto onde Abu Laith espiava o zoológico e criava pombos.

Abu Laith considerou que ninguém subiria até o último andar, que era apenas um quarto, depois de ter constatado que o terceiro estava abandonado. Destrancou a porta do sótão que levava à laje e deixou-a aberta. Esta, pensou, seria sua rota de fuga caso fosse preciso. Poderia escapulir pela lateral da casa, pulando para a laje do vizinho, e então desceria para a rua. Nunca iriam encontrá-lo ali, pensou. Ficaria escondido à vista de todos, como um leão camuflado entre a relva alta.

Mas primeiro teria que avisar os vizinhos e amigos mais confiáveis. Abu Laith desceu e foi até o portão da frente para dar uma olhada na rua. Estava vazia. Correu o mais rápido que pôde e deu a volta até a casa que ficava bem atrás da sua. O pessoal que morava ali, parentes de sua primeira mulher, concordou em ajudá-lo. Se ele pulasse da sua laje para o terraço deles, não iriam delatá-lo aos *daeshis*.

Após uma rodada de apertos de mão, Abu Laith voltou, dobrou a esquina como um raio e foi até a casa vizinha à sua. O chefe da família havia sido general do exército, mas morrera havia alguns anos. Era membro da minoria xiita *shabak*, assim como o amigo de bebedeiras de Abu Laith, o sheik Hassan Beg. O Estado Islâmico com certeza o teria assassinado. Na casa, moravam agora seus três filhos e a mãe deles, sunita. Eles conheciam bem Abu Laith – após a morte do pai, ele prestara ajuda à família e lhes trazia melancias no verão. Eles também prometeram ajudá-lo caso tivesse que fugir para a casa deles.

Boas ações rendem frutos, pensou Abu Laith, sentindo extrema satisfação consigo ao voltar escondido para casa.

O dia ia passando, e Abu Laith acomodou-se na sala para passar a noite. Lumia tagarelava por ali, furiosa com o marido por ter perturbado tanto os *daeshis*, a ponto de quererem matá-lo. Mas estava feliz por ele ter decidido ficar. Não teriam muita chance de sobreviver sem ele.

De repente, alguém bateu à porta que dava para o pátio. As crianças, habituadas a deixar entrar qualquer pessoa que aparecesse, correram para atender.

— Parem! — Lumia gritou, correndo para agarrá-las antes que abrissem o portão. Luay correu para fora da casa, branco como cera.

— Ele está lá em cima? — Lumia sussurrou. — Está escondido?

Luay tinha visto Abu Laith subir a escada, ao ouvir a batida na porta, todo desajeitado.

Lumia pôs as crianças de volta para dentro de casa e trancou a porta. Pegou um xale e enrolou-o na cabeça.

— Quem é? — ela gritou. As batidas no portão estavam mais fortes.

— Somos da *dawla* — disse uma voz *moslawi*. — Abram.

Lumia parou junto à porta, procurando acalmar-se. Eles não iriam entrar, disse a si mesma, se vissem que estava sozinha. Mesmo que quisessem prender alguém, não aceitariam que um homem invadisse uma casa onde uma mulher — que talvez estivesse descoberta — se encontrasse sozinha.

— Não há homem algum aqui! — ela gritou. — Estamos só eu e as crianças.

— Abra a porta! — rosnou uma voz do outro lado do portão. — Agora!

Lumia abriu uma fresta da porta, segurando-a quase fechada, de modo que tudo o que pudessem ver fossem seus olhos.

— Estou sozinha — disse. — Vocês não podem entrar. Meu marido está em Qayyara. Não sei nada dele. Sou apenas sua segunda esposa, ele tem outra casa.

Havia cinco homens do lado de fora, todos de barba, camisões compridos e armados. — *Assalamu aleikum* — disse um deles. — Estamos procurando seu marido.

Lumia puxou o xale para cobrir o rosto e tentou ficar escondida atrás da porta, para que não pudessem ver que estava sem sua *abaya*.

— Vamos entrar para verificar — disse um deles, um *moslawi*, e empurrou o portão. A voz dele era suave, mas seus olhos expressavam fúria. Lumia imaginou que aquele deveria ser o tal Hareth, o combatente que queria fazer o marido dela sangrar como um cordeiro.

— Estou sozinha em casa — disse Lumia, segurando o portão aberto o mínimo possível. — Afinal, vocês querem mesmo entrar numa casa onde há apenas uma mãe sozinha?

Os *moslawis* hesitaram.

– Acabei de ter um bebê! – gritou Lumia, num momento de inspiração. Sabia que os combatentes iriam levar em conta sua condição impura.

Por um momento, ela olhou bem fixo para Abu Hareth, que a encarou. – Dê notícia dele caso volte para casa – ordenou o homem. – De qualquer modo, voltaremos para verificar.

Foram embora. Lumia fechou a porta e ficou um momento à escuta. Trancou o portão e sentou-se no chão. Uma onda de alívio irrompeu dentro dela, e desatou a chorar.

– Está tudo bem – disse Luay, correndo até ela. As crianças haviam sido escondidas no quarto do casal, com ordens de manter silêncio.

Lumia respirava ofegante, e ainda levou um tempo para recuperar o controle da respiração. – Onde está ele? Pulou?

Então ouviu-se o som de pés martelando os degraus, e Abu Laith apareceu, com uma feição satisfeita.

– Estou bem – disse, radiante. – Sentiram minha falta?

# 18

# ABU LAITH

A BANCA DE FALAFEL FICAVA no centro do zoológico, ao lado do café e da sorveteria, aberta o ano inteiro, exceto quando chovia. Vendia sanduíches de pão sírio recheados com bolinhos marrom-dourado de grão de bico e ervas – bem fritos no óleo numa frigideira grande –, com molho de alho, picles e tomates, envolvidos em papel à prova de gordura, que as pessoas comiam nas mesas fora do café, que também vendia sanduíches de ovo. As famílias sentavam-se ali, com as crianças beliscando petiscos ou tomando sorvete e as mulheres precisando afastar seu *khemmar* alguns centímetros do rosto para abocanhar um pedaço. Perto deles, no lago, o pelicano de vez em quando grasnava.

Às vezes, Marwan via que algumas mulheres desistiam desse esforço, andavam até as árvores que ficavam à direita, vigiavam se não havia ninguém olhando e então tiravam a cobertura do rosto por alguns momentos, para poder comer seu falafel em paz.

Hoje, Marwan estava no seu lugar habitual, junto ao recinto dos animais, apreciando o movimento do parquinho de diversões, que ficava a uns quarenta metros, do outro lado do parque. As noites de sexta-feira eram as mais agitadas da semana. Enquanto o resto de Mossul descansava no escuro, as calçadas do parque e as atrações ficavam iluminadas pelas luzes brancas e vermelhas dos carrosséis e dos holofotes na fachada do café.

Os primeiros clientes tinham começado a chegar por volta das 6 da tarde, e lá pelas 9 da noite o zoológico geralmente fervia. Era o único lugar num raio de vários quilômetros onde os *moslawis* podiam ir relaxar – as atrações e os cafés no bairro Floresta ficavam perto demais do campo de treinamento do EI, e – é claro – ninguém mais podia ir até as cidades curdas de Erbil, a leste, ou Duhok, ao norte.

Então vinham aqui, as mulheres todas de preto, os homens de barba, as crianças saltando de excitação e vontade de comer doces. Faziam piquenique, iam aos brinquedos, apreciavam a grande estátua dourada de um bule de café que ficava no centro do zoológico. Os brinquedos do parque não tocavam mais música, porque era proibido pelas leis dos milicianos, mas os alto-falantes eram usados normalmente. "Criança perdida", anunciava uma voz, ressoando pelo parque. "Criança perdida junto à banca de falafel."

Havia sempre um grupo de crianças chorando por terem se perdido das mães no meio da multidão, e não serem capazes de identificá-las, já que todas estavam de preto, com suas túnicas lisas, e de *khemmar* e luvas. Depois de um tempo, aparecia um pai ou uma mãe zangados para pegar a criança e levá-la de volta aos brinquedos.

Os alto-falantes também eram usados para chamar as pessoas para a oração, e nessa hora todos tinham que sair do parque e ir à mesquita. Havia poucas desculpas para faltar às orações, e Marwan não se encaixava em nenhuma delas, por isso, sempre que era feita a convocação, escondia-se num galpão ao lado do recinto dos animais. Eles o haviam flagrado ali uma vez, mas ele convencera-os de que estava consertando alguma coisa e não tinha ouvido o chamado, então liberaram-no, com advertências medonhas.

A julgar pelo sotaque, Marwan podia dizer que a maioria das famílias que vinha ao zoológico era *moslawi* – civis que saíam para passar uma noite agradável. Mas nunca era possível relaxar, ou ter certeza absoluta de que tudo estava bem.

Havia entre eles também famílias do Exército Islâmico – às vezes da cidade, ou, mais raramente, estrangeiros, que falavam um árabe formal, estranho, artificial. Uma vez, Marwan encontrou um curdo iraniano, e eles falaram em curdo. O homem até usava roupas tradicionais curdas. Marwan achou isso tudo muito esquisito.

Embora nunca falasse com as mulheres, a não ser quando vendia ingressos a elas, podia afirmar que muitas das esposas dos *daeshis* eram também estrangeiras. Seus filhos pareciam originários de todos os países do mundo – a pele ia do branco-cera ao ébano, os cabelos, do loiro ao afro. A julgar por algumas palavras, como *yes*, *no*, *thank you*, imaginava que estivessem falando inglês, e às vezes russo ou francês, embora ele não conhecesse nenhuma palavra nessas línguas.

Às vezes, um grupo grande deles aparecia ali no dia de folga. Numa dessas ocasiões, quinze paquistaneses – homens, mulheres e crianças – vieram para um piquenique ao sol, e para se maravilharem com os leões. Os homens estavam armados, e as mulheres, em silêncio, como sempre.

As crianças *daeshi* eram como as locais – não tinham a menor noção do quanto os animais eram perigosos. De vez em quando, alguma delas enfiava seu corpinho dentro da jaula do leão. Graças apenas aos reflexos-relâmpago de Marwan, apurados pelos anos de brigas de rua, elas eram poupadas de virar almoço dos animais.

Mas as crianças mais velhas já haviam aprendido a violência com os pais, e pareciam odiar tudo o que fosse vivo. Pegavam tocos de pau para cutucar os leões e atiravam pedras nos ursos. Nusa, a macaca, estava traumatizada com as agressões das crianças, e guinchava muito mais do que antes. Não havia o que Marwan pudesse fazer, ele sabia disso, a não ser ficar em pé ali, de olhos arregalados e com uma raiva impotente.

Abu Laith, quando o jovem lhe contou isso, ficou tão furioso que Marwan quase teve de sair correndo da casa. – Não importa se são *daeshis* ou não! – ele gritou. – Você devia ter quebrado as mãos dessas crianças, de todas elas.

Marwan, que tinha um instinto de autopreservação mais aprimorado do que seu benfeitor, ignorou seu conselho e continuou em pé junto às crianças *daeshi* enquanto elas perturbavam os animais. No início, não ligava muito. Mas conforme passavam os dias, ia ficando mais incomodado ao ver Zombie uivando, ou Lula morrendo de medo, empurrando as costas contra as barras da jaula. Estava começando a ficar de coração mole com os animais, percebeu ele com alguma surpresa.

As famílias não eram as únicas visitantes do zoológico. Quando o movimento aumentava, vinha uma picape Toyota e estacionava no portão, com meia dúzia de combatentes do Exército Islâmico armados de fuzis. Eles se dividiam em duplas e patrulhavam a área, procurando tornozelos expostos, ou homens sozinhos – cuja presença não era permitida no zoológico. Os *daeshis* se distinguiam dos demais visitantes pela barba longa e pelos camisões compridos.

Uma noite, enquanto Marwan perambulava pelo recinto dos animais, ficou observando Zombie, sentado na jaula dele, e a ursa Lula, que geralmente passava o tempo todo tentando rolar no piso da jaula, sem muito sucesso. Warda, seu filhote, quase sempre só corria por ali, atrapalhando ao ficar no meio do caminho e ganindo sempre que a mãe rolava por cima dele.

Com um estremecimento de pânico, Marwan lembrou, de repente, que deveria ter cavado uma piscina para Lula poder tomar banho nela. Abu Laith fizera-o prometer havia alguns dias que iria providenciar isso, e falou que, se falhasse, não iria receber seu pagamento. Abu Laith assistira no canal da *National Geographic* que os ursos precisam rolar na terra e na água, e concluiu que Lula e Warda necessitavam de uma piscina com urgência.

Marwan precisava receber seu pagamento, para comprar seus cigarros contrabandeados e seus sanduíches, e dar dinheiro à família. Apesar dessa urgência, Marwan se esquecera da história da piscina – ficara ocupado em limpar as jaulas e flertar com as garotas, e esquecera da lista de coisas a fazer. Era uma empreitada e tanto, e provavelmente inútil. Ele não podia simplesmente soltar o urso para que fosse nadar. O problema maior era que havia prometido passar na casa de Abu Laith aquela noite, após o expediente. Pensou que talvez pudesse simplesmente mentir e cavar a piscina outro dia. O velho não iria perceber a diferença.

Como explicou mais tarde, ele começava a depender de Abu Laith. Seu próprio pai simplesmente o ignorava. Mas Abu Laith dava-lhe o mínimo de atenção, mesmo quando gritava com ele por ter cometido algum erro. Nunca parecia vê-lo como um caso perdido – mesmo quando foi descoberto colocando sorrateiramente alguns maços de cigarros na conta de Abu Laith na loja, depois de ter implorado ao dono que anotasse a despesa, como latas de Pepsi ou chocolate. Abu Laith não ficara com raiva dele, só triste. A partir de então, não fez mais isso.

Embora Abu Laith estivesse sendo procurado pelo Daesh, Marwan nunca cogitou traí-lo. Sabia que ele mesmo, assim como os outros, cuidava dos bichos só pelo dinheiro, mas Abu Laith fazia isso por amor aos animais. Já era a segunda vez que Abu Hareth havia parado Marwan na rua, encostando ao lado dele em seu Mercedes, para perguntar se havia visto Abu Laith. Nas duas ocasiões, ele negou.

Era quase meia-noite quando Marwan terminou seu trabalho no zoológico e foi até a casa de Abu Laith. O velho estava deitado no sofá, como sempre.

– Você limpou o zoológico direito? – ele perguntou, assim que Marwan passou pela porta.

– Sim – disse Marwan, e lembrou-se das jaulas que não havia varrido.

– E cavou a piscina para a Lula? – Abu Laith perguntou, com um tom severo na voz.

– Sim – disse Marwan, fingindo naturalidade.

– E ela nadou na piscina? – Abu Laith perguntou.

– Nadou – disse Marwan, sem hesitar. – Gostou muito de nadar na piscina.

Abu Laith estudou Marwan por um momento. – Tem certeza? – lembrou mais tarde de ter perguntado.

– Claro – sussurrou Marwan.

– Então vamos lá verificar – gritou Abu Laith, bem-humorado, arrastando Marwan com ele, porta afora.

– Você não pode sair de casa – disse Marwan, quando se dirigiam ao portão. – Eles podem vê-lo.

Mas Abu Laith já colocara a cabeça para fora da porta, para sentir o ar da noite. A rua estava silenciosa, e a mesquita onde os *daeshis* rezavam parecia fechada. – Tem alguém dentro do zoológico?

– Não – disse Marwan, que já estava bem nervoso. O velho podia ser morto pelo Daesh. Ou poderia matá-lo com as próprias mãos se descobrisse que não havia cavado a piscina de Lula.

Os dois pararam junto ao portão. Então, andando furtivamente, Abu Laith atravessou a rua correndo até os portões do zoológico, com Marwan atrás, relutante. Lá dentro, o velho checou se alguém os seguia. Era uma noite tranquila e calorenta. Abu Laith deu uma olhada em volta do parque com ar de alguém que acaba de entrar em casa e vê que está cheia de roedores e intrusos.

– Isso aqui é um desastre! – exclamou.

O que exatamente era um desastre não ficou muito claro para Marwan, que seguia Abu Laith pelo zoológico. A cada dois passos, o velho parava, fazia algum comentário enfático e depois continuava andando. Tinha o hábito de ocasionalmente chutar algum objeto particularmente ofensivo – uma cerca instalada de maneira amadora, ou um arbusto mal plantado – ou de fazer, em voz alta, estimativas do quanto achava que Ahmed havia superfaturado certas coisas.

Marwan considerou seriamente a opção de ir embora correndo conforme se aproximavam do recinto dos animais.

– Zombie – Abu Laith cochichou. O leão estava acordado, assim como a ursa Lula. Abu Laith, como sempre, achou que os dois pareciam muito felizes por vê-lo.

Por um momento, homem e leão entraram em comunhão através das barras da jaula.

De repente, o silêncio da noite foi interrompido por um grito. – Está suja! – berrou Abu Laith. – Esta jaula está suja!

Marwan congelou. Abu Laith avançou para cima dele, furioso.

– Você é um mentiroso! Olhe só este lugar. Está imundo! E quanto é que eu lhe pago por isso?

Marwan tentou achar uma desculpa, mas não conseguiu.

– E a piscina? Onde está a piscina? – Abu Laith berrou. – Seu mentiroso, você disse que tinha cavado a piscina.

Marwan mais tarde lembrou que, nesse momento, simplesmente ficou lá parado, em total silêncio.

Do outro lado da rua, na casa de Abu Laith, Lumia preparava-se para dormir. Sua barriga crescera num ritmo notável. Haviam decidido que o nome do bebê seria Shuja, que queria dizer *valente* – como o coração de um leão. Laith (o mais velho) já tinha o nome dos predadores favoritos do marido dela. Ele não iria pôr em nenhum dos filhos o nome Assad, que também significava *leão*, porque odiava o antigo presidente da Síria, Hafez al-Assad.

Abu Laith era um otimista incansável, mas Lumia estava preocupada. Ao contrário do que acontecera com seus filhos anteriores, não sabia como iria sustentar o novo bebê. O marido não podia trabalhar, mal conseguia sair de casa e quase não tinham mais dinheiro de reserva.

O preço dos alimentos havia disparado, porque todas as estradas para Erbil e Bagdá estavam bloqueadas.

Depois havia o problema mais imediato: como daria à luz. – Não quero um médico do Daesh – ela disse a Abu Laith. – Eles são malucos.

Todos os partos de Lumia haviam sido complicados, e ela não podia ter o filho em casa, sem dispor de sangue ou de parteiras, embora quisesse muito isso. Os hospitais, ela sabia, ainda estavam funcionando. Embora muitos médicos tivessem fugido, a maioria das equipes de hospital era composta pelo mesmo pessoal que ficara na cidade, apesar da chegada do Daesh. Mas também havia médicos *daeshi* entre eles. Apesar de tudo, Lumia podia dar à luz no hospital al-Khansa, onde tivera os últimos cinco filhos.

Abu Laith, ignorando os protestos dela, insistiu que iria acompanhá-la quando fosse a hora. – Isso está fora de questão – ele disse. – Não é seguro você ter o bebê em casa.

Eles também levariam Ridha com eles; a quarta filha de Abu Laith era uma dona de casa alegre, que morava perto do centro da cidade.

– Mas e se prenderem você? – Lumia perguntou. – O que vai acontecer com as crianças?

Abu Laith, como costumava fazer nessas horas, ignorou tudo o que Lumia dizia. – Eu vou junto – ele disse. – E pronto.

# 19
# LUMIA

A COZINHA ESTAVA em estado crítico, e lá fora caía uma chuva forte. Sapatos sem dono voavam pelos ares. Crianças que engatinhavam aproveitaram a desordem e começaram a comer restos de comida espalhados pelo chão. Abu Laith, meio atordoado, tentava controlar as coisas, gritando mais alto que todo mundo. Mas desta vez não estava adiantando.

Lumia andava entre eles, com uma calma sinistra, suas contrações aumentando. – Luay! – ela gritou. – O bebê está nascendo. Pegue as crianças pequenas. Estão todas sujas, precisam tomar banho. Tem um pouco de arroz ali, coma isso enquanto eu estiver fora.

Ela terminou de embrulhar os sanduíches que havia preparado. Era quase meia-noite, mas nenhuma das crianças tinha ido para a cama ainda, e ela não sabia mais como fazê-las ir dormir. Virou-se para Abu Laith, que havia se disfarçado de aldeão – com um xale cobrindo seu cabelo ruivo, calças curdas bem largas, um casaco grande e ensebado por cima de uma camiseta –, preparado para sair de casa.

– Pegue o carro – disse ela, com firmeza. – O bebê vai nascer agora.

Abu Laith ficou momentaneamente em pânico. Lumia não se lembrava de tê-lo visto tão hesitante antes. Ela relembrou a atitude dele com os *daeshis*, quase gritando com eles no piquenique, cerca de oito meses atrás.

– E você – disse ela –, você vai ficar de bico calado lá no hospital, senão vai acabar metendo a gente em confusão.

Lumia foi até o seu quarto, gritando ordens no meio daquela onda de pedidos e lamúrias. Bufando, para aliviar a dor das contrações, que eram cada vez mais fortes no seu ventre, jogou algumas roupas dentro de uma mala. Ajeitou uma bandana entre a testa e o cabelo, para não sentir coceira por baixo do *hijab*. Vestiu uma *abaya* preta por cima da roupa de ficar em casa e tentou chegar até o portão. Fazia meses desde a última vez em que saíra de casa, e sentiu-se tomada pelo medo. Não sabia o que iria encontrar lá fora, na cidade. Estava suando no alto da testa quando amarrou um *hijab* preto, enfiando as pontas debaixo da gola da *abaya*.

Amarrou o *khemmar* atrás da cabeça. Outra ida ao guarda-roupa, e encontrou suas luvas até o cotovelo e algumas meias pretas compridas. Por último, pegou a ponta de tecido que pendia atrás de seu *khemmar* e puxou-a sobre os olhos. Sentia muito calor, e tudo parecia escuro através do xale. Estava pronta.

— Vocês vão ganhar um irmãozinho — ela os lembrou, erguendo a voz acima daquele tumulto. — E vocês precisam se comportar até eu voltar com ele. Luay vai tomar conta de tudo, e não quero ninguém brigando. E, se não fizerem as refeições direito, vou ficar sabendo quando voltar, e então vocês vão ter que se ver comigo! — Ela ainda gritava instruções quando Abu Laith amparou-a, já ensopado de suor e de chuva, e acomodou-a no banco de trás do carro cinco minutos mais tarde.

— Não se preocupe — disse Abu Laith, numa tentativa estudada de se mostrar tranquilo, quando já iam de carro pelo cruzamento no final da rua. — Apenas fique em silêncio. Se lhe perguntarem algo, você simplesmente não responda.

Ela tentou acalmar a respiração enquanto olhava pela janela. Tudo parecia mais sombrio do que antes; mais empoeirado e empobrecido. Seu marido seria capturado e provavelmente morto se eles fossem parados num posto de controle. Ela poderia ser presa, pensou. Mas tudo isso era irrelevante em comparação com as dores pungentes e dilacerantes que lhe diziam que, se não se apressassem, daria à luz no carro, não importa quem tentasse impedi-la.

Pararam diante da casa de Ridha. Abu Laith saiu rápido do carro e bateu no portão. — Venha! — ele gritou. — Estamos precisando da sua ajuda, agora. Ela está a ponto de parir. — Um instante depois, o portão foi aberto, e Ridha — também toda de preto — esgueirou-se para fora.

Quando viraram e entraram na rua principal do lado oeste em direção ao hospital, Abu Laith diminuiu a marcha e passou a rodar bem devagar. As ruas estavam escuras e úmidas com a chuva de outono, vazias, a não ser por um ou outro homem de túnica e barba comprida. A maioria eram *moslawis* comuns, que poderiam muito bem estar vestindo ternos ou jeans apertados, mas que agora se vestiam de acordo com as regras do Daesh.

Apesar de já estarem fora dos domínios de Abu Hareth, Abu Laith continuou dirigindo bem devagar. O Daesh, ele sabia, andava muito cauteloso, com medo de infiltrados e espiões, e poderia atirar em carros que passassem em velocidade muito alta. Geralmente dispensavam as pessoas que passavam pelos postos de controle sem maiores problemas, desde que estivessem adequadamente trajadas. Mas, às vezes, pediam a identidade e consultavam uma lista de pessoas procuradas. O nome de Abu Laith certamente constava nas listas. Se o levassem, Ridha e Lumia seriam deixadas por conta própria.

Lumia – cujas contrações ganhavam força rapidamente – gritava entredentes.

Abu Laith enfiou o pé no acelerador. Estavam a poucos minutos do hospital – uma grande construção de metal e vidro, onde muitos dos filhos haviam nascido. Tempos atrás, era o melhor hospital da cidade, com alguns dos médicos mais competentes do país e equipamento de primeira linha. Ele esperava que ainda preservasse esse padrão.

No banco de trás, Lumia tentava controlar a respiração, inalando pelo nariz, como havia aprendido com as enfermeiras ao ter o primeiro filho. Ridha, que apesar dos perigos sentia-se feliz em poder sair um pouco de casa, tentava manter o alto astral.

– Vai ser fácil – Lumia lembrou que Ridha comentava animada, enquanto passavam pelos carros estacionados em fila dupla e pelas bancas de frutas.

Lumia só olhou séria para ela através de sua roupa preta. Era seu sétimo filho, e ela sabia bem demais o quanto poderia ser "fácil". Um dos primeiros bebês dela quase a levou à morte por hemorragia.

– A gente precisa ir rápido – ela disse a Abu Laith, que dirigia devagar, procurando um acesso ao hospital. Ele localizou a entrada da sala de emergência e foi até lá. Pararam bem perto dela.

Com as pernas tremendo por baixo da *abaya*, o *hijab* sendo puxado para trás pela confusão de tecidos pretos que se amarfanhavam numa peça só, Lumia empurrou a porta da picape para sair do carro. Abu Laith tentou ajudá-la. Ela afastou-o.

– Volte para o carro – disse. – Fique aqui. Não saia.

Abu Laith viu que, na porta do hospital, havia dois *daeshis* postados em pé, de túnica e colete tático, carregando AK-47s. Em Mossul, não era permitido que homens entrassem na sala de parto. O nascimento era algo que acontecia fora dos domínios masculinos. Abu Laith, no entanto, pensava diferente. Da última vez que Lumia parira um filho, ele dera uma propina ao médico para poder entrar também e assistir ao nascimento de mais um filho. Desta vez, ponderou, não seria possível. Mas, de qualquer modo, iria tentar.

Antes que tivesse tempo de matutar sobre o assunto, Lumia já havia passado pelos guardas da porta, que fizeram uma vaga tentativa de detê-la. – Estou parindo um filho, agora – ela disse em tom de urgência, e o guarda recuou.

Abu Laith foi atrás, mas o guarda deteve-o na porta. – Você não pode passar daqui – disse o homem. Abu Laith lançou um último olhar de preocupação à sua esposa e voltou para o carro.

As duas mulheres entraram na recepção, onde um monte de gente aguardava ser atendida. – Estou parindo um filho – repetiu Lumia, bem mais alto. Estava se importando menos ainda com a etiqueta social do que de costume. Os *daeshis* em pé junto à área de recepção ficaram boquiabertos, e pareciam fora de lugar com aquelas vestes do deserto na modernidade clínica do hospital.

O recepcionista no balcão indicou: – A ala da maternidade é por ali – disse ele, indicando a direção.

Ridha foi amparando Lumia pelo corredor. Médicos e enfermeiras passavam por elas, indo e vindo – os homens de avental branco por cima dos jalecos cirúrgicos ou dos ternos, as mulheres atoladas nas suas longas *abayas*, correndo para cirurgias ou consultas.

Lumia foi abrindo caminho até a ala da maternidade, com Ridha logo atrás. Ao entrar, parou de repente, horrorizada. Ali, num local que deveria ser um santuário da mulher, viu um *daeshi* de meia-idade, de barba, com uma arma.

— Pare aí — ele disse. — Aonde está indo?

— Aonde diabos você imagina que estamos indo? — Lumia soltou. Seu pânico desaparecera, substituído por uma determinação férrea de destruir qualquer coisa que ficasse entre ela e um lugar seguro para ter o bebê. — Estou parindo um filho.

Uma médica, com o rosto coberto e vestindo avental de laboratório, foi correndo até ela. — É por aqui — disse, apressando Lumia em direção à sala de parto.

Lumia começou a respirar ofegante. O *chiffon* preto de seu *khemmar* sufocava-a. Puxou-o para trás, e o ar fresco alcançou seu rosto. — Coloque isso de volta — ordenou o *daeshi*, enquanto Lumia cambaleava em direção à sala. — Há homens no local. Cubra o rosto.

O *daeshi* seguiu-as até que entraram na sala de parto. Ainda conseguiam ouvir os passos firmes dele do lado de fora, aparentemente furioso por ter sido excluído da ala que controlava. — Vocês não podem fechar esta porta — ele disse, num sotaque *moslawi* do sul. — Preciso ser capaz de ver todas as partes da ala.

— Eu já lhe disse — a médica retrucou do lado de dentro da porta. — Meus pacientes precisam de privacidade. Vá embora.

Lumia sentou-se num banco onde havia outras mulheres, que lhe abriram espaço. Suas contrações tomavam o ventre inteiro a cada poucos minutos, e ela respirava com dificuldade.

— Vai nascer já — disse à médica, ofegante. — Mas estou preocupada é com meu marido. Ele está esperando lá fora.

— Ótimo — disse a médica. — Vou examiná-la num instante. E não se preocupe com ele, preocupe-se com a senhora.

Uma das outras mulheres no banco, vestida toda de preto, pareceu contrariada e interveio. — Por que ela vai ser atendida primeiro? — queixou-se. — Nós chegamos antes.

— Ela está mais adiantada — disse a médica, cortando-a.

As outras mulheres viraram-se para Lumia. Apenas uma delas exibia o rosto. Tinha pele clara, era bonita, e seu cabelo sobressaía por baixo do *hijab*.

– Meu marido, ele amar eu muito – disse num árabe truncado com forte acento russo, dando continuidade a um monólogo que claramente já vinha se desenrolando antes que Lumia e Ridha chegassem. – Ele está em Anbar. Ama muito. Ama eu mais do que qualquer pessoa ama outra pessoa.

Todas ficaram em silêncio. A mulher era uma estrangeira *daeshi*, uma *muhajira*, e era perigosa. – Eu engravidei no Iraque, e segui marido no Iraque – ela disse, parecendo satisfeita com o que dizia.

– E ele arrumou outra esposa, ou uma escrava ou uma *yazidi*? – perguntou uma das mulheres, com desdém.

A russa simplesmente sorriu. – Não – ela disse. – Ele ama só eu. Marido, grande emir. Amigos dele vender, comprar escravas, mas marido ama só eu.

A médica voltou à sala, deu um copo d'água à *muhajira*, e perguntou se ela precisava de alguma coisa. Lumia concluiu que já aguentara o suficiente daquilo. Estava quase parindo o bebê, mas continuava empacada na fila atrás daquela imbecil com cara de lua porque as médicas tinham muito medo dela.

– Por que você veio parar aqui? – outra mulher perguntou à russa.

– Quero ser uma mártir – disse sorrindo. – Eu quero...

– Eu preciso parir! – interrompeu Lumia, que já estava no limite. – Alguém me ajude. – A médica correu e ajudou-a a ficar em pé.

Ridha virou-se para a russa. – Você não entende que todas nós estamos com muito medo de você? – disse, ríspida. – Seu marido é um jihadista, isso é um perigo para nós.

Lumia cutucou Ridha, com medo de que ela pudesse exagerar nas suas falas. – Fique quieta – cochichou. – Venha comigo. Vamos acabar logo com isso.

Juntas, entraram com a médica numa sala fechada com cortina. Lumia mal acabara de se acomodar na maca, quando soltou um grito. Estava quase enlouquecendo de dor. Alguém lhe deu uma máscara de oxigênio, e ela a colocou por cima do *khemmar*, e com muito custo conseguia respirar. Ela teria de usar aquela coisa mesmo que estivesse morrendo?, pensou. Em meio às contrações, notou que a sala havia, de repente, ficado no escuro. Corte de energia. O *daeshi* com a arma provavelmente ainda estaria junto à porta. Teve então certeza de que iria morrer, ela e o bebê.

Fora do hospital, Abu Laith estava sentado no carro, muito tenso, o que não era comum nele. Já fazia horas que Lumia estava lá dentro, e ele não tivera notícia desde a última vez que Ridha viera lá fora para lhe dizer como andavam as coisas. Ela passou-lhe um recado de Lumia, dizendo que era para o marido voltar para casa – mas ele decidira ignorá-la e ficar ali. Seria inútil, pensou de novo, perguntar aos *daeshis* em pé na porta do hospital o que havia acontecido com Lumia. Eles simplesmente diriam para ele cair fora, ou então iriam pedir-lhe a identidade. Era melhor esperar. Lumia sabia o que estava fazendo.

Ele se ajeitou confortavelmente no assento e ficou olhando fixo da janela para o hospital. Depois de passar tanto tempo dentro de casa, vendo o mundo de longe, era agradável estar fora, de volta à cidade que ele amava. Podia ver, pelas luzes da porta do hospital, que a eletricidade estava falhando, ia e voltava. Esperava que não houvesse nenhum problema com o bebê, e que eles não precisassem operar.

Alguém bateu na janela do carro. Abu Laith olhou. Era um *daeshi* em pé junto ao veículo, mas parecia amistoso.

– *Assalamu aleikum* – disse Abu Laith, abrindo a porta do carro do lado onde estava o *daeshi*.

– *Wa aleikum assalam* – respondeu o homem, sorrindo. Tinha forte sotaque do interior e vestia-se mais ou menos como Abu Laith em seu disfarce. – Lamento, mas o senhor não pode ficar aguardando clientes aqui.

Abu Laith ferveu de impaciência por dentro. O *daeshi* era tão caipira que achou que o Chevy de Abu era um táxi.

– Minha mulher está ganhando um bebê – ele grunhiu, e acrescentou, como sinal de boa vontade: – Ela vai me dar outro filho para a *dawla*, para que nós todos possamos ficar mais fortes.

O *daeshi* assentiu com convicção. – *Inshallah* – ele disse, e voltou para o canto mais afastado do hospital, onde estivera montando guarda junto ao prédio.

Abu Laith esperava que aquilo terminasse logo.

Lumia gritava através de seus dentes separados. Seus pés empurravam o anteparo na extremidade da cama.

– Mais uma vez! – gritou a médica, que também havia puxado para trás seu *khemmar*. – Força!

Lumia deu um impulso extremo. Contorcia-se como se fosse uma boneca de pano. Então ouviu um choro baixinho.

– É um menino – disse a médica, levantando o bebê nos braços.

Lumia sentiu-se atordoada, como se tivesse sofrido um acidente. A médica havia saído da sala com o bebê.

– Onde está o menino? – disse, num suspiro.

Enquanto estava deitada ali, Lumia fez longas inspirações de delicioso e indolor ar fresco, fazendo flutuar o *khemmar* para cima e para baixo sobre o rosto, ignorando o fato de que supostamente não deveria fazê-lo.

Alguns minutos mais tarde, a médica voltou segurando um pequeno embrulho em algodão branco. Que chorava.

– Você é muito lindo! – disse Lumia, finalmente mais tranquila, segurando o filho nos braços.

Não era maior do que um filão de pão, e apenas seu rostinho meio amassado, marrom-arroxeado, projetava-se para fora das dobras dos panos. Chorava alto, como um cordeiro. Seu cabelo era ruivo.

– Pronto, aqui está você – sussurrou Lumia. – Seja bem-vindo, Shuja.

# 20

# HAKAM

SUADO E CANSADO ATÉ OS OSSOS, Hakam deixou as portas basculantes da academia se fechando atrás dele e montou na bicicleta. Concluíra uma sequência de exercícios e estava a cinco minutos de um *shake* de proteína e de uma ducha. Com a mochila grudando nas costas, foi embora da academia e desceu a rua até o lugar onde costumava ficar o posto de controle. Havia ali um grupo de pessoas reunidas na calçada, homens e garotos. No meio do grupo, um sujeito em pé, de olhos vendados, vestindo um macacão laranja. Diante dele, alguns *daeshis* tinham montado câmeras, como numa coletiva de imprensa. Havia outros *daeshis* correndo pela rua, arrebanhando mais espectadores. Hakam desmontou da bicicleta e foi empurrando-a pela rua.

– Venha aqui ver! – um combatente gritou para ele. – Estamos matando um infiel.

Hakam não sabia o que fazer. Não suportava a ideia de se comprazer com a visão de um homem sendo executado, mas tampouco podia fugir.

O grupo ia aumentando, atraído tanto pelo fascínio quanto pela aversão. Entre eles havia uns poucos *daeshis* e, a julgar pelas suas expressões de profundo desconforto, também alguns *moslawis* comuns, obrigados como ele a assistir ao espetáculo. As crianças olhavam boquiabertas para o homem condenado. Hakam não pôde suportar aquilo. Olhou em volta para ver se não havia ninguém vigiando, esgueirou-se pela plateia e foi andando até montar na bicicleta e ir embora. Enquanto pedalava, sentia uma raiva cada vez maior daquela exposição pública que os *daeshis* haviam feito da morte daquele homem. Lembrar-se das expressões nos rostos das crianças deixou-o perturbado. Elas estavam fascinadas por aquilo, sem conseguir desviar os olhos. Depois de um ano e meio de ocupação pelo Exército Islâmico, haviam se habituado à brutalidade; sentiam atração por ela. Ele não queria ser como aquelas pessoas.

O Estado Islâmico adorava transformar a violência em espetáculo. Atrás de sua casa, havia um dos muitos "pontos de mídia", montados nos principais cruzamentos da cidade. Eram, para todos os efeitos, como cinemas ao ar livre, montados pelo EI, com uma tela de projeção e fileiras de cadeiras. Em determinadas ocasiões, os *daeshis* conectavam um notebook à tela e projetavam seus vídeos de propaganda, os quais mostravam os ataques em Paris de novembro de 2015, ou trechos de vídeos filmados em câmeras Go-Pro de suas batalhas contra o exército iraquiano.

– Você também viu? – perguntou seu primo no dia seguinte, quando foi à casa dele, parecendo muito preocupado. Hakam, que não conseguira dormir pensando o tempo inteiro na cena, havia comentado isso com o primo assim que este entrara. – Acho que cheguei lá depois de você – o primo disse. – Eles não me deixaram ir embora. Tive que assistir.

– O homem que eles mataram era um soldado curdo capturado – contou o primo. – Eles o fizeram ler em voz alta uma declaração diante da câmera, antes de matá-lo.

À medida que o tempo passava, pensou Hakam, o Daesh ficava mais paranoico, e comprazia-se mais ainda com a própria brutalidade. As execuções tornaram-se comuns por toda a cidade, em particular no centro, onde, às vezes, cabeças decapitadas eram exibidas sobre estacas. As punições eram aplicadas da maneira que os juízes do Exército Islâmico julgavam mais adequada ao crime cometido. Um piloto jordaniano capturado foi queimado vivo dentro de uma jaula na Síria, supostamente porque as bombas que lançara haviam queimado outras pessoas. Exibiram o vídeo de sua morte em telas espalhadas pela cidade. Um atirador de elite capturado seria morto com uma bala na cabeça.

Mas o pior era reservado aos milicianos do Exército Islâmico acusados de serem gays. Um dia, andando de bicicleta pela cidade, Hakam viu pessoas circulando no terraço dos escritórios da Companhia Nacional de Seguros, um dos edifícios mais altos de Mossul e um marco numa cidade quase toda ela plana. Uma multidão se juntara na rua em frente ao edifício, e Hakam soube na mesma hora o que estava acontecendo. Ele virou as costas e pedalou no sentido oposto, horrorizado. Há várias semanas, o Daesh vinha atirando pessoas acusadas de homossexualidade do alto desse prédio. Justificava sua atitude com uma reinterpretação distorcida da história de Ló – um texto do Antigo Testamento recontado de forma um pouco diferente no Corão.

Nos textos sagrados islâmicos, Ló era um profeta que pregava aos homens de Sodoma e Gomorra que pusessem fim a seus modos depravados – seus atos de banditismo e a prática de sexo com outros homens – e que acolhessem Deus. Mas eles o rejeitaram, e como punição Deus virou suas cidades de cabeça para baixo e fez chover pedras sobre eles. Foi o ato de virar as cidades de ponta-cabeça que inspirou a penitência imposta pelos *daeshis* – mandar os homens pelos ares como Deus fizera ao inverter as duas cidades.

Neste clima de brutalidade, as pessoas se trancavam. As conversas entre amigos ficavam cada vez mais superficiais, sem comentários sobre o inevitável tema de que a cidade era comandada agora por uma seita violenta. As pessoas faziam absurdos, achando que isso aumentaria sua segurança. Um dos amigos de Hakam apresentou-se como voluntário ao Daesh. Era um estudante de química e tinha medo de que os milicianos descobrissem que havia trabalhado numa eleição como observador para o governo do Iraque. Meses mais tarde, foi descoberto e acabou morto do mesmo jeito – duas balas, uma no peito, outra na cabeça. Tinha uma filha de um mês de idade.

Os *daeshis* estavam bem informados. Embora muitos deles fossem caipiras ignorantes, seus líderes com certeza não eram assim. Ao tomarem a cidade, roubaram ou hackearam arquivos do governo e do exército, listando cada uma das pessoas que haviam trabalhado para essas instituições. Tinham registros do serviço de inteligência das últimas décadas, e acrescentaram suas próprias listas. Europeus, árabes, asiáticos: seu departamento de inteligência era formado por pessoas inteligentes e violentas do mundo todo. Hakam temia que fossem capazes de grampear telefones ou de recuperar mensagens apagadas.

Quando conversava com seu irmão Hassan na Pensilvânia, fazia questão de tratar apenas de assuntos seguros, e de dizer que estavam todos bem. A conexão com a internet era tão instável que tornava difícil qualquer comunicação. Quando o Exército Islâmico chegou, o governo fechou as redes de telefonia móvel e, em seguida, a banda larga da cidade. A partir de então, os *moslawis* tiveram que recorrer a conexões de internet por satélite, pouco confiáveis.

Pela primeira vez em anos, Hakam era obrigado a gastar horas para conseguir uma conexão com a internet. Pelo jeito, era uma das formas pelas quais eles estavam retrocedendo no tempo.

# 21

# MARWAN

NA REALIDADE, HAVIA APENAS uma razão pela qual Marwan continuava trabalhando no zoológico. Ele aprendera a gostar dos animais, precisava desesperadamente de dinheiro, mas, acima de tudo, estava tentando conhecer garotas.

Para um homem jovem de recursos limitados vivendo em Mossul, isso era quase impossível. Os pais de Marwan eram pobres e não gostavam muito dele. Casar-se era algo caro: primeiro, tinha-se que pagar um dote, na forma de ouro, joias ou dinheiro vivo, depois havia o próprio casamento – com centenas de amigos, vizinhos e conhecidos esfomeados, comendo e dançando durante três dias. E por fim, você precisava comprar a própria casa e sustentar a família. Marwan não tinha dinheiro, nem uma família inclinada a ajudá-lo, e o resultado era que ele vivia praticamente privado de companhia feminina.

Era muito improvável, ele ponderava com tristeza ao ver as famílias passeando pelo zoológico, que algum dia conseguisse arrumar uma esposa. Mesmo assim, nutria esperança de que pudesse surgir alguma coisa de curto prazo. Sabia que deveria haver garotas dispostas a um pouco de diversão, mas aquele era um ambiente pouco propício ao sexo casual. O Estado Islâmico certamente iria matá-lo se achassem que tinha ido atrás de alguma de suas mulheres com intenções libidinosas. Até mesmo uma mulher *moslawi* comum poderia ser morta pela família se fosse pega tendo uma relação fora do casamento com Marwan. A "honra", da maneira que a encaravam, era um bem perecível, e perdê-la constituía um grande desastre, maior do que praticamente qualquer outra coisa que pudesse acontecer.

Mas Marwan vivia entediado, assistira a um monte de filmes românticos e não parava de sonhar. Talvez houvesse garotas que sentissem as coisas do mesmo jeito que ele, pensou. Até o momento, suas tentativas de bater papo com mulheres no recinto dos animais não tinham dado muito certo. Ficavam com muito receio dele, da sua família ou do EI para reagirem bem. Ele não se achava atraente. Marwan odiava sua pele mais escura, e, quando a coisa começava de fato a enveredar por esse caminho, não conseguia aceitar a ideia de que uma mulher pudesse amá-lo.

Foi quando estava no meio de reflexões como essas que duas mulheres, um dia, chegaram ao zoológico. Marwan deu um pulo e foi até a entrada para vender-lhes ingressos. A essa altura, já era perito em adivinhar o que havia por baixo daquelas túnicas pretas, e viu, na mesma hora, que uma das mulheres era jovem, e a outra, mais velha.

– *Assalamu aleikum* – disse a mais velha, e ele retribuiu o cumprimento.

– Quanto é o ingresso? – perguntou a mais nova, e Marwan quase desabou diante da beleza musical da voz dela. Perdeu a fala por um momento. Ficou só olhando, esperando que ela dissesse mais alguma coisa.

– Quinhentos dinares – disse ele, finalmente. – Cada um.

A jovem deu uma risadinha. – Não temos nenhum dinheiro – ela disse.

– Bem – disse Marwan. – Acho que posso dar um jeito de vocês entrarem de graça.

As mulheres riram. – Estávamos só testando você – disse a mais jovem, entregando-lhe mil dinares. – Temos dinheiro, sim.

Marwan riu, e continuava deslumbrado pela melodia da voz dela. Abriu o portão e indicou-lhes o caminho. Ele pensou em oferecer-lhes um passeio guiado, e ficou animado com a ideia. Isso iria impressioná-la.

– Esta é a jaula do macaco – disse ele, com ares de dono do lugar. – Há vários macacos aqui. Um deles é a Nusa, veja lá, aquela ruiva.

Ele abriu a jaula, entrou – as mulheres emitiram sons de surpresa – e deixou Nusa pegar algumas sementes de girassol na mão dele enquanto os demais macacos o rodeavam.

A mulher jovem riu. Marwan ficou todo inchado. Começou a se achar o máximo – um treinador de macacos e um sedutor profissional. Num lapso de inspiração, estalou os dedos e a língua para o babuíno – ele vinha treinando-o para que viesse até ele quando chamado. O babuíno ouviu e veio balançando na sua direção, atravessando a cabana e parando num galho perto dele.

– Como é que você conseguiu fazer isso? – perguntou a garota, com sua voz linda, e agora cheia de admiração por ele.

Marwan tentou soar indiferente. – Sabe, sou um treinador de animais – ele disse. – Este é o nosso trabalho. – Marwan virou-se e sorriu para a garota, cheio de si. Então viu que a garota cobria o rosto com as mãos e dava uma risada bem alta.

– Nossa, o que esse macaco está fazendo? – ela gritou. – Veja lá, veja!

Marwan virou-se para olhar o babuíno. O bicho balançava-se num galho, dependurado por uma mão, enquanto, com a outra, agarrava os genitais, sacudindo-os com ar triunfal.

As mulheres gritaram e foram embora correndo, ainda com as mãos no rosto. Marwan achou aquilo engraçado, mas ao mesmo tempo ficou com raiva ao ver sua potencial namorada assustada e indo embora, e deu um chute no babuíno, que correu para o outro lado da jaula, uivando de dor.

– Pare de estragar tudo! – gritou Marwan.

Desolado, agachou-se num canto do recinto e ficou lá. Outra oportunidade perdida. Desse jeito, nunca iria arrumar uma garota, refletiu, ainda bravo com o macaco.

– Por favor – ele ouviu de novo aquela voz adorável. – Poderia encher minha garrafa de água? – A garota estava de volta à entrada da jaula, estendendo sua garrafa de água com a mão enluvada de preto. Estava sozinha agora.

Marwan foi correndo até ela, aliviado.

– É claro – disse, radiante. Pegou a garrafa, que tinha uns três centímetros de gelo no fundo, e encheu-a com a água da torneira.

– Obrigada – disse ela, quando ele lhe devolveu a garrafa. – Qual é seu nome?

– Marwan – disse ele. – E o seu?

– Heba – respondeu a jovem. Marwan, a julgar pela voz dela, imaginou que fosse linda. – Você é cheio de confiança, não é? Igual àquele macaco.

Marwan ficou surpreso. Não era assim que as garotas convencionais de *moslawi* costumavam falar. Não sabia o que dizer, com a moça simplesmente ali em pé, olhando para ele, com a garrafa de água na mão.

– Eu penso que o amor é algo enviado por Deus – ele finalmente desembuchou. – Porque estou apaixonado pela sua voz.

Era a coisa certa a dizer. Num lugar onde a corte costumava ser curta e supervisionada pelos pais, as declarações de amor eram rápidas e apaixonadas. A garota riu mais uma vez e olhou em volta, para ver se não havia ninguém observando. – Gostaria de ver você de novo – disse. – Posso voltar aqui?

– Sempre que quiser – disse Marwan. – Estou aqui todos os dias. Por favor, venha, à hora que for.

– Está certo, então – disse ela, virando-se para ir embora. – Até mais.

Como Marwan lembrou mais tarde, demorou um tempo até ele conseguir acreditar no que acontecera. Havia uma garota. Ela gostava dele e iria voltar para vê-lo. Talvez até fosse bonita. Ele havia dito que amava a voz dela, e imaginou ter sido a coisa certa a dizer naquele momento. Ao contrário dos seus amigos de inclinação romântica, com certeza ele não era do tipo que se apaixonava à primeira vista, mas esse era simplesmente o jeito com que as pessoas falavam aqui umas com as outras. Ele esperava que ela realmente voltasse.

Quase uma semana depois, Marwan estava em pé junto à entrada do recinto dos animais quando ouviu de novo a voz de Heba.

– *Assalamu aleikum* – ela disse, com uma risadinha. Marwan, que andara devaneando sobre como deveria ser o rosto dela, ficou muito feliz ao vê-la.

– *Wa aleikum assalam* – ele disse, fingindo naturalidade. – Como vai?

– Você vai me deixar entrar? – ela perguntou. Ele abriu o portão. Ainda era cedo, começo da tarde, e não havia mais ninguém por ali. – Eu vim com meus pais – disse a moça, com aquela sua voz musical, lembrou Marwan mais tarde. – A gente precisa ser rápido. Eles acham que estou num dos brinquedos do parque.

O parque começava a se encher de mulheres, todas com as mesmas vestes pretas. Para os pais dela, Heba poderia ser qualquer uma daquelas garotas no carrossel. Marwan pensou que esse era o disfarce perfeito para o caso romântico dos dois.

– Amo você – ele disse, depois de terem conversado alguns minutos. Ela morava na periferia de Mossul e estava concluindo o ensino médio. Tinha 18 anos de idade, um pouco mais nova que ele.

– Eu também amo você – ela disse.

Nenhum dos dois estava sendo totalmente sincero, ele refletiu depois que ela foi embora, deixando-o com uma sensação estranhamente leve e satisfeita. A expectativa dele era apenas convencê-la a ir para a cama. Mas ela parecia divertida e diferente das outras garotas com as quais ele conversava – sempre por um breve tempo. Era mais fácil lidar com ela, parecia uma moça muito boa. Ela prometeu voltar na semana seguinte.

Naquela sexta, ela veio um pouco mais tarde, pouco antes do chamado para a oração, quando o sol já estava quase se pondo. Foi diferente dessa vez, havia uma sensação maior de urgência. Marwan estava ansioso para revê-la. Queria, mais do que qualquer coisa, ver o rosto dela. De pele clara, ele pensou, e lindo, provavelmente, mas, por baixo de suas inclinações românticas e eróticas, havia um pouco de receio de que ela talvez apenas soasse bonita. Não tinha certeza de como iria reagir se o rosto dela fosse feio, e isso ia deixando-o aos poucos enlouquecido.

– Hoje eu preciso ver seu rosto – disse ele com ênfase, assim que ela chegou. – Eu preciso.

Ela lhe trouxera um sanduíche, como havia feito da outra vez, e entregou-o com a mão enluvada de preto. – Não – ela disse. – Tenho muito medo. Há *daeshis* aqui por toda parte.

Mas Marwan estava determinado. – Eu te amo – ele disse, mesmo sem sentir de verdade. – Quero me casar com você quando tudo isso terminar. Por favor, deixe-me ver seu rosto por um segundo.

– Não há nenhum lugar aqui onde eu possa lhe mostrar – ela disse. – As pessoas podem ver.

Marwan deu uma olhada ao redor. Num dos cantos havia uma árvore que estendia seus ramos pelas laterais do recinto dos animais.

A parte de trás da árvore ficava contra o muro, e a visão do parque era bloqueada pelos ramos em dois dos outros lados.

– Venha cá – ele disse, e correu até a árvore. Heba seguiu-o.

– Alguém pode ver.

– Venha cá. Por favor.

Heba hesitou um momento. Então avançou até ficar debaixo da árvore, a alguns centímetros de Marwan. Ele queria tocá-la, mas não havia como fazer isso, e deixou os braços pendendo ao lado do corpo.

– Está pronto? – ela perguntou.

– Estou.

E Heba ergueu o véu de seu rosto.

– Você é linda – Marwan suspirou, e estava sendo sincero. Heba tinha uma pele clara e perfeita, olhos grandes delineados com e sombra bronze, e sorria para ele como se estivesse muito feliz em vê-lo.

Então o véu cobriu de novo o seu rosto, e ela saiu correndo pelo zoológico, cruzando o portão depois de passar pela jaula do urso.

– Vejo você na semana que vem! – gritou.

Marwan continuava parado junto à árvore, o coração transbordando de alegria. Estava apaixonado. Apaixonado de verdade, não do jeito que estivera antes, quando apenas tentava seduzi-la para conseguir sexo. Relembrou o rosto dela, como era perfeito, e tentou, com todas as forças, deixá-lo marcado em sua mente para poder relembrá-lo sempre.

Logo um padrão se estabeleceu. Toda quinta ou sexta-feira, Heba – que convencera a família de que um passeio pelo parque era uma das melhores opções de lazer da cidade – vinha fazer piquenique com os pais e os irmãos. Eles se espalhavam pela grama com os sanduíches, sentados sobre esteiras. Depois de um tempo, Heba pegava um dos sanduíches e dizia à família que ia a algum dos brinquedos. Então, fundia-se às centenas de outras mulheres, todas vestidas de preto, e escapava furtivamente até as jaulas para ver Marwan. Ele comia o sanduíche, e os dois conversavam – sobre quando iriam se casar, sobre suas famílias e sobre o que queriam fazer da vida.

Marwan, que sabia que os pais jamais pagariam um dote, perguntou a Abu Laith se ele poderia ajudá-lo. O velho ficou contente com a perspectiva. Achou que Heba talvez fosse o tipo perfeito de garota para colocar Marwan nos eixos.

— Não consigo entender como você pode me amar — ele disse a ela uma tarde. — Sou pobre e tenho essa cor de pele escura tão feia.

— Claro que amo você — ela disse. — Você é lindo.

Um fim de semana, ela comprou para ele uma correntinha de ouro com a letra H num pingente. Ele passou a usá-la por baixo da camisa, junto ao peito. Outra vez, ela comprou uma camisa azul e uma calça verde para ele, comprida e bem justa, um estilo que o Daesh havia proibido. Marwan não vinha de uma família na qual alguém tivesse realmente se preocupado com ele, ou que lhe desse presentes, e a ideia de que uma pessoa bonita e bondosa pudesse amá-lo realmente era um pouco inacreditável, e deixava-o desconcertado.

Aos poucos, após alguns meses se encontrando, começaram a ampliar seus horizontes. Agora não se viam apenas na área onde os animais ficavam. Passeavam como marido e mulher, andavam de roda gigante, sentados um ao lado do outro e admirando Mossul, cinza e tranquila, nos primeiros meses de 2016. Alimentavam as aves no lago. Como Marwan trabalhava ali, iam a todos os brinquedos de graça, e isso o fazia sentir-se importante, e impressionava muito Heba — ele achava. Os pais dela podiam até estar próximos dos dois, mas nunca ficavam sabendo que era ela que acompanhava aquele jovem de pele escura.

— Quando é que a gente vai se casar? — ele perguntou um dia, os dois sentados à beira do lago.

— Depois que isso tudo terminar — disse ela, como fazia sempre.

— Mas por que não agora? — ele perguntou. — Eu amo você.

— Também te amo — ela disse. — Mas temos tempo.

— A não ser que eu arrume outra namorada — ele disse, provocando-a, e ela deu-lhe um cutucão nas costelas, forte o suficiente para deixá-lo sem ar.

## 22

## IMAD

*2003*

COMEÇOU COM UMA DOR DE ESTÔMAGO. Aguda, intensa, a ponto de fazer Muna às vezes se dobrar de dor. Há algumas semanas, contou a Imad, vinha sentindo muito cansaço, mas achou que não fosse nada. Afinal, vivia sempre cansada. Oula, a filha caçula dela, ainda estava no berço. Mohammed, o segundo mais novo, começava a andar e vivia se metendo em encrenca – caindo em cima dos pombos, com seus bicos afiados e asas batendo, ou comendo o que encontrasse jogado por ali.

Os outros seis filhos, o mais velho com quase 20 anos, viviam espalhados pela casa e por Mossul. Outro, Qusay, estava enterrado – não vivera o suficiente para aprender a engatinhar. Como muitas mulheres *moslawi*, Muna fora criada para acreditar que ter muitos filhos trazia segurança e prosperidade. Mas, mesmo antes da dor de estômago, o corpo dela vinha fraquejando, vergado como uma tenda após uma tempestade.

Então o estômago começou a doer. Ela se queixava, e Imad falou para ela procurar um médico, mas ela não quis. Um tempo depois, finalmente foi a uma clínica. O médico disse que se tratava de "problemas de mulher", deu-lhe alguns comprimidos e mandou-a de volta para casa. Mas ela não se recuperou da doença.

Alguns meses após o início das dores de estômago, Imad levou a esposa ao hospital. Depois que Muna foi examinada, ele entrou no consultório do médico sozinho. No Iraque, os diagnósticos ruins geralmente eram passados a membros da família, e não ao próprio paciente, temendo que o choque pudesse matá-lo.

– É câncer – disse o médico a Imad. – Câncer pancreático. Mas não se preocupe – disse o médico ao homem abismado –, há uma boa chance de que ela sobreviva.

Quando chegaram em casa, Imad prometeu a Muna que iriam fazer com que ela melhorasse, qualquer que fosse o custo disso.

Não demorou muito para que ela se mostrasse incapaz de limpar a casa, ou de se alimentar, e – por fim – até de se mover. Ela encolheu, ficou depauperada até virar pele e osso. As crianças se assustavam com seu aspecto, embora ela continuasse tentando cuidar delas.

Estavam todos muito assustados. Os norte-americanos haviam invadido o Iraque em 2003, ano em que Muna adoeceu, e agora andavam pelas ruas de Mossul em seus veículos blindados, com armas sempre a postos. Combatiam os insurgentes sunitas, dominados pela al-Qaeda, que dilacerava a cidade com homens e mulheres-bomba, e ataques a soldados dos EUA e às forças do governo.

Muitos na cidade odiavam os norte-americanos. A maioria dos *moslawis* era sunita e tinha uma vida boa sob o regime de Saddam, que os tratava bem, às custas da maioria xiita. Embora muitos em Mossul tivessem sofrido com as sanções na década de 1990, a ameaça de fome ou morte não era tão grande como havia sido nos bastiões xiitas do sul.

Ninguém na família ligava muito para política. Imad, que havia visto seus amigos e o próprio irmão serem mortos na guerra Irã-Iraque, estava – no cômputo geral – contente em ver os norte-americanos ali. Chegou a dizer isso no dia em que eles vieram à sua casa. Estavam vasculhando todas as residências da rua à procura de armas, depois da suspeita de que milicianos da al-Qaeda teriam atacado soldados dos EUA no bairro.

Eles bateram à porta, e Imad deixou-os entrar.

– Sejam bem-vindos – disse, quando os soldados entraram em fila. Seu líder era negro, como o povo sudanês e os iraquianos negros que havia visto em Bagdá.

O tradutor dos norte-americanos dirigiu-se a ele.

– Estão perguntando se algum de seus ancestrais era europeu – disse o tradutor, apontando para o tufo de cabelo ruivo de Imad.

– Não. Sou *moslawi* – Imad retrucou com orgulho. – É a minha tribo que tem cabelo como o meu.

De armas em punho, os norte-americanos vasculharam a casa e viram Muna deitada numa cama dobrável na sala de estar. Perguntaram se podiam ajudar de algum modo, e Imad disse que não fazia ideia – que ela estava doente, com câncer. O líder do grupo chamou a base e pediu remédios, o que Imad achou muito decente da parte dele. Mas não havia realmente nada a fazer, e logo foram embora.

Às 8h39 do dia 23 de janeiro de 2007, Muna Fadel Said al-Shamaa faleceu, deixando o marido e oito filhos. Todos os homens da vizinhança foram ao funeral dela naquela tarde no distrito de Jadida, em Mossul. Os filhos ficaram em casa com as mulheres. Um carro-bomba explodiu num bairro vizinho enquanto a enterravam.

Imad estava desgastado como um pano de prato velho. Permaneceu na mesquita enquanto o imã rezava as orações, e sentiu-se como se estivesse sendo levado embora. Passara muita raiva – ficava furioso toda vez que via os médicos incapazes de curá-la. Havia gastado todo o dinheiro que tinha em hospitais, clínicas e equipamentos, que de algum modo pareciam piorar ainda mais a situação.

Quando Muna morreu, Imad comunicou isso aos filhos sem meias-palavras. Não fazia sentido tentar poupá-los da morte dela, que chegara a eles clara como o destino. Eles choraram, e agora ela não estava mais ali, e eles não tinham mais mãe.

Enquanto o imã falava, Imad podia ouvir seus vizinhos cochichando. Sabia do que falavam. Estavam satisfeitos, pois tinham agora a confirmação de estarem certos. Há anos se queixavam daquele vizinho infiel, que tomava uísque e abrigava cães imundos que latiam a noite toda. Agora a ira de Deus havia se abatido sobre sua esposa e a levara embora. Não era culpa de ninguém, haviam dito isso a Imad várias vezes, a não ser dele mesmo.

Enquanto a esposa viveu, Imad sempre desprezava os comentários de terceiros. Eram camponeses ignorantes e desconfiados, ele dizia, que acreditavam em qualquer coisa que alguém lhes dissesse. Se sua mulher tinha câncer, era por causa de um tumor que crescera em seu pâncreas e se espalhara por seu corpo.

Agora, enquanto sua esposa era baixada na cova numa mortalha branca, começava a pensar que talvez eles tivessem razão. Então chorou, com soluços intensos que erguiam seus ombros e o sacudiam do mais profundo do seu ser. Estava desesperado, acuado e em busca de uma solução. Ele a encontrou, num instante, dentro de si mesmo. A morte dela era culpa sua, ele concluiu, e então iria passar o resto da vida se arrependendo. Nunca mais permitiria que a ira de Deus recaísse sobre sua família.

A partir daquele momento, Imad virou um homem santo. Rezava cinco vezes por dia, erguendo as mãos para o céu, e se colocava lentamente de joelhos, tocando o chão com a testa. Rezava a Deus para que salvasse sua família e levasse a esposa para o paraíso. Aplicou uma boa parte de seus ganhos da oficina mecânica na construção de uma mesquita, a poucos metros de sua casa, ao lado do parque.

Quando via alguém bebendo – mesmo seus velhos amigos, com os quais farreara em Mossul por várias décadas –, dizia a eles que era proibido. Os vizinhos, que durante tantos anos haviam fofocado a respeito dele, ficaram surpresos. Imad deixou a barba crescer, bem comprida, mas sem aparar seu impressionante bigode, no estilo do Profeta Maomé. Após as orações noturnas, dormia na própria mesquita que havia construído, para protegê-la de ladrões.

Se os filhos acordavam à noite, juntavam-se e corriam até a mesquita, subiam pela cerca e batiam na janela para acordar o pai. Ele os deixava entrar, e todos dormiam amontoados no chão até as orações da manhã, quando ele preparava comida para os fiéis, cujo número havia crescido muito desde que circulara a notícia de que a nova mesquita em Hayy al-Nur dava café da manhã de graça.

De vez em quando, ao anoitecer, seu velho amigo sheik Hassan Ali Beg aparecia para pedir-lhe que procurasse enxergar melhor as coisas.

– Os mulás são um bando de hipócritas – ele dizia. – Você sabe disso. Então por que está abandonando seus amigos?

Imad não ligava. Ainda sentia um vazio após a morte de Muna, e o fato de poder acreditar que estava salvando os filhos ao se tornar um homem santo fazia-o encarar o futuro de maneira mais positiva.

A toda hora, porém, desapontava-se com a pouca fé que seus filhos pareciam ter em sua transformação. Lubna e Laith achavam muito engraçadas suas arengas sobre a natureza de Deus, e os pequenos riam dele abertamente. Sentados com ele na mesquita, diziam e repetiam mil vezes que não era culpa dele, e que os mulás eram uns mentirosos.

O primeiro sinal de que a transição de Imad para a ortodoxia não duraria muito tempo veio numa manhã de sol, quando Abu Saad, um de seus vizinhos e homem impecavelmente devoto, pediu-lhe para consertar os alto-falantes da mesquita, pois os chamados à oração precisavam de maior volume de som.

– É claro – disse Imad, e subiu ao telhado da mesquita. Ele encostou uma escada nos suportes de metal cor turquesa do minarete e começou a subir. Estava consertando os fios elétricos quando a escada desabou. Ele caiu dois andares, direto no pátio da mesquita.

– Que coisa ridícula – ele pensou, olhando para os pés. O osso da canela estava projetado para fora da pele. – Que diabos estou fazendo aqui?

Não muito tempo depois, numa viagem a Bagdá, foi parar num lugar agitado, de péssima reputação, onde alguém pôs uma cerveja gelada na sua mão.

Sentindo uma onda de felicidade fluir dentro dele, deu um longo gole. – Eu voltei! – gritou. – Alguém tem um pouco de uísque aí?

# 23
# ABU LAITH

OS RUMORES QUE DE VEZ EM QUANDO vinham à tona afloraram de vez numa manhã de outono em 2016, e Abu Laith ficou em pé no sofá – e não era a primeira vez –, remexendo no vão da cornija do teto, num dos cantos da sala.

Debaixo de um ramo de flores artificiais, de um pouco de pedrisco e de um par de botões perdidos, havia um Nokia prateado antigo, embrulhado com fita isolante preta num saco plástico. Um silêncio pouco comum reinava na casa. As crianças haviam sido levadas até o jardim, a porta de entrada para a sala estava trancada, e elas estavam ameaçadas de sérias consequências se espiassem dentro do cômodo.

Abu Laith puxou o saquinho plástico para fora da cornija. Tirou o telefone de dentro e pôs as flores artificiais de volta no buraco.

Mais de um ano antes, o Exército Islâmico havia colado cartazes nas paredes das lojas anunciando outro edital: quem fosse pego com um chip de celular seria punido. Como muitas outras pessoas, Abu Laith tomara a precaução de esconder seu telefone, restringindo seu uso a emergências. Agora era uma dessas ocasiões.

Por algumas semanas, houve a expectativa de que uma campanha para libertar a cidade estivesse prestes a ocorrer. A família ouvira dizer que a coalizão liderada pelos norte-americanos e o exército iraquiano estaria avançando sobre Mossul para expulsar o Daesh. Nos raros períodos em que havia energia elétrica e conseguiam sinal de satélite, tentavam assistir ao noticiário da TV – com o som bem baixinho e as cortinas puxadas, para ninguém perceber. Mas simplesmente não sabiam se era verdade ou não. O governo já mentira para eles antes. O Daesh havia dito que, se o exército viesse, promoveria um massacre de civis *moslawis*. Abu Laith e Lumia, assistindo ao noticiário, com as crianças fora da sala trancada, não acreditavam que o fim estivesse de fato chegando.

 Abu Laith refletiu que, se o exército viesse tentar tomar Mossul, isso significaria guerra. Guerra de verdade, como a que ele presenciara na fronteira iraniana, com prédios virando pó e crianças destroçadas por estilhaços de bombas. Ele já estava confinado em casa havia dois anos, a família vivia separada e com um medo constante. Isso já era ruim o suficiente. Mas a morte, a possibilidade de uma bomba cair em sua casa, ou de seus filhos serem atingidos, isso era algo bem diferente. O atual governo nunca se importara com Mossul, Abu Laith mais tarde se lembrou de ter pensado isso, portanto eles não teriam nenhuma razão para tentar evitar baixas entre civis se a coalizão de fato acontecesse. Ele queria que o Daesh fosse embora, mas não queria ver sua família morrer no processo.

 Os *daeshis* pareciam intuir que alguma coisa estava em curso. Os homens armados no zoológico pareciam mais paranoicos e começaram a prender visitantes pelos pretextos mais infundados. Marwan ainda cuidava de alimentar os animais. Andava tão rabugento e preocupado que qualquer um pensaria duas vezes antes de incomodá-lo.

 Abu Laith considerou as possibilidades. Se o exército invadisse, veria *daeshis* no zoológico e bombardearia o local sem hesitar um segundo. Zombie e Lula morreriam. Ele precisava avisar o exército que os animais estavam ali. Precisava ter alguma ideia do que estava acontecendo. Precisava, em suma, fazer uma ligação telefônica.

 — Estou indo para a laje — Abu Laith disse a Lumia, em meio ao choro do bebê Shuja. — Preciso fazer uma ligação.

 — Você não pode — ela disse. — É perigoso ficar lá em cima. Eles podem pegá-lo.

 Os sinais de celular na cidade estavam bloqueados havia anos, desde que as companhias de telefonia do governo iraquiano haviam recebido ordens de interromper sua operação em áreas do Daesh. Mas todos sabiam que você podia captar sinal em algum lugar alto o suficiente, ou então no limite do território do Daesh.

— Volto num minuto — ele disse. — Não se preocupe.

Abu Laith subiu os degraus empoeirados. Abriu a porta do sótão e foi até a laje.

Bem agachado, tirou o telefone do bolso e digitou um número.

Uma voz rouca atendeu.

— Baba?

Eram 6h30 da manhã, e a filha de Abu Laith ainda estava meio sonolenta.

— Dalal! — exclamou Abu Laith. Ele tinha grande admiração por sua filha mais velha, sentia um orgulho difícil de definir por aquela mulher independente que trabalhava na inteligência militar e havia resgatado três de seus irmãos, levando-os até Bagdá logo que o Exército Islâmico tomou Mossul. Lubna agora trabalhava num salão de beleza, e Mohammed e Oula iam à escola. Para eles, era uma aventura. Para Dalal, um dever a cumprir. Ela não hesitara quando lhe pediram para abrigar e cuidar dos irmãos.

Amontoados no minúsculo apartamento em Bagdá, não paravam de falar sobre a família em Mossul. Dalal sabia muito bem que os *moslawis* que tinham parentes no exército estavam sendo visados pelo Daesh. Mas nunca trabalhara em Mossul, e torcia para que eles não fizessem a conexão.

Com a frequência possível, Abu Laith ligava para Dalal e contava as últimas novidades sobre o zoológico. Em cada uma dessas oportunidades, punha em risco sua vida e a da família ao falar com ela. Toda vez dizia à filha que estava enlouquecendo por não conseguir ver Zombie.

Desta vez, ele parecia mais esperançoso. — É verdade isso? — ele perguntou. — O exército está vindo mesmo?

— Estou nos arredores de Erbil com o exército — ela disse. — A operação está apenas começando. Vamos chegar aí em dois dias, se Deus quiser.

Dois dias. Tomado de euforia, Abu Laith mal conseguia acreditar. Mesmo assim estava preocupado: o exército não sabia que havia animais no zoológico. Os soldados iriam alvejar o primeiro *daeshi* que vissem ali. Ele sabia, com a certeza de um veterano do exército, que os *daeshis* usariam aquele trecho de terreno aberto. Ele precisava proteger os animais.

— Vou lhe contar algumas coisas — ele disse. — Vou lhe passar informações, e você tem que transmiti-las ao exército.

— Eu sou o exército, pai — ela disse, levemente exasperada. — Pode falar.

— Você tem que prometer que vai avisar seu comandante.

— Certo, baba.

Dez minutos depois, eles desligaram.

Mais tarde, ela contou a Abu Laith que ligara para o seu comandante para transmitir a mensagem do pai: — Há três leões, dois ursos e muitos outros animais no zoológico de Mossul. Os moradores da rua que fica perto do local são civis. Os combatentes são covardes e vão fugir assim que vocês chegarem. Por favor, não nos matem.

Abu Laith ficou muito feliz com a presteza dela.

Muito tempo depois da ligação, ainda continuava em pé na laje. Atrás dele, na direção de Erbil, os subúrbios de Mossul estendiam-se por quilômetros em direção a Gogjali — cinzenta e empoeirada sob o sol da manhã. Pelo caminho todo até a periferia da cidade havia postos de controle do Daesh, e suas famílias viviam em meio aos *moslawis* comuns. Os jihadistas, havia anos, sabiam que o exército um dia acabaria atacando e estavam preparados para se defender. Não parecia provável que o exército fosse capaz de tomar a cidade em questão de dias, como Dalal sugerira.

Ele calculou a quantidade de comida que a família precisaria para sobreviver a um cerco: fez a conta em sacos de farinha, feijão e arroz. Contavam com a água do poço do zoológico, e podiam fazer pão num fogão na laje, se fosse preciso.

A guerra se aproximava, e talvez também a liberdade. Mas, quando ele pensava nos filhos, em Lumia e no bebê novinho choramingando dia e noite, o medo se insinuava com força em meio à sua excitação.

Decidiu que, a princípio, não iria contar nada a Lumia e às crianças. Seus filhos eram os maiores fofoqueiros da vizinhança, e, se soubessem de algo, iriam contar a todo mundo — tinha plena certeza disso —, e os *daeshis* e até o gato do vizinho ficariam sabendo que o exército estava prestes a invadir e, pior ainda, que eles tinham uma irmã na inteligência militar.

Decidiu que mais tarde contaria a Lumia. Às vezes ficava preocupado com o nervosismo da esposa. Talvez se tratasse de um alarme falso. Dalal poderia ter interpretado mal as informações de seus comandantes.

Mas quando chegou à cozinha, não conseguiu mais se conter. Olhando para a mulher e para as crianças, imaginando que talvez logo estariam livres, começou a rir, uma risada felicíssima, profunda, que sacudia sua barriga inteira.

– O que foi? – perguntou Lumia.

– Nada – ele disse, com um largo sorriso. – Nada, não.

## 24
## IMAD

O AMBIENTE NA SALA ESTAVA DENSO, como ficava às vezes nessa hora da noite, com o cheiro de uísque e o ronco distante das crianças. Perto dali, numa salinha junto ao quarto dos filhos, a TV ressoava – ligada quase permanentemente no canal da *National Geographic*. Imad, agora que seus filhos estavam na cama, jazia prostrado no chão, bebericando de um copo de Black Jack, o pior uísque do mundo.

Pelos alto-falantes, a voz de Umm Kulthum flutuava sobre os violinos que a acompanhavam. Imad era bem específico em suas escolhas musicais. De manhã, ouvia a diva libanesa Fairuz. Mas a noite era da grande cantora egípcia Umm Kulthum. Deitado ali, meio bêbado, como costumava ficar uma vez por semana, pensava em Sara, a mulher com a qual deveria ter se casado, mas não o fez.

Houve uma batida no portão da frente, e Uday, irmão de Imad, gritou uma saudação. Uday não bebia, mas tinha a suficiente cautela em relação ao temperamento de seu irmão mais velho para não comentar nada quando o via bebendo.

Iria deixá-lo entrar, Imad decidiu.

– Seja bem-vindo! – ele gritou.

Uday abriu a porta da sala e olhou para baixo, onde o irmão se encontrava deitado, no chão. O cabelo do rapaz era ruivo como o de Imad, e ele tinha o mesmo nariz cinzelado, que se enrugou quando ele viu o estado do irmão.

– Você está bêbado? – ele perguntou.

— Só um pouco — disse Imad, em tom jocoso, e se sentou. — Como posso ajudá-lo?

— Se você estiver bêbado, posso esperar — disse Uday. — O que vou dizer é realmente importante.

Imad deu um pulo. — Diga logo, então — retrucou. — Juro que não estou bêbado.

Uday observou-o criticamente e então caminhou pela sala de estar. Eles se sentaram. Imad ficou surpreso ao ver que o irmão parecia mesmo preocupado.

— Se eu lhe contar uma coisa — Uday perguntou —, promete não ficar bravo?

Imad avaliou-o. Apesar do pavio curto, só perdia a postura de verdade quando alguém tentava engambelá-lo em questões de dinheiro, ou desrespeitava sua religião, ou tentava passar-lhe sermões sobre o assunto. Ele queria muito saber o que irmão tinha a dizer.

— Prometo — ele disse.

Uday levantou e andou até a porta.

— Pode entrar — ele disse.

Imad olhou surpreso. Em pé junto à porta estava Maan, o irmão de Sara. Haviam se passado vinte anos desde a última vez em que o vira. Maan e Imad tinham sido muito amigos e bebiam juntos, até Sara rejeitar sua proposta. Então Imad declarara uma vingança contra a família de Sara — jurou matar qualquer parente do sexo masculino que viesse a Mossul.

Com o uísque correndo em suas veias, Imad sentiu a antiga fúria voltar — todos os anos de abandono e autocomiseração depois que a família de Sara o rejeitou vieram à tona.

— Por que você veio aqui? — Imad perguntou. — Por que quebrou a paz entre nós?

Maan parecia derrotado. — Senti sua falta, meu irmão — ele disse. — Não queria que persistisse esse sentimento ruim entre nós.

— Claro que não — disse Imad. — Mas o que mais eu poderia ter feito? Você me ofendeu muito profundamente. Achei que fôssemos como irmãos, e você me decepcionou.

Maan pareceu confuso. – Como eu poderia ter decepcionado você, meu irmão? – ele perguntou. – Se houve alguma decepção, foi a minha.

– Vocês sabem o que fizeram! – Imad gritou. – Por que rejeitaram minha proposta?

– Você nunca fez qualquer proposta a Sara – Maan disse. – Ela ficou arrasada. E então você mandou uma mensagem dizendo que nunca mais nenhum de nós poderia pôr os pés em Mossul.

Imad ficou de olhos arregalados. – Mas eu mandei meus pais fazerem o pedido – ele disse. – Eles voltaram e disseram que Sara havia me rejeitado.

– Eles mentiram – disse Maan. – Sara sempre quis você. Ela ainda chora por sua causa.

Imad enrolou-se de novo em seus cobertores, os pensamentos girando na sua mente. Então uma luz cintilou em seus olhos. Ele ficou em pé de um salto, lúcido, apesar do Black Jack.

– Me leve até ela! – ele gritou, como um touro bravo. – Eu preciso ter certeza.

Não passaram nem dez minutos, e os débeis protestos de Maan – já era tarde, eles estavam bêbados, Sara já era casada com outro homem, fazia vinte anos que não se viam – foram atropelados por Imad, e os três homens já estavam no Chevy preto e prateado de Imad, ressoando por Mossul.

– Quer dizer que o marido dela está preso?! – gritou Imad, abalado até a essência de seu ser. – Que golpe do destino.

O marido de Sara era poucos anos mais velho que ela, e não gostava de animais. Havia sido preso por roubar vinte e cinco milhões de dinares da fábrica da Pepsi em que trabalhava como contador. Na realidade, não havia roubado o dinheiro, sua família achava, mas isso não fizera nenhuma diferença para o juiz, que o sentenciou a vinte e cinco anos na cadeia.

Sara então permanecera em casa com os três filhos, infeliz, e parecia que ficaria ali até o marido ser libertado. Imad, porém, tinha outros planos. Enquanto o carro rodava pelas planícies aos sul de Mossul, ficou fantasiando ver de novo aquela antiga jovem solteira e sedutora de Bagdá. Haviam se passado alguns anos, sem dúvida, mas seus sentimentos não tinham mudado, e ele nem por um segundo cogitou que os dela pudessem ter.

Chegaram a Bagdá às 3h30 da madrugada, entrando na rua escura onde morava toda a família de Sara e Maan.

– Fique aqui – disse Maan, ao sair do carro. Imad notou que o amigo começava a hesitar um pouco em relação à sua missão. Depois de Imad ter declarado guerra à família, Sara ficara com muita raiva, seguida por profunda depressão. Sem dispor de nenhuma outra evidência, imaginava que Imad tivesse encontrado outra pessoa, uma suspeita confirmada quando soube do casamento dele com Muna.

Num momento de incomum mesquinharia, Imad providenciou que um anúncio de seu casamento fosse enviado a todos da família, em papel decorado, acompanhado de alguns docinhos. Sara ficara arrasada com isso, mas ainda acreditava que ele viria atrás dela. Até que finalmente desistiu.

Imad esperou no carro, sentindo-se satisfeito consigo. Sara queria-o de volta, ele sabia. Ele ouviu a porta da casa abrir e alguém sair.

De repente, ela estava ali, seu longo cabelo solto e os olhos expressando surpresa, paralisada em seu pijama azul e branco. O rosto dela se iluminou, e ela correu até a porta do motorista, e abriu-a, decidida.

Uma agitação de cabelo e braços, e no instante seguinte Imad estava abraçando-a. Os dois choravam, convulsionados por grandes soluços.

– Desejei você todos os dias – ele disse. – Só podia comer se estivesse me lembrando de você.

– Estou aqui agora – ela disse.

## 25
## ABU LAITH

NÃO DEMOROU MUITO para que a expectativa de uma libertação iminente perdesse força. Poucos dias após a conversa telefônica de Abu Laith com Dalal, a família viu na TV que a operação para libertar Mossul estava lançada oficialmente. Trechos de filmes mostravam o exército explodindo carros-bomba e dispositivos explosivos improvisados (IEDs) do Exército Islâmico na planície perto de Gogjali. Mas o exército avançava devagar, e o ruído da batalha só chegava à família de uma distância considerável. Não havia mais sinal de telefone agora, e era arriscado demais passar muito tempo na laje.

Nas poucas semanas desde que outubro virara novembro de 2016, as prateleiras das lojas foram esvaziadas, e o Exército Islâmico se tornara bem mais mortífero do que antes. As forças militares avançavam e bloqueavam a cidade, com tamanho rigor que nem um camundongo podia mais sair de Mossul. Sacos de farinha, quando encontrados, custavam quatro mil dinares cada – um forte aumento em relação aos duzentos e cinquenta por saco daquele último verão.

Uma tarde em que o vento frio começava a castigar, e o avestruz do zoológico tremia o tempo todo, Abu Laith parou junto à geladeira vazia, em profunda reflexão. Ele almoçara rapidamente, pois decidira fazer um inventário do que havia na casa para os animais, e Lumia gritara com ele, de novo. À sua volta, a prole corria pela casa, todos aos berros e se empurrando. Os pombos revoavam em volta.

Um pardal morto pendia mumificado de uma teia de aranha, numa das paredes externas.

O almoço deles vinha se mostrando pouco inspirador. O daquele dia, como de hábito, havia sido arroz cozido com um pouco de azeite para ficar mais encorpado, e alguns picles de acompanhamento. Ninguém via um tomate havia semanas. O cabelo de Lumia ia ficando mais grisalho, e suas bochechas redondas começavam a encovar. O bebê Shuja estava deitado num berço do quarto. Chorava mais do que as outras crianças haviam chorado. Embora isso a fizesse dormir mal à noite, sabia que podia ser algo bom. Não havia muita coisa, ela refletiu, que pudesse convencê-la a voltar àquele hospital.

Às vezes, Lumia ficava imaginando o que faria no dia em que seus filhos estivessem com fome de verdade, e ela não tivesse comida para dar a eles.

— Os macacos teriam gostado de alguns desses picles — disse Abu Laith, melancólico.

Lumia impacientou-se. — Por que você se preocupa com isso? — ela disse. — Coma sua comida e dê-se por feliz.

— Você é humana e tem língua, então pode dizer que está com fome — disse Abu Laith. — Mas os animais não. E eles ficam com fome tanto quanto os humanos.

Lumia, que há tempos se enraivecia com isso, exaltou-se.

— Nossos vizinhos estão passando fome — disse. — E toda vez que você tem frango ou mel nunca dá para nós, ou para eles, só aos seus estúpidos animais.

— Eles estão abandonados — disse Abu Laith. — Se a gente não lhes der nada, eles morrem.

Por toda a Mossul, aqueles que podiam já estocavam comida para a futura guerra. Embora as pessoas da cidade não gostassem dos milicianos, temiam mesmo assim a batalha que se aproximava. Lumia também. Queria que o Exército Islâmico fosse embora, mas já sobrevivera à invasão liderada pelos norte-americanos e sabia o que a guerra significava. Haveria fome, violência, bombardeios. Sabia que os civis iriam sofrer as consequências. Pior ainda, souberam pela TV que os aviões norte-americanos iriam bombardeá-los.

Abu Laith e os filhos não estavam menos aflitos do que Lumia. Mas a maior preocupação dele era com os animais do zoológico. Os filhos nunca ficavam tão famintos que não conseguissem se distrair com algum de seus irmãos chorões, ou se dedicar a descobrir novos insetos. Já os animais estavam entediados, com fome e apáticos.

Há meses não era possível arrumar comida suficiente para Lula, Warda, Zombie, Mãe ou Pai, nem para os macacos e os cachorros. As cascas de frutas e de ovos que as crianças tiravam da cozinha para dar aos bichos de lanche estavam deixando-os mais magros do que nunca.

Abu Laith sentou-se e fez algumas contas. O ideal era que cada leão, calculou ele, comesse dez quilos de carne fresca por dia. Lula, a ursa, deveria consumir pelo menos cinco quilos de bananas e dez de peixe de rio. Os macacos precisavam de bananas, quando fosse possível obtê-las, além de ovos bem cozidos. Um porquinho da índia nunca ficava feliz se não tivesse alface.

Ele pensou nos cachorros. Percebeu que tinham tanta fome que haviam parado de latir. Culpa do tratador do zoológico responsável por alimentá-los.

Com a elevação dos preços, suas economias não dariam para comprar nem um quarto da comida necessária. Precisava de mais dinheiro, e rápido. Mas seu telefone mal funcionava, e ele não correria o risco de usá-lo para tentar contatar o dono do zoológico, que morava em Erbil e não parecia estar se importando muito com o que poderia acontecer com os animais.

Entrou em contato com Marwan, e o rapaz confirmou que Zombie, Mãe e Pai estavam mal.

Alguma coisa drástica precisava acontecer para que seus bichos pudessem sobreviver. Abu Laith ficou um instante pensativo, e então reuniu as crianças com um grito. Elas correram na maior algazarra até o pátio e se sentaram.

– Acho que os animais vão morrer – Abu Laith anunciou. – A não ser que a gente trabalhe em equipe.

As crianças se aquietaram, como passarinhos se acomodando no ninho.

– De vez em quando, vocês vão ter que passar um pouco de fome para poder alimentar os animais – Abu Laith disse. – Se um dia a gente puder comprar mel, vamos dar para os ursos em vez de comer. Se conseguirmos carne, vamos alimentar os leões com ela e comer arroz.

Abdulrahman interveio. – Eu vou dar minha carne para os animais – ele disse.

Luay falou. – Vou pedir ao meu amigo da loja que nos dê os restos de comida.

Minutos mais tarde, haviam montado um plano. Abdulrahman estava do outro lado do pátio, ocupado em amarrar uma corda a uma cesta para poder arrastá-la atrás dele. Luay foi correndo até a loja para tentar convencer o amigo.

Naquele dia, por volta da hora do almoço, um comboio desregrado partiu daquela casa junto ao zoológico. A reboque, iam os filhos de Abu Laith e seus agregados, além de um cachorro. Abu, maldizendo sua má sorte, teve que ficar em casa, fora do alcance de Abu Hareth.

Quando as crianças chegaram à rua principal, espalharam-se pelas rotas escolhidas. Alguns foram bater à porta das casas das pessoas mais ricas, pedindo restos de comida. Outros foram até os restaurantes mais próximos do centro da cidade.

Abdulrahman, arrastando a cesta atrás dele, foi fazer um tour geral pelo mercado de hortaliças mais próximo – meia dúzia de carroças estacionadas num cruzamento poeirento, a uns trinta metros do zoológico. Prometeu a si mesmo que só voltaria quando sua cesta estivesse cheia.

Dobrou a esquina e parou na primeira banca. – Desculpe, senhor – ele disse. – Trabalho no zoológico. Temos três leões e dois ursos, e eles estão passando fome. O senhor teria alguma coisa para colocar aqui na minha cesta?

– Há um zoológico por aqui? – disse o homem junto à carroça, sem se mostrar descortês.

– Sim, fica ali – disse Abdulrahman, apontando atrás dele. – Há três leões, todos parentes. E também dois ursos. Meu pai disse que eles precisam comer todo dia.

O homem olhou para o garoto. – E eu imagino que você está aqui porque seu pai não pode bancar comida suficiente para três leões e dois ursos, é isso?

Abdulrahman assentiu sem dizer nada. O homem enfiou a cabeça atrás da carroça. Um minuto depois, aprumou-se e começou a jogar punhados de legumes – alguns quase vencidos e amassados, outros com folhas ainda viçosas – na cesta de Abdulrahman.

– Obrigado – disse o garoto.

Com as faces coradas pela sensação de triunfo, e com a cesta cheia, agarrou a corda e saiu pela tarde poeirenta.

Os outros tinham andado igualmente atarefados. Quando se reencontraram no zoológico mais tarde naquele dia, haviam juntado uma quantidade considerável de comida.

No pátio junto à jaula dos leões, havia uma pilha de pão velho, quase rançoso, duro e seco, encontrada na lata de lixo da padaria. Perto do pão estava a cesta de hortaliças de Abdulrahman. Geggo, que batera nas casas da rua, arrumara um pouco de arroz velho. Luay conseguira alguns restos dos restaurantes locais. O melhor de tudo eram alguns ossos que um dos garotos vasculhadores encontrara junto ao antigo mercado de carneiros, e que ainda tinham alguma carne grudada.

Abdulrahman enfiou uma banana pela cerca de galinheiro que cobria a jaula do macaco. Embora gostasse dos macacos, não confiava neles. Havia visto aqueles bichos roubarem comida de outros animais mais vezes do que seria razoável. Avançando aos pulos, um dos macacos pegou a banana. Como teste, Abdulrahman empurrou alguns legumes pelas barras da jaula: cenouras, folhas de repolho e uma cebola.

Os macacos se aproximaram, curiosos com as novas ofertas.

Um deles pegou a cenoura e deu uma mordida. Pareceu gostar, porque começou a devorá-la, e ficou com nacos de cenoura espalhados pela cara inteira. Os outros atacaram as folhas de repolho. Quando aquela massa indistinta de membros marrons esquálidos clareou, a cebola ainda ficou ali no chão da jaula. Abdulrahman fez um registro mental disso, para depois contar ao pai que os macacos não tinham gostado de cebola.

Arrastando a cesta atrás dele, dobrou a esquina até a jaula seguinte, na expectativa de fazer os pavões se interessarem por maçãs meio podres. Mas a jaula estava vazia, e a cerca de galinheiro que cobria a parte da frente havia sido arrancada.

Abdulrahman sentiu uma pontada no estômago.

— Ajudem aqui! – ele gritou, correndo de volta até onde estavam os outros. – Alguém roubou os pavões!

Abu Laith estava sentado no sofá da sala, bolando uma programação para as crianças. Elas teriam que alimentar os animais todo dia no começo da noite, decidiu. Passariam a tarde procurando comida, e então a levariam ao zoológico.

Lumia ficou furiosa quando ele contou que as crianças iriam dar sua comida aos animais. Mas ele estava muito orgulhoso. Nada o fazia mais feliz do que saber que seus filhos eram boas pessoas, que faziam a coisa certa quando havia animais famintos precisando ser alimentados.

Ele ouviu o portão da casa abrir, e então Abdulrahman entrou.

— Baba! – o garoto gritou. – O Daesh roubou os pavões! A jaula está aberta. Os pavões sumiram. Não vi nenhum lá.

— O quê? – bradou Abu Laith. – Ladrões! Eu vou matá-los!

Lumia correu até a sala. – É mesmo? – ela disse, em tom irônico. – Você vai dar conta do Daesh sozinho porque eles roubaram suas estúpidas aves? Você tem catorze filhos, e o Daesh colocou sua cabeça a prêmio, e você vai arriscar a vida deles todos e a sua própria para se vingar por causa dessas aves?

Abu Laith pesou suas opções e recuou. – Desculpe – ele resmungou. – Não vou sair atrás deles.

— É bom mesmo – disse Lumia.

# 26

# MARWAN

MARWAN PAROU AO LADO DA TORNEIRA, a mangueira vermelha na mão, deixando a água jorrar sobre o piso de cimento junto à jaula dos avestruzes. Eram umas 3h30 da tarde, e ainda estava quente. Ele tentava limpar as jaulas, mesmo sem poder entrar nelas para fazer isso, porém simplesmente espalhar água no piso parecia fazer pouca diferença. Não havia mais clientes pagando ingresso no zoológico.

Todo dia vários aviões cruzavam o céu sem serem vistos, bem alto sobre as ruas do leste de Mossul, lançando bombas que produziam colunas de fumaça preta que flutuavam horas no horizonte.

Marwan ficava observando aquilo. Abu Laith, que na guerra Irã-Iraque sabia muito bem o que havia na origem dessa fumaça, virava o rosto para o outro lado.

Os *moslawis* que podiam continuavam estocando comida, enchendo porões ou armários, a salvo de saqueadores. Os animais – apesar dos esforços de Marwan e das crianças – ainda andavam famintos. Vinham se mantendo até aqui apenas com arroz e restos de ossos de frango.

Os leões precisavam de carne, e os ursos, de frutas. Havia muito tempo Zombie, Mãe e Pai não se alimentavam bem, e isso parecia afetá-los de diferentes maneiras.

Zombie estava ficando cada vez mais inquieto, andava sem parar pela jaula. Pai vinha definhando, reduzido a pele e ossos, mais para cachorro do que para leão, apesar de sua cabeçorra. Mãe, no entanto, estava raivosa. Cada dia rugia mais alto. Se Marwan não a alimentasse rápido o suficiente, dava-lhe uma patada. A maior parte do tempo ignorava Pai, apesar de compartilhar a jaula com ele, e também Zombie, que estava isolado à esquerda da dela. À sua direita, numa jaula bem em frente à sua, sem distância que separasse ambas, ficavam a ursa Lula e seu filhote, Warda.

A água cintilava em volta dos pés de Marwan quando um grito de animal o fez soltar a mangueira. Virou-se para a jaula do leão e quase não acreditou. O rosto de Mãe estava espremido contra as barras da jaula, e ela sacudia alguma coisa com muita força. Jorrava sangue no chão, e Lula estava com suas patas contra as barras, rugindo.

Mãe havia agarrado a pata do jovem urso Warda através das barras da jaula e o sacudia, para a frente e para trás, fazendo-o pular como um peixe fora d'água. Lula tentava afastar a leoa do filho dela, através das barras da jaula.

Marwan não conseguia pensar direito. – Pare com isso! – lembrou mais tarde de ter gritado, correndo até a jaula. – Solte-o!

Pegou uma pá que estava encostada numa das jaulas. A leoa e o urso filhote ainda berravam, um rasgando o outro. Marwan pegou a pá, enfiou-a entre as barras e deu um golpe no costado da leoa. Ela se retorceu, mas não largou o filhote. O sangue já formava uma poça no chão. Pegou a pá de novo e golpeou a leoa outra vez, uma pancada nas costelas que poderia ter partido o animal em dois. Bramindo, a leoa largou o filhote e avançou em Marwan, batendo contra as barras da jaula, com um olhar glacial em seus olhos negros.

Marwan correu então para a jaula dos ursos. Warda estava deitado encolhido, tremendo. Um sangue viscoso, vermelho vivo, pingava do toco de seu braço. Lula gania e acariciava seu filhote ensanguentado.

Mãe rugia com o gosto do sangue perdido. Nas patas, a leoa segurava a pata do filhote de urso que arrancara com os dentes.

Zombie, agitado, andava de um lado para o outro, enlouquecido. Pai ficou encolhido num canto da jaula de Mãe.

– Ajudem aqui! – Marwan gritava em meio aos rugidos de Mãe. – Preciso de ajuda!

Ele ouviu os homens que operavam os brinquedos e cuidavam da manutenção do parque vindo correndo em direção ao recinto.

Eles teriam que entrar na jaula, pensou. Se conseguissem tirar Warda de lá e levá-lo ao veterinário, talvez fosse possível salvá-lo. Mas Abu Laith havia lhe ensinado que nada era pior do que se intrometer entre uma mãe e seu filhote. Lula iria matá-lo antes que ele pudesse levar Warda embora.

Precisavam separá-los.

– Temos que fazer com que a ursa entre na casinha – ele disse aos demais.

Dentro do recinto havia uma pequena cabana onde Lula e Warda dormiam e se abrigavam da chuva. Haji Faez, o antigo tratador, que agora tosava plantas e, de vez em quando, varria as proximidades das bancas de comida, pareceu entender.

– Eu vou atraí-la e fazê-la entrar – Marwan disse. – Então um de vocês baixa a grade atrás dela.

Havia uma grade na casinha que podia ser fechada por alguém sentado no teto da jaula. Um dos homens trepou na jaula, a ursa rugindo embaixo dele. Marwan deu a volta até o fundo do recinto, junto com Haji Faez. A casinha tinha uma pequena abertura, e, se pudessem atrair o animal até lá, a grade poderia ser baixada atrás dele, e Warda seria resgatado sem que fossem atacados.

Mas por mais que tentassem, Lula não largava o filhote. Marwan pensou um pouco. Lembrou que a ursa adorava maçãs, e então um dos peões foi despachado para o mercado de frutas para trazer algumas. Haji Faez e Marwan, usando os poucos meios à disposição deles, tentavam atrair a ursa para a casinha. Ela ainda rugia e, de vez em quando, cutucava o filhote com o nariz. Warda mal se movia, a não ser o peito, subindo e descendo.

As maçãs chegaram.

– Jogue uma perto da casinha – disse Marwan.

A maçã bateu no chão, e Lula olhou. Ela virou-se e foi até a porta da casa, onde a maçã havia parado. Marwan atirou mais algumas pela abertura de trás.

– Vamos! – ele gritou. – Venha cá!

Lula atravessou lentamente a porta. Com um ruído metálico, a grade foi fechada atrás dela. A ursa atirou-se contra as barras da grade e rugiu. Separada do filhote, berrava de terror. Marwan deu a volta correndo até a parte do recinto ao relento e abriu a porta. O filhote contorcia-se deitado, sangue denso borrando todo o chão onde ele tombara agonizando.

Marwan correu até o filhote. Com delicadeza, enfiou a mão por baixo de Warda e virou-o. O que restara de seu braço estava grudento e quente. Na pele marrom, a quentura era intensa. Ao ser movido, o filhote gemeu.

– Alguém está de carro? – Marwan gritou, levantando o filhote ensanguentado. – Precisamos levá-lo a um veterinário.

Haji Faez estava, e, em poucos minutos, o filhote – agora numa pequena caixa de transporte – foi alojado na traseira. Os trabalhadores saíram de carro, e Marwan olhou para suas mãos cobertas com o sangue de Warda.

Abu Laith culpou a si mesmo ao saber o que havia acontecido.

– Devíamos ter colocado alguma coisa entre as jaulas – disse ele, com lágrimas escorrendo pelo rosto.

Marwan havia lhe dito que, às vezes, Warda corria até a jaula dos leões para dar uma patada neles pelas barras da jaula. Mas eles imaginavam que Mãe achava isso apenas irritante. Warda era do tamanho de uma bola de praia, e parecia impossível que os leões fossem capazes de alcançá-lo pelas barras e matá-lo.

Abu Laith ficou inconsolável. Era em parte culpa sua, disse mais tarde, por ter confiado em Mãe. Deveria ter arrumado outra jaula, e colocado a leoa e o filhote de urso mais distantes um do outro.

Aguardaram até o anoitecer, nenhum dos dois falando muito, até que ouviram um carro parar do lado de fora do zoológico. Marwan correu até o portão. O carro do tratador estava estacionado em cima da calçada.

– Como foi?

Haji Faez carregava a caixa nos braços. O estômago de Marwan encolheu. Mas então viu que Haji Faez sorria.

– Está tudo bem com ele – disse o tratador. – Vai sobreviver.

– Warda – ouviu-se um grito vindo de trás, e Abu Laith, que ficara aguardando em casa, vinha na direção deles. – Ele está vivo! – celebrou.

Foram todos juntos até a jaula dos ursos e colocaram Warda de novo dentro, fechando a grade em seguida. Lula ainda uivava e gemia de dentro da casinha dela. Marwan subiu no teto da jaula e levantou a grade.

A ursa saiu, rugindo. Lula estava bem mais magra do que antes, mas ainda tinha uma aparência que impunha respeito. Ela viu seu filhote no chão, mancando na direção dela em três patas. Uivou e envolveu-o em seus braços. Prendendo Warda contra a barriga dela, lambia a cabeça do filhote e a bandagem enrolada em seu toco.

Marwan pegou uma maçã e atirou-a dentro da jaula. A ursa, pensou ele, bem que merecia. Mas, pela primeira vez, Lula – embora faminta – não ligou para a maçã. Estava com seu filhote, e nada poderia distraí-la agora.

Deixando Lula com Warda, Abu Laith, radiante, virou as costas e se afastou deles. Perto dali, as crianças mais novas chutavam as barras da jaula da leoa, gritando ofensas a Mãe.

Furioso, ele agarrou uma delas.

— Não se atrevam a tocar nessa leoa! – ele gritou, enquanto as crianças se encolhiam. – Ela é um animal, não sabe ser de outro jeito.

As crianças não eram tão inclinadas assim ao perdão. Naquela noite, sentadas na calçada do zoológico, ficaram se queixando. Nenhuma delas gostava muito de Mãe, e Warda era amigo delas. Abu Laith disse que Mãe havia comido o braço de Warda porque essa era a lei da selva, e era assim que os leões agiam. Ela tinha muita fome, e não havia o que fazer a respeito. Mas as crianças não concordavam. Todas elas também sentiam fome. Há semanas vinham correndo e andando de bicicleta vários quilômetros por dia arrumando alimento para os animais. Mãe não merecia a comida que estavam lhe dando.

— Precisamos fazer alguma coisa em relação a Mãe – disse uma delas. – Agora ela vai querer matar Pai, e depois Zombie, provavelmente.

Abdulrahman interveio. — Não vamos precisar fazer coisa alguma – ele disse. – Assisti isso na *National Geographic*. Pai e Zombie vão expulsá-la do bando por causa do que ela fez, e então ela irá definhar e morrer.

E as demais crianças, ansiosas por vingança, assentiram convictas.

## 27

# IMAD

*2010*

O MARIDO DE SARA foi libertado da prisão alguns anos depois de Imad ter aparecido na porta dela, cheirando a uísque e declarando seu amor.

Quase imediatamente, Imad começou a passar muito tempo em Bagdá com sua família, instalado com Sara e os três filhos dela. Era como se nada tivesse mudado nos vinte anos que haviam estado separados.

Três meses após Imad ter voltado, foram ver um clérigo para formalizar um casamento temporário, que lhes permitira passar mais tempo juntos sem causar escândalo na família. Embora fossem sunitas, procuraram um clérigo xiita, que teria menor probabilidade de conhecer alguns de seus parentes, e Imad deu-lhe uma propina de alguns dinares para que fizesse vista grossa ao fato de Sara já ser casada.

Aos fins de semana, iam passear no parque com sua prole e assistiam às crianças se esbaldarem pelos bem cuidados espaços públicos de Bagdá. Imad volta e meia arrumava confusão por dar sorvete aos animais do Zoológico de Al-Adhamiyah. Mas um dia foi anunciado que seria concedida anistia aos presos, e que o marido de Sara seria incluído nela. Da cadeia, ele mandou mensagem dizendo que sua esposa tinha duas opções. Podia ficar com Imad, e nunca mais ver os filhos, ou ficar com ele, e vê-los crescer.

Na realidade, ela não tinha escolha. Imad teria que ir embora.

Esse desdobramento, apesar de desagradável, foi aceito como totalmente inevitável por todos os envolvidos. Nem Imad nem Sara eram muito sentimentais, e, apesar de se amarem profundamente, aceitaram o que lhes coube naquele momento. Além disso, os dois sabiam que ainda poderiam se encontrar, desde que fossem discretos.

Portanto, não demorou muito para que Imad se visse de novo em Mossul, sozinho com os filhos na casa junto ao parque. A vida de solteiro combinava bem com ele. Acordava todo dia com a luz do sol entrando pela janela, e com a gritaria de uma dezena de pequenas criaturas zanzando pela casa.

Ele assumira de bom grado o papel de mãe e cozinhava, gritava e punha ordem sempre que era necessário. Os filhos mais velhos haviam se tornado relativamente competentes em cuidar da limpeza e dos animais, as duas outras grandes aptidões essenciais na família.

No café da manhã, ele fazia uma preleção para as crianças sobre os hábitos de acasalamento dos cães (deixem que levem a coisa adiante) e sobre a programação alimentar dos avestruzes (pela manhã, e não muita comida).

Quando terminava e eles saíam para a escola, Imad ia até sua oficina e consertava carros norte-americanos, a trezentos dólares cada serviço.

Pelos padrões de Mossul, era um homem rico, e tinha orgulho disso. Quando ia comer com os amigos numa das lanchonetes da cidade, sempre pagava a conta, e ameaçava qualquer um que tentasse impedi-lo. Vestia uma túnica comprida até as sandálias, e ostentava um sorriso no alto de seu colarinho engomado, sua cabeçorra com o cabelo ruivo penteado para trás.

Apesar do hábito de beber e dos cachorros, tornara-se um homem respeitado, conhecido por sua generosidade e seu bom desempenho nas brigas. Desde que construíra uma mesquita, era considerado um dos pilares da comunidade, e ninguém se importava muito que tivesse parado de fazer suas orações e promovesse regularmente sessões de bebedeira em seu pátio, com uísque e áraque pingando no chão quando ele ria e contava piadas obscenas com os amigos.

Era sempre convidado a tomar café na casa de vários de seus vizinhos e membros de seu clã estendido. Toda vez que ia, convidado a pretexto de encontrar algum velho tio-avô ou tia-avó, via uma jovem mulher, tímida, servindo-lhe café e lançando-lhe olhares. Ele retribuía com uma piscadela, mas seu coração, na realidade, não estava interessado naquilo. Todas aquelas moças pareciam um pouco retraídas e recatadas demais.

Não conseguia imaginar nenhuma delas brincando de rolar no chão com as crianças, ou rindo com ele no fim da noite, revezando-se para dar goles de uma garrafa de uísque.

Isso não fazia qualquer diferença para os familiares dele, os quais decidiram que ele precisava se casar, não importava se estava disposto ou não. Além do mais, nutriam, havia tempos, uma suspeita, muito fundamentada, de que Imad andara planejando tirar o marido de Sara da jogada.

Somente quando Laith, o filho mais velho de Imad, casou-se é que alguém tomou alguma medida concreta. Um sheik local compareceu à festa de casamento e – por sugestão das filhas de Imad – sentou-se ao lado do homem da casa.

– Você precisa se casar – disse o sheik. – Agora tem uma nora. Precisa haver outra mulher por perto para ajudá-la em seus afazeres.

Imad, que já ouvira essa mesma história outras vezes, disse não estar interessado. Podia cozinhar e limpar tão bem quanto qualquer pessoa, e não precisava de ajuda.

– Sei de uma mulher na área das Planícies Verdes – disse o sheik, ignorando-o. – Ela nunca se casou, e tem uns 40 anos. Irei vê-la com minha esposa e providenciar algum arranjo.

A ideia de conhecer uma solteirona não atraiu Imad nem um pouco, mas – como suas astutas filhas haviam previsto – sentiu que não convinha contradizer o sheik.

Alguns dias depois, Imad bateu à porta de uma casa nas Planícies Verdes, acompanhado pelo sheik. Foram convidados a entrar e se acomodar na sala de estar, onde a família recebia os convidados. Sentados em almofadas pelo chão, havia um homem mais velho e dois mais jovens. Perto deles, duas mulheres. Uma delas vestia uma túnica preta comprida, com o cabelo e o pescoço cobertos por um xale preto bem apertado. Não sorria, e tampouco falava naquele momento.

A outra, que ficara em pé assim que Imad atravessou a porta, já havia gritado uma saudação e estava sorrindo para ele com seu rosto de pele clara, redondo, emoldurado por uma longa cortina de cabelo preto. Seus olhos estavam delineados com kohl, e ela vestia um vestido roxo bem colado às suas curvas acentuadas, algo que Imad admirava muito nas mulheres. Tinha uns 30 anos, e a outra era alguns anos mais velha.

Esperava que fosse ela a que supostamente deveria achar interessante. Sorrindo, olhou para o sheik, que lançou um olhar enfático para a outra mulher. Imad sentou-se, desapontado.

Os homens foram apresentados e ocuparam seus lugares nas almofadas junto à parede. A moça de vestido roxo, que tinha a voz aguda, toda espevitada, já estava fazendo perguntas a Imad.

— Você é proprietário da sua casa? — ela perguntou, para a surpresa da família. Sua irmã, a mulher que Imad fora lá conhecer, olhava para o chão, muda.

Imad, que não queria que ninguém se casasse com ele por dinheiro, mentiu e disse à mulher que morava de aluguel, e que o único carro que tinha era um táxi.

— E como vai seu negócio? — Imad perguntou a um dos jovens parentes da moça, educadamente, continuando a olhar fixo para a moça falante. Enquanto ele estivesse ali, ninguém iria discutir sobre a mulher ou sobre o casamento. Tratava-se, para todos os efeitos, de uma simples reunião social, com enormes implicações.

A mulher discreta com a qual ele supostamente deveria se casar ainda não dissera uma palavra. Imad não sabia como agir com ela. Parecia muito devota e ignorava Imad solenemente. A irmã dela, ao contrário, fazia-lhe tantas perguntas que ele mal tinha tempo de responder — e escandalizava os parentes dela com seu atrevimento. Havia muita vida nela, Imad pensou. Com certeza, gostaria de se casar com ela.

Com outra rodada de cumprimentos, bater de palmas e votos de boa sorte, deixaram a casa meia hora mais tarde. Assim que a porta bateu, Imad virou-se para o sheik.

— Quem era a outra moça? — ele perguntou. — Acho que é a que combina mais comigo.

— Ela é irmã da outra — disse o sheik. — Mas já vou avisando, ela é viúva e tem três filhos.

Caminharam por um minuto, Imad despreocupado e feliz.

— Qual o nome dela? — Imad perguntou.

— Lumia — respondeu o sheik.

Imad sorriu. — Ela vai dizer "sim" para mim.

# 28

# HASNA

NA LUZ CINZENTA DA MANHÃ, numa casa grande perto do Tigre, Hasna, irmã de Hakam, acordou para mais um dia sem compromissos. Há meses não saía de casa, e, da última vez, havia sido enfiada às pressas dentro de um carro, com cada centímetro de pele coberto, e levada a casas de parentes para uma rápida visita.

Fazia tempo que suas provas haviam terminado. Deixara de sair de casa totalmente quando as execuções públicas tornaram-se mais comuns e circulavam boatos sobre os abusos de uma brigada policial de costumes, composta só por mulheres, chamada al-Khansaa. Ouvira dizer que esse grupo detinha mulheres que estivessem trajadas de maneira imodesta e que batiam nelas com um aguilhão elétrico de tocar gado, ou com uma ferramenta de metal chamada "mordedor", capaz de rasgar roupas e pele.

Hasna tinha levado seus livros de estudo para casa, imaginando que poderia estudar com as amigas. Mas elas tampouco podiam sair de casa, e então acabou estudando sozinha. Apesar de algumas vezes sentir medo, a maior parte do tempo sentia apenas tédio. O governo havia desconectado a internet banda larga em Mossul para impedir a difusão de propaganda on-line do Exército Islâmico. Os Zarari agora tinham conexão por satélite, como o resto da população, mas todos sabiam que o Exército Islâmico monitorava o fluxo da internet. Ela não ousava mais entrar em chats com os amigos.

O seu computador, pelo qual antes passava noites navegando no Facebook, estava intocado. Aos 21 anos, melancólica, ficava na cama lendo e relendo *O morro dos ventos uivantes*. Seu exemplar tinha uma foto do ator britânico Tom Hardy na capa.

Hasna desceu para o térreo, até o amplo hall de entrada. As paredes eram decoradas com espelhos e cortinas de tecidos finos, e todas as superfícies, cobertas por peças decorativas feitas à mão, em tricô ou crochê, e elaboradas caligrafias. A claraboia deixava o sol iluminar as paredes.

Por sorte haviam conseguido manter uma casa assim. Ao redor deles, membros do alto escalão do Exército Islâmico haviam tomado casas de vários *moslawis* ricos. A maioria de seus vizinhos fugira para territórios curdos ou para Bagdá. Outros – aqueles que moravam em áreas ainda mais ricas – haviam sido despejados para ceder lugar a *daeshis* estrangeiros.

Tiveram que se adaptar para sobreviver. O pai, Said, advogado, antes um destacado e austero chefe de comunidade, passara a viver escondido – isolado, dentro de casa o máximo possível. Abominava os milicianos com um ódio intenso, quase sólido, mas não podia correr o risco de ser levado preso e deixar a família desprotegida.

Arwa, tanto quanto Said, irritava-se muito por ser obrigada a ficar em casa. Como sua filha, era alta, de riso fácil, com um cérebro inquisidor de advogada que a fazia desprezar todo tipo de deslealdade. Presos dentro de casa, viviam todos imersos numa espécie de torpor desconfortável. No começo, tentaram ler todos os livros da casa. Mas, depois de mergulhar nas obscuras obras de Miles Copeland, em textos sobre jurisprudência islâmica e – no caso de Hasna e Hakam, ambos falantes fluentes de inglês – nas peças de Shakespeare, especialmente *Noite de reis*, todos começaram a ficar um pouco enlouquecidos.

O que precisavam, Arwa e Said concluíram, era de um passatempo. Um que não exigisse nem luz elétrica, cada vez mais intermitente, nem conexão à internet, e que não exigisse que ninguém saísse de casa. Puseram-se então a praticar jardinagem – especificamente o cultivo de variedades raras de rosas. Todo dia, os dois advogados agachavam-se nos canteiros de flores, enxertando e aguando as delicadas hastes até que o jardim florescesse. Arwa costumava documentar cada estágio de crescimento no seu iPad, que carregava pelo jardim enquanto os *daeshis* vagavam pelas ruas próximas. Depois de alguns meses, Said anunciou orgulhoso que haviam cultivado algo muito incomum. Era uma flor amarela, com as bordas tingidas de cor-de-rosa suave, como tinta sobre papel umedecido. Era uma rosa de Mossul.

Hasna e Hakam, agora que a internet havia sido tirada deles, tornaram-se criadores obsessivos de pássaros. Hakam ou Said os compravam no mercado de animais perto da sua casa, ainda filhotes, antes que chegassem muito perto do tamanho dos pais. Os filhos dos Zarari seriam agora suas mães. Juntos, ferviam e amassavam uma pasta de ovos de galinha com batatas, e então os alimentavam com seringas do laboratório de Hakam, agora com nova função. Às vezes, ele acrescentava um pouco de pó de proteína à mistura, e os passarinhos cresciam num ritmo alarmante.

Uma gaiola do tamanho de uma máquina de lavar foi colocada na varanda coberta. A maior parte do tempo ficava vazia, com a porta aberta, enquanto os pássaros voavam pela casa. À noite, eles dormiam na cama de Hakam junto com ele, acocorados sobre seu peito. Quando ele andava pela casa, às vezes ia com um periquito azul e roxo chamado Tutu no bolso da camisa. Ao crescer, o pássaro começou a comer nos pratos da família durante as refeições, desenvolvendo uma preferência particular pelo *biryani*.

As calopsitas viviam na cozinha, onde tinham uma gaiola, quase sempre aberta. Hakam criara essas aves de tal modo que elas esperavam ser soltas para um voo noturno entre 8 e 9 da noite, e se ele se esquecia de abrir a porta, ficavam chilreando até que lembrasse.

Um dia, lá pelas 4 da manhã, Hakam foi acordado por seu pai, que levantara para as orações matinais, com a visão ainda turvada. – Não sei bem como dizer isso – alertou Said, absolutamente calmo. – Mas seu passarinho está tendo algum problema.

Ainda sonolento, ele desceu até o térreo e encontrou Susu, um pequeno pássaro com penugem do mais profundo azul, debatendo-se histérico na cozinha. Durante uma missão de exploração noturna debaixo do guarda-louças, havia ficado preso numa armadilha adesiva para ratos. Said encontrou-o atrás do ar-condicionado da cozinha, chiando enlouquecido. Ele conseguiu desgrudar a armadilha dele, mas a cola ainda imobilizava um dos lados do pássaro.

Ainda sonolento, Hakam pegou a ave, enquanto Said voltava para suas orações, e começou a desgrudar cirurgicamente pena por pena, usando pinças e uma faca de peixe. A operação deixou Susu quase careca de um dos lados, e enquanto suas penas cresciam de novo, ele teve que se contentar em vagar pela casa andando.

Quando Hasna entrou na cozinha, as calopsitas voaram em volta da cabeça dela, sob a luz da manhã. O pai estava na sala de estar, olhando para as estantes de livros com uma expressão de profunda preocupação.

Era estranho ver os pais, figuras poderosas, que no jantar debatiam os mais sutis pontos da lei islâmica e iraquiana, transformados em jardineiros reclusos, que mal saíam de casa. Hakam, com seu incontestável emprego no governo, passou a ser o único que não era questionado minuciosamente nos postos de controle, o único membro da família que saía de casa todo dia. Arwa, como Hasna, havia meses não ia além dos muros cor de pêssego que rodeavam a casa.

— O que você está fazendo aí, pai? — Hasna perguntou.

Said pegou um livro das prateleiras de madeira escura que cobriam uma parede enorme na sala de estar.

— Essas são leis iraquianas — disse ele, sopesando o grosso volume na mão. — Elas formam a base de praticamente todos os casos que tenho defendido.

Hasna pegou o livro e folheou suas finas páginas.

— Acabei de voltar do mercado — disse o pai. — Os *daeshis* estão fazendo batidas nas casas da vizinhança.

Said ainda olhava fixo para as estantes de livros.

— Estão procurando coisas *haram* — disse ele. — Precisamos fazer uma limpa na casa.

— Vamos ter que queimar os livros? — perguntou Hasna, com uma ponta de horror.

Os livros da família eram seu bem mais estimado — a culminação de uma verdadeira mania de colecionar que Said e Arwa haviam cultivado ao longo da vida. Manuscritos raros sobre jurisprudência iraquiana, poesia medieval, livros de viagens e romances ocidentais — comprados por Hasna e Hakam — alinhavam-se naquelas estantes de madeira.

Teriam que se desfazer de todos eles.

— Vamos — Said disse a Hasna. — Ajude-me a tirar todos daí.

— Mas não podemos queimar todos os livros! — Hasna retrucou. — Eu não quero. E são muitos livros.

O pai começou a pegar livros de capa dura, encadernados em couro verde, sobre as leis fundadoras do Iraque, retirando-os em braçadas das prateleiras.

Hakam e Arwa vieram até a sala.

– Hakam, você pode deixar seus livros relacionados ao trabalho – Said disse. – Não acho que vão se importar com eles. Mas teremos que nos livrar do resto.

Arwa correu para ajudar Said, e juntos formaram uma corrente carregando os livros da sala para o jardim, que o sol apenas começava a aquecer. Hasna e Hakam foram para seus quartos no andar de cima.

Sobre a mesinha de Hasna estava *O morro dos ventos uivantes* e seu exemplar de *Noite de reis*. Pegou os dois e os pôs dentro de uma caixa de sapatos, empilhando o resto de seus livros em cima, e guardando-os no alto de seu guarda-roupa. Não importava o que o pai dissesse, ela não iria queimá-los.

Ela foi até o quarto de Hakam. Ele estava em pé sobre uma cadeira, tentando remover um painel do teto, em cima do guarda-roupa.

– O que você está fazendo? – ela perguntou.

O painel foi removido e soltou uma nuvem de poeira. Hakam colocou-o no chão ao lado da cadeira. – Passe o violão e os livros – ele disse, esticando o corpo para espiar o espaço do teto. – Preciso escondê-los.

Hasna o obedeceu, e ele guardou o violão com todo cuidado dentro da cavidade do teto, e depois os livros, e recolocou o painel.

– Também escondi umas coisas – disse Hasna.

– Se eles encontrarem, você está ferrada – advertiu Hakam.

– Não vão achar – disse Hasna.

Quando voltaram ao térreo, a sala já havia sido quase toda esvaziada de livros – nas estantes viam-se apenas as marcas de poeira. Pela porta do jardim, Hasna pôde ver uma pilha desordenada de romances e livros de direito, meio abertos ao sol.

Enquanto Said rondava a cozinha procurando fósforos, Arwa fazia uma última varredura na casa atrás de algum livro esquecido. Os livros de receitas podiam ficar, ela decidiu, mas os romances teriam que ir.

Ela levou os livros restantes até o jardim. Agora a pilha já chegava à altura da cintura, com as letras gravadas em prateado nas capas cintilando ao sol.

Said veio até o jardim. Ninguém se preocupava mais do que ele com a lei, com a coisa certa. Isso era doloroso.

– Alguns desses livros são valiosos demais – ele disse, com um ar de calma forçada. – Não vou queimá-los.

– Não podemos correr o risco de que eles os encontrem – disse Arwa. – Podem nos matar.

– Eu sei – disse Said. – Mas não vão. Vamos enterrá-los bem, e eles nunca irão achá-los.

Vinte minutos mais tarde, uma trincheira profunda era aberta na terra macia sob as laranjeiras, à medida que Hakam cavava sem descanso. Ninguém, segundo Said, iria se incomodar em cavar tão fundo por uma remota chance de que algo pudesse estar escondido ali.

O grande advogado parou em pé com uma pilha de livros de um lado e um saco plástico do outro, decidindo o que enterrar e o que queimar.

– Lembro-me da primeira vez que li este livro – disse, segurando um tomo de capa dura na mão. – Não devia ser mais velho do que você quando comprei. Estava cheio de ideias.

Hakam não comentou nada. Tinha a impressão de que seu pai precisava falar.

– Este aqui me ensinou muito a respeito de equidade – disse Said, pegando um tratado de filosofia. – Há anos que não o releio. – Ele o guardou no saco, para ser enterrado. Outros – obras muito consultadas sobre literatura e leis – foram para a pilha a ser queimada. Enquanto atirava os livros na fogueira, Said parecia sentir uma dor física.

– Chegamos a este ponto – ele disse, amarrando o saco de lixo. Passou-o a Hakam, que o colocou dentro da trincheira. – É o resultado da ignorância.

Hakam cobriu o saco de livros com a terra. A família observava em silêncio seus pertences desaparecendo sob o solo. Hasna só conseguia pensar na estupidez do Estado Islâmico, de temer tanto os livros.

Em pouco tempo, a terra já estava compactada. Hakam largou a pá, transpirando pelo esforço. Pegou o galão de gasolina que haviam trazido de dentro da casa e despejou na pilha de livros. Said riscou o primeiro fósforo. Conforme o clarão cor de laranja se espalhou, a fumaça dos textos queimados pairou sob o sol de Mossul.

## 29

# ABU LAITH

O IEMENITA IRIA MATÁ-LO, Marwan concluiu, e sem muito esforço. Tinha uma barba rala tingida de amarelo-claro com hena, cabelo preto desalinhado, pele escura. Era magro como um bambu, olhos embotados com uma raiva morta. Quando entrou no zoológico naquele dia carregando um longo fuzil, Marwan soube que havia algo de errado com aquele homem; não era uma pessoa normal. Até os outros dois *daeshis* que o acompanhavam haviam comentado que o homem do Iêmen era maluco. Eram de Tel Afar, cidade sessenta e cinco quilômetros a oeste de Mossul. Em comparação com seu líder, o iemenita, os dois pareciam razoáveis.

– Não volte aqui amanhã – um deles disse a Marwan enquanto o iemenita dava uma volta pelo zoológico, gritando para que as famílias que já haviam chegado fossem embora. Elas largaram ali mesmo seus pertences de piquenique e saíram rápido do zoológico. – Ele vai matá-lo. Vive muito furioso.

Haviam chegado cantando pneus, numa van Nissan branca, por volta da hora do almoço. Não havia muita gente no zoológico. Nos últimos dias, os combates vinham chegando mais perto, as explosões eram mais ruidosas, e os visitantes agora haviam se reduzido a uns poucos frequentadores habituais do local, que vinham para um piquenique no parque e para ver os macacos. Não havia mais fila na frente da sorveteria, e as luzes do carrossel haviam sido apagadas, pela preocupação de que criassem um alvo fácil para os aviões da coalizão, e também porque tampouco havia combustível suficiente para alimentar o gerador.

Marwan ia ao zoológico mesmo assim, porque ainda estava sendo pago e porque esperava encontrar Heba. Fazia algumas semanas que ela não aparecia no parque, e ele ficara preocupado como nunca estivera antes. Sentia falta dela e temia que algo pudesse ter acontecido. Os combates tinham se acirrado havia várias semanas em torno de Gogjali, subúrbio de Mossul onde ela morava, e continuaram em novembro de 2016. Ele não sabia se a família dela estava em casa ou havia fugido mais para o centro da cidade, para ficar mais distante dos combates. Não sabia o endereço dela, nem o nome do seu pai. Começou a se dar conta de que não sabia sequer se ela estava viva ou morta. Mas, mesmo assim, ficava ali, na esperança de que a moça aparecesse.

Ele também se preocupava com os animais. Lula não gostava de ruídos fortes, e entrava em pânico ao ouvir os aviões cruzando os céus em alta velocidade, com aquele som rascante e estrondoso. Andava incansavelmente pela jaula, dando, de vez em quando, uma patada em Warda para mantê-lo longe dos leões. Marwan colocara tela de galinheiro entre as jaulas dos leões e dos ursos, mas isso não fizera Mãe parar de olhar fixo para o filhote, como se fosse um bom filé, enquanto ele rondava por ali sobre suas três patas, parecendo surpreendentemente feliz, apesar de seus olhos úmidos.

Mas agora os homens de Tel Afar estavam no zoológico com o iemenita, que andava por ali irradiando más intenções e brandindo o fuzil.

– Vão embora! – o iemenita gritava, enquanto as famílias pegavam as crianças e corriam para fora do zoológico. – Não voltem mais. Isto aqui é propriedade da *dawla*.

Marwan não precisou de mais nenhum estímulo. Os homens de Tel Afar haviam dito a Marwan que fugisse, e ele fugiu. Não sabia por que aqueles homens estavam ali, mas aquilo era uma guerra, e ele queria sobreviver. Pensou em Heba, e no que poderia acontecer caso ela viesse ao zoológico procurá-lo e não o encontrasse. A ideia, como ele explicaria mais tarde, deixou-o doente de preocupação. Pensou nos animais, em Nusa e no babuíno, nos leões e nos ursos. Não restaria ninguém ali para alimentá-los. Iriam morrer de fome, mas ele não podia ficar. A família de Marwan o tratava mal, mas ele tinha a responsabilidade de cuidar dela também. Precisava arrumar um local seguro para os animais, longe dos combates, pelo único caminho que estava aberto para ele – cidade adentro, afastando-se do exército e ficando mais inserido no território do Exército Islâmico. Os animais teriam que se adaptar. Ele cruzou os portões do zoológico.

Marwan não foi o único a fugir. Ahmed, o administrador do parque, também não estava mais por ali, Abu Laith constatou no final daquela tarde, depois que Marwan veio se despedir dele. O administrador fizera esforços junto ao Daesh para manter o parque de diversões e o zoológico abertos. Segundo Marwan, ele quase nunca vinha ver os animais, só comparecia para pegar o dinheiro na entrada principal. Quando o exército chegou, ficou com medo de ser punido por ter trabalhado com os milicianos, então fugiu, abandonando seus encargos. Isso só prova, Abu Laith mais tarde lembraria-se de ter concluído, algo que ele sempre dissera: os animais são melhores que as pessoas.

Naquela tarde, Marwan e Abu Laith sentaram-se no pátio. Ainda havia um resquício de verão no ar.

Abu Laith não podia impedir que Marwan fosse embora. A guerra se aproximava cada vez mais, a casa agora já estremecia às vezes com os disparos de morteiros, e ele sabia que o jovem tratador do zoológico precisava fugir dali. Mas os animais não conseguiriam sobreviver sem ele.

– Eu não posso entrar lá – disse Abu Laith, num desânimo total. – Eles me descobririam. Não posso facilitar.

Marwan sentiu a adrenalina circulando em seu corpo. O iemenita causara terror nele.

– Preciso ir – disse.

O que mais preocupava Abu Laith era que o zoológico, sem dúvida, constituía um alvo legítimo. Havia *daeshis* ali a maioria das tardes, ele mesmo comunicara isso ao exército. Quem quer que coordenasse os ataques contra o seu bairro iria atacá-los primeiro. Zombie morreria.

– Para onde você está indo? – Abu Laith perguntou a Marwan.

– Mais para o centro da cidade – disse ele. Os ataques de morteiros haviam sido retomados mais uma vez, ouvia-se seu estrondo por perto. – Vou voltar aqui para vê-lo em breve, *inshallah* – ele disse, e saiu do pátio.

Abu Laith avaliou suas opções. Não estava particularmente preocupado com Marwan, que era um rapaz esperto, e provavelmente se sairia bem, apesar de sua desilusão amorosa. Mas a perspectiva de que os animais viessem a morrer foi um rude golpe. Não conseguia entrever nenhuma solução. A cidade nunca ficara tão perigosa. Afora a guerra, os *daeshis* procuravam espiões por toda parte. Circularam rumores de que qualquer um com conexões com o governo seria preso. No centro da cidade, dezenas de pessoas haviam sido decapitadas, e os vídeos das execuções estavam postados na internet.

Muitas dessas pessoas assassinadas eram ex-funcionários do governo – ou, como Abu Laith, ex-soldados – que haviam permanecido na cidade pelo simples fato de confiarem nos *daeshis*, que garantiram a eles que seria seguro. Quando os milicianos tomaram o poder, todos os antigos membros das forças de segurança foram obrigados a assinar uma *towba* – uma confissão de erros passados e uma promessa de adesão ao Estado Islâmico. Os *daeshis* diziam que isso os absolveria de seus crimes.

Muitos haviam visto nisso um truque, e continuavam escondidos. E estavam certos: agora o Exército Islâmico enviava esquadrões da morte para executar aqueles que haviam confiado neles – arrastando-os de suas casas ou das ruas e colocando-os na prisão, para serem decapitados ou fuzilados.

A comida ficou ainda mais escassa que antes. As ruas do Centro Antigo estavam lotadas de apoiadores do Exército Islâmico fugidos de áreas recuperadas pelo exército e também de civis que os milicianos haviam tomado como escudos humanos, e de outros jihadistas que haviam continuado a viver ali.

Para Abu Laith, ir embora não era uma opção. Marwan podia fugir para o centro da cidade, onde eles talvez estivessem mais seguros – pelo menos até a chegada do exército. Mas Abu Laith era um homem procurado. Teria que ficar ali, e a família dele também, até que os novos invasores com suas armas e veículos norte-americanos voltassem a tomar o bairro.

Eles precisavam de um plano, Abu Laith concluiu.

Na manhã seguinte, Luay, o mais discreto da família, com seu cabelo castanho e barba longa, saiu de casa por ordens do pai.

– Dê uma espiada neles – Abu Laith havia dito, plantado no portão vendo-o sair no que ele imaginava ser uma curta caminhada. – Precisamos saber o que anda acontecendo por aí.

Fingindo uma naturalidade que no fundo não sentia, Luay checou a rua e caminhou até a cerca do zoológico. Deu uma espiada no parque. Se os *daeshis* o pegassem bisbilhotando, poderiam achar que era um espião, o que, de certo modo, era verdade.

Enquanto caminhava pela rua, ele os viu. Três *daeshis* sentados e encostados num muro do outro lado do zoológico. Vestiam camisas bege *kandahari*, e diante deles havia um pesado morteiro. Viu outros espalhados por ali.

Luay então decidiu dar meia-volta, devagar, e ir para casa.

– Estão fazendo o quê? – gritou Abu Laith.

– Estão se mudando para o zoológico – disse Luay. – Acho que vão usá-lo como base.

Abu Laith sentou-se no seu sofá favorito, espumando de raiva. Mas, por mais que pensasse, não conseguia achar uma saída.

Ao escutarem o ronco de veículos estacionando do lado de fora, colaram a cabeça ao portão para tentar ouvir melhor. Abu Laith correu até a escada. Aguardaram, mas ninguém veio até a porta. Havia uma barulheira do lado de fora, pontuada por gritos e ofensas dos combatentes enquanto andavam por ali transportando o que pareciam ser objetos muitos pesados.

Abu Laith escapou para o último andar, até a laje. Olhou para o parque. Como Luay havia advertido, estavam transformando o zoológico, com seus animais famintos, numa posição de combate *daeshi*. Junto ao lago do pelicano, montaram uma plataforma de artilharia. Cilindros pretos, que o ex-soldado do exército que era prontamente identificou como tubos de morteiros, empilhavam-se perto da jaula de Lula. Por toda parte, os combatentes circulavam como formigas armadas.

Naquela tarde, concluíram o trabalho. Lula e os leões estavam rodeados de morteiros. Por toda parte, homens rudes com sotaques estranhos circulavam por ali, transportando munição ou gritando ordens.

Como Abu Laith ponderou, davam a impressão de ser muito eficientes.

## 30
## ABU LAITH

O SOL NASCEU COMO UM OVO quebrado numa frigideira, sua gema quente estabilizando o novo céu. Na laje, os pombos ainda dormiam em seus ninhos de serragem e excremento. Pela escada, Lumia arrastava um saco de lenha, fazendo um barulho considerável.

– Abu Laith! – ela chamou. – Abu Laith!

– Estou indo! – berrou o marido, que carregava outro saco de lenha, bem maior. – Siga em frente!

As crianças corriam em volta dele, quase fazendo-o tropeçar e bombardeando-o de perguntas. Abu Laith subia a escada com esforço atrás de Lumia, levantando uma nuvem de poeira ao passar. – Estamos indo para a laje! – ele gritou para as crianças em meio à algazarra. – Vamos cozinhar lá em cima.

Lumia havia parado bem no alto da escada, junto à porta que dava para a laje. Colocou seu saco de lenha no chão e espiou pelas frestas. Era tudo sol e luz dourada, os primeiros toques do inverno. Ela apurou o ouvido. Não havia aviões no céu.

– Podemos ir? – perguntou, enquanto Abu Laith espremia-se junto dela no alto da escada.

Abu Laith avançou decidido pela porta até a laje. Lumia procurava se acalmar. – Crianças! – ela gritou para a pequena multidão reunida nos degraus da escada –, fiquem aí na escada. Se vier um avião, quero que todos nós possamos morrer juntos.

Nenhuma das crianças se impressionou com isso. Estavam acostumadas àquelas proclamações fatalistas antes do café da manhã, e muito ansiosas para ver o pão sendo assado.

A guerra ficara bem mais próxima desde aquela tarde em que Marwan partira. Por vários dias, a casa estremecera com os abalos de morteiros e projéteis de artilharia. Às vezes, ouviam-se gritos, e o pou-pou dos disparos de fuzis.

Abu Laith havia sido posto em ação. O portão da frente fora trancado com pesadas correntes, e todos estavam proibidos de ir ao jardim. As janelas foram mantidas abertas, para as vidraças não se estilhaçarem com o deslocamento de ar das explosões. A água era puxada do poço do pátio da mesquita e trazida até a casa por uma mangueira, instalada havia anos como fonte alternativa de suprimento de água, e ficava armazenada em baldes junto ao quarto do casal. Ao lado dele, as crianças haviam improvisado camas na segunda sala de estar, trazendo os colchões para o andar de baixo e formando um piso macio com vários centímetros de espessura, onde rolavam e brincavam o dia inteiro, ou deitavam à noite, amontoadas sobre os pais.

Era o quarto mais afastado da rua, onde provavelmente ocorreriam os combates, e tinha paredes robustas que poderiam ficar firmes se o telhado fosse atingido. Nos fundos, havia a proteção da casa do vizinho.

Quando eles vieram de fato, os aviões passavam sobre a casa tão rápido que as crianças se encolhiam como coelhos perseguidos. Os morteiros não eram tão assustadores, elas achavam, mas Abu Laith sabia das coisas. Morteiros caíam quase aleatoriamente e na vertical, disparados pelo exército a quilômetros de distância sobre bairros onde as pessoas viviam compactadas como cédulas de dinheiro numa carteira. Um impacto direto poderia perfurar a laje. De fato, um morteiro já havia atingido a residência atrás deles, sem acertar os vizinhos, mas destruindo os muros que separavam as duas casas. Atingira também a janela dos fundos, fazendo Lumia correr pela sala aos berros, verificando se as crianças estavam bem, embora nenhuma delas conseguisse ouvi-la – estavam todas temporariamente surdas com a explosão.

Naquela tarde, quando recuperaram a audição, limparam a poeira e os vidros estilhaçados, e Lumia chorou com as crianças menores, enquanto as mais velhas inspecionavam os danos no muro de trás da casa. Abu Laith já havia dito a Lumia que ela poderia tentar fugir se quisesse, mudar mais para o centro da cidade como todos os vizinhos haviam feito, mas ela simplesmente gritou com ele, que não tocou mais no assunto.

Depois havia a questão dos *daeshis* no zoológico. Eles poderiam, a qualquer momento, requisitar a casa de Abu Laith como base, ou a sua laje como plataforma para um atirador. Se assim fosse, eles seriam um alvo fácil para as aeronaves norte-americanas, capaz – como eles tinham ouvido dizer – de matar uma única pessoa na rua ou de destruir um bloco de apartamentos inteiro, bastando que um homem apertasse um botão a quilômetros de distância.

A comida era o maior problema. Abu Laith e Lumia haviam estocado arroz na cozinha, além de feijão e massa de tomate. Mas não tiveram tempo nem dinheiro suficientes para comprar comida enlatada, ou cebolas, ou qualquer coisa que pudesse fazer mais do que apenas permitir a sobrevivência. Por enquanto, Lumia ainda tinha que ir à cozinha todo dia e preparar comida. Ficava na parte da frente da casa, virada para o jardim e a rua. Toda vez que entrava ali, reservava um momento de introspecção no intuito de se preparar para a morte.

Alguns dias antes, Abdulrahman viera lhe contar que a janela do quarto onde ela e Abu Laith dormiam estava quebrada. Ela entrou ali, mas não parecia haver nada de errado, até que achou uma lasca recente na madeira do estrado da cama – bem onde a cabeça de Abu Laith costumava descansar –, indicando onde a bala havia acertado. O projétil perfurara ambos os travesseiros em sua trajetória pelo quarto.

A questão é que não havia outras opções a não ser seguir em frente, então ela trancava as crianças chorosas no quarto e esgueirava-se pela cozinha toda manhã, indo meio abaixada de um balcão a outro, enchendo uma panela de metal e levando-a ao forno. Ainda tinha um fogareiro a gás. Ela o acendia e o escondia atrás de um dos balcões até ouvir o borbulhar da água fervendo.

Mas isso não era suficiente.

– Precisamos de pão – ela disse a Abu Laith alguns dias depois que a guerra propriamente dita havia começado. – Não dá para sobreviver sem pão.

Lumia geralmente comprava pão pita – sem o qual nenhuma refeição iraquiana é completa, assim como ocorre com a baguete na França – numa padaria a poucas quadras dali. Mas agora, uma caminhada pelo bairro era como uma sentença de morte, e de qualquer modo a padaria certamente estaria fechada. Vinha a calhar o fato de Lumia ter passado alguns períodos de necessidade antes de se casar com Abu Laith, um homem relativamente rico, e por isso sabia como fazer pão no forno.

– Pode vir – Abu Laith disse a Lumia, que espiava a laje com a cabeça para fora da porta. – Tudo em ordem. Pode vir.

Com um suspiro profundo, Lumia fez uma das coisas mais corajosas que já havia feito na vida e pôs o pé na laje, agachada, a fim de não ser vista do zoológico. Ainda havia *daeshis* ali, disparando morteiros em soldados que deviam estar em algum lugar bem atrás da casa deles.

Lumia pôs a tábua com a massa no chão, à frente dela. Começou a amassá-la mecanicamente, separando pedaços do tamanho do punho de uma criança e moldando-os no formato aproximado de pão pita, fazendo-os rodar entre as mãos para deixar a massa fina e leve.

Abu Laith estava curvado sobre o forno que haviam improvisado no telhado. Riscou um fósforo, soprou a chama para avivá-la e então colocou os pequenos tocos de lenha que haviam trazido. Conforme as chamas começaram a ganhar intensidade, pegou um pedaço de papelão e abanou o fogo com muita energia. Não podiam se dar ao luxo de fazer fumaça – seria um alerta para os *daeshis* no zoológico e para as aeronaves acima deles. Se os *daeshis* descobrissem que havia alguém na laje, poderiam vir atrás deles; para saquear e prender suspeitos de espionagem.

– Vamos lá! – disse Abu Laith, num tom de voz que tinha a clara intenção de incentivar. – Já está quente. Vai dar tudo certo.

Lumia foi agachada até onde estava Abu Laith. Com os dedos enfarinhados, pegou um dos finos círculos de massa e espalhou-o sobre a chapa de metal quente. Abu Laith ainda abanava o fogo, meio curvado sobre ela. Ela começou a aplanar outro novo disco de massa, e Abu Laith virou o pão da chapa. Um momento depois, tirou-o e colocou o disco seguinte.

Então o ar acima de suas cabeças começou a zunir e estalar.

– Abaixe-se! – Abu Laith empurrou Lumia para deitá-la no chão. – Estão atirando.

Lumia queimou os dedos no forno. Abu Laith ficou meio agachado no chão, espreitando pelo parapeito.

– Tudo certo – ele disse. – Está passando bem acima das nossas cabeças. Não sei no que estão atirando.

– Tudo certo, nada – disse Lumia. – Estão atirando em nós.

– Não estão, não – disse Abu Laith, com razão. – Se não já estaríamos mortos.

Ouviu-se um matraquear vindo do zoológico, e outra terrível rajada de balas, desta vez disparada mais para o lado.

– Temos que descer – disse Lumia.

Abu Laith olhou para ela.

– Vamos lá! – ele disse. – Termine o pão. Precisamos comer.

Lumia, juntando o que lhe restava de coragem, aplanou outro disco de massa enquanto as balas ricocheteavam acima de sua cabeça.

Naquela noite as crianças ficaram tranquilas – deitadas em grupos pelos colchões, brincando com o que restara de seus brinquedos. O gerador havia sido desligado, e estavam todos no escuro. Quando Luay se queixou disso, Abu Laith gritou que se ele quisesse arriscar a vida e ir pegar mais combustível para ligar o gerador e poder assistir à TV, podia ficar à vontade. Luay desistiu, e deitou emburrado num colchão próximo à saída do quarto principal, onde o resto da família dormia.

Enquanto aguardavam a chegada do exército, Abu Laith entrava e saía do quarto dos fundos, subia e descia a escada, vigiando o zoológico do alto da laje.

Naquela noite, foi acomodar-se no sofá da sala de estar dos fundos quando ouviu o estalo inconfundível de uma bala. A parede atrás dele bateu na sua cabeça quando ele se projetou para trás por puro reflexo – algo que aprendera naqueles inúteis meses no meio da lama junto à fronteira iraniana. Atrás dele, Lumia gritou.

– Você foi ferido?

Abu Laith sentou-se, com um sorriso amarelo. No lugar não muito longe de onde sua cabeça estivera apenas um momento antes, do lado esquerdo do batente da porta da sala de estar, um buraco do tamanho de um dedo mostrava o caminho da bala.

Abu Laith apontou para o buraco na parede do corredor. – Deve ter ricocheteado pela sala e depois pela porta até chegar a essa parede. Que raio de alvo era esse em que estavam atirando? O exército está a quilômetros daqui!

– Cale a boca e abaixe-se! – gritou Lumia, que não ligava para nada disso e só queria que o marido não fosse morto.

Ainda maravilhado com a tenacidade da bala, Abu Laith voltou para o quarto, onde todos estavam encolhidos. A impressão era que o assalto ao Daesh havia sido retomado.

– A artilharia do exército está atacando agora – disse Abu Laith. – Logo estarão por aqui.

Lumia, que não entendia como todos conseguiam manter a calma, começou a chorar de novo, e, de vez em quando, limpava o nariz das crianças pequenas, que também choravam.

Abdulrahman, de 9 anos de idade, estava sentado, quieto. Os combates o haviam deixado assustado no início, mas agora já se habituara. Como todas as crianças, não levava muito a sério a ideia de que poderia morrer. Não gostava do zunido dos aviões passando por cima da sua cabeça, mas os morteiros haviam se tornado uma coisa mais ou menos normal nos últimos dias. Estava entediado.

– Que tal a gente ir dar uma olhada? – ele perguntou a Abu Laith, baixinho, de modo que Lumia não ouvisse. Os dois, às vezes, iam espiar pela janela do primeiro andar, para ver o que acontecia lá pelo zoológico. Da última vez, haviam descido correndo. A área perto da jaula dos leões estava cheia de *daeshis*. Se os vissem na janela, era bem provável que disparassem na casa. Mas, se tivessem cuidado, poderiam olhar sem ser vistos.

Abu Laith concordou. Juntos, saíram engatinhando do quarto e subiram os degraus da escada empoeirada, cobertos pelos restos de reboco e cimento que haviam se desprendido com o impacto das explosões que ocorriam por perto. O corredor do primeiro andar estava vazio, a não ser por alguns tapetes, e o ar estava denso de poeira.

Cruzaram o quarto de joelhos, para não serem vistos pela janela. Enquanto engatinhava, Abdulrahman sentiu a coragem indo embora.

– Olhe lá – cochichou seu padrasto, apontando à esquerda da janela.

Abdulrahman girou a cabeça para observar o lado mais próximo do zoológico. Logo depois do muro, junto à mesquita, havia uma movimentação de homens de verde-escuro. Ele ficou muito assustado, relembrou mais tarde.

– Vamos sair daqui – disse Abu Laith. Devagar, engatinharam de volta pelo piso.

Abu Laith ficou eufórico ao constatar que o zoológico não havia sido bombardeado. Sentado feliz no quarto, não parava de contar a quem quisesse ouvir que aquilo era sinal de que os animais ainda estavam vivos. Como a porta para o jardim frontal ainda estava fechada, os disparos eram um pouco menos audíveis. Mas ainda sacudiam a casa em seus alicerces quando caíam muito perto.

Abdulrahman tentou dormir, mas toda vez que fechava os olhos, o som de mísseis e morteiros recomeçava dentro de sua cabeça, misturando-se aos sons reais do lado de fora. Ouviu então a voz do pai, que contava a Geggo por que os pássaros conseguiam voar.

– Os ossos deles são ocos – ele falava bem alto, sem se incomodar com os impactos dos projéteis ao redor deles. – E suas penas são distribuídas com tamanha perfeição que eles conseguem deslizar pelo ar.

Com bombas de verdade e imaginárias pipocando na cabeça, Abdulrahman deslizou para o sono.

O exército ainda estava distante.

# 31

# HAKAM

O BANHEIRO JUNTO AO HALL de entrada nunca havia sido uma parte importante na casa dos Zarari. Era branco, com revestimento simples, uma privada num canto, uma pia na parede e uma máquina de lavar com um boiler no alto. Os outros banheiros eram bem mais agradáveis.

Agora, porém, era o principal ambiente da família. Cobrindo o chão com plástico e depois com os colchões para reduzir o frio e a umidade, a família se mudou para o banheiro. Nas duas últimas semanas, tinham passado a viver ali, para se protegerem dos ataques aéreos e dos morteiros lançados no bairro durante todo o início de dezembro de 2016. A casa tremia com o bombardeio incessante. Aviões passavam com estardalhaço. Uma noite, Hakam estava assistindo a um filme no notebook – com fone de ouvido –, quando uma grande explosão fez a casa tremer. Por dois segundos, ele achou que haviam sido atingidos, e ficou ali com a absoluta certeza de que não havia nada que pudesse fazer para impedir sua morte.

Mas o projétil havia atingido o "ponto de mídia" do Daesh na rua de trás, e, apesar de todo mundo ter gritado e se agarrado, e Hakam ter fechado com violência a tampa do seu notebook, sabiam que haviam tido sorte.

Passaram o resto da noite acordados, deitados em seus colchões no chão do banheiro. Hakam trouxe um transformador de eletricidade, que ele alimentava com seu pequeno gerador, e podiam assistir a filmes e ouvir música, desde que o bombardeio não fosse muito intenso. Said escolhera o banheiro porque o cômodo tinha apenas uma pequena janela, voltada para os fundos da casa, e paredes sólidas, capazes de resistir ao impacto de um morteiro nos andares de cima. O local ofereceria proteção caso a residência vizinha fosse bombardeada, mas, se um ataque aéreo ocorresse muito perto, seriam mortos, pois as paredes revestidas de cerâmica desabariam em cima deles.

À noite, a família formava um mosaico no espaço reduzido, onde mal cabiam os quatro. Hasna e Said dormiam no canto mais afastado, junto à parede da pia. Hakam e Arwa se deitavam perpendiculares a eles, com a cabeça junto a seus pés.

Sabiam que essa situação acabaria se estabelecendo. Assim que souberam que o avanço iraquiano havia sido iniciado, Hakam e Said foram direto ao mercado, de carro. Já estava cheio de homens com expressão estressada, enviados ali para garantir que as famílias não passassem fome.

Nas lojas, ninguém falava com ninguém. Não havia discussão, mesmo com as prateleiras quase vazias, e os preços alcançando níveis absurdos. A última coisa que alguém queria era se destacar ou provocar alguma briga.

O carro até arriou com o peso da comida: latas de atum e tomate, sacos de arroz e feijão, óleo e farinha. E água – vários galões –, caso alguma coisa acontecesse com o poço deles.

Não havia quase ninguém nas ruas, e muitos dos *daeshis* pareciam adolescentes.

– Leve tudo para a cozinha – Said instruiu ao chegarem em casa. – Em breve, vai ser perigoso demais ir a qualquer lugar.

Encheram um carro de suprimentos – alimentos em conserva, tâmaras, água, pão seco – e foram até a casa da avó de Hakam, na periferia distante da cidade. A família estendida se reuniria ali, caso fossem obrigados a sair de suas casas.

Dias mais tarde, o primeiro ataque aéreo atingiu o bairro. Não foi muito próximo, mas, a partir de então, todas as noites eram preenchidas pelos estrondos e impactos das explosões.

No início, Hasna e Hakam ficavam o tempo todo assustados. Mas depois de alguns dias, o tédio se instalou, e passaram a implicar um com outro o tempo todo, nas poucas horas em que estavam acordados. A maior parte do tempo, permaneciam deitados nos colchões, meio dormindo, com um calor insuportável, enquanto os passarinhos cantavam em suas gaiolas junto à pia. Quando as baterias de seus celulares ainda tinham carga, jogavam *games* ou assistiam a filmes – bem baixinho – nos seus notebooks. Todos pararam de ler.

Na hora das refeições, quando o bombardeio não era muito intenso, corriam até a cozinha e pegavam o quanto possível de comida – geralmente, pão velho, que eles amaciavam com água. Quando estava mais calmo, conseguiam cozinhar, e, às vezes, até lavar os pratos. Outras noites, porém, o bombardeio era tão intenso que não dava para sair do banheiro, e então ficavam simplesmente ali deitados, esperando.

Hassan, em seu alojamento na Universidade da Pensilvânia, sofria com eles. Em certas ocasiões, quando não havia bombardeio, Hakam e Hasna davam uma escapada até o terraço da casa e enviavam-lhe alguma mensagem de texto.

– Enterramos o ouro no jardim – escreveram uma noite, agachados no escuro. – Se morrermos, é só procurar lá.

Algumas vezes, a família acordava com gritos de vizinhos sendo expulsos de suas casas pelos *daeshis*, que requisitavam as propriedades para usar como plataformas para disparo de morteiros, ou como locais para abrigar células dormentes de milicianos.

Até então, os Zarari haviam sido poupados. Mas um dia, perto da hora do almoço, ouviram batidas fortes no portão e o som de um motor potente girando em ponto morto. Hakam acabara de tirar a roupa para entrar no banho, mas correu até o térreo, onde o pai já se encaminhava para o pátio.

Quando chegaram lá, Said empurrou Hakam de volta para dentro de casa.

– Esconda tudo – disse baixinho. – Vou lá ver o que eles querem.

Hakam obedeceu, e Said foi até o portão.

– *Assalamu aleikum* – ele saudou, com seu melhor tom de sala de tribunal.

– *Wa aleikum assalam* – disse uma voz tosca, em iraquiano. – Somos da *dawla*. Abra a porta!

– Um segundo – disse Said. – Está trancada. Vou lá pegar as chaves.

Ele correu para dentro de casa e contou a Hakam o diálogo. Foram os dois até a cozinha, onde Arwa preparava seu famoso *orouq*, carne moída bem fina, com delicado tempero, envolta numa camada crocante de triguilho.

– É o Daesh – Said comunicou-lhe. – Precisamos ir embora. Temos que sair rápido.

Os olhos de Arwa ainda estavam fixos no fogão.

— Espere só um pouco – ela disse, tensa. – Preciso levar isso comigo. Está quase pronto. – Ela começou a enfiar cebolas dentro de uma sacola.

— Mãe! – Hakam gritou, quase pulando em cima dela. – Os *daeshis* estão aí fora, e vão entrar em casa. Você precisa arrumar suas coisas. Temos que sair agora mesmo.

Arwa pareceu se dar conta de que era necessário agir.

— Pegue suas coisas também – ela disse. – Vou dizer a Hassan que estamos indo embora.

Enquanto a mãe corria para pegar seu celular do esconderijo, Hakam subiu rápido ao andar de cima. Precisava pegar alguma roupa, ele imaginava, e o seu celular. Subindo os degraus de três em três, entrou correndo no quarto. Seu violão estava encostado num canto. Não havia tempo para escondê-lo no vão do teto. Jogou sua esteira de orações em cima dele e torceu para que não fizessem uma busca muito minuciosa. Pegou o notebook, trancou o quarto e correu em direção ao térreo para esconder o computador debaixo dos colchões do banheiro, junto com seus cigarros.

Hasna passou apressada por ele, carregando uma pequena mochila e já meio vestida com suas roupas pretas.

— Precisamos ir embora – ela disse. – E é já.

Hakam ainda tinha uma coisa vital a fazer. Subiu de novo as escadas e foi até a laje, bem agachado para não ser visto pelos *daeshis*. A antena parabólica da conexão por satélite estava escondida atrás de uma velha caixa d'água. Usavam a conexão para assistir ao noticiário, à medida que a libertação se aproximava. Mas, se os *daeshis* a encontrassem, certamente seriam executados. Hakam pegou a antena e desceu a escada, enfiando-a num guarda-louça e cobrindo-a com sacos de farinha e trigo.

Apesar de todas as providências, a família mal conseguira se vestir quando os *daeshis* bateram na porta de novo.

Said atravessou o pátio e abriu o portão.

Lá fora havia quatro homens, todos carregando Kalashnikovs e trajando roupas empoeiradas, preto e bege. Havia combatentes jovens, de pele escura, com cabelo comprido e barbicha rala. Um deles era bem mais velho: sua longa barba branca chegava até o peito. Era o que falava em nome de todos eles.

Os quatro ficaram postados junto à porta do pátio. Na entrada de carros, junto à garagem, havia um veículo suicida revestido por uma blindagem caseira.

– Bem-vindos – disse Said, em tom afável. – Como posso ajudá-los?

– Grato – disse o mais velho. – Por favor, aqui está muito perigoso. Para a sua segurança e a de sua família, precisamos que vocês saiam. A *dawla* precisa ocupar esta casa.

Said tentou demovê-los.

– Está escrito nos textos sagrados que os muçulmanos não devem ser despejados de suas casas – disse ele. – Como diz o Profeta, e que a paz esteja com ele...

– Não estamos despejando vocês de sua casa – interrompeu o homem mais velho. – É para a sua própria segurança. O exército está chegando, e eles irão matá-los. Vocês podem continuar na casa se quiserem, mas é melhor que saiam.

Dois dos homens mais jovens seguravam peças de metralhadora. Said abandonou sua atitude sorridente, professoral.

– Ótimo – ele disparou. – Podemos levar nosso carro?

O homem avaliou-o por um momento.

– Certo – ele disse. – Agora abra a porta e deixe-nos entrar.

Um instante depois, a família cruzou meio atabalhoada a porta do pátio até a rua, as mulheres todas de preto. Quando estavam entrando no carro, Hakam notou que havia se esquecido de pegar suas roupas. A cozinha ainda estava cheia dos suprimentos que haviam comprado, o *orouq* ainda no forno. Tudo o que tinham com eles era um aquecedor, algumas roupas e um pouco de gasolina. Os *daeshis* já estavam estacionando seu veículo suicida blindado na garagem, onde ficaria oculto dos drones norte-americanos.

Hakam abriu a porta do carro para Hasna, e entrou depois dela. Arwa e Said foram na frente. Enquanto dirigiam pelas ruas abandonadas rumo à casa da avó de Hakam – evitando rodar pelas vias principais, onde se concentravam os ataques aéreos – foram observando as redondezas, onde todo pedestre era um suspeito.

– Não havia outro jeito, a não ser ir embora – Hakam disse. – Era a única coisa a fazer. Logo vamos poder voltar.

Ele esperava que isso fosse verdade.

## 32
## ABU LAITH

DUAS SEMANAS É UM TEMPO LONGO para uma pessoa ficar presa numa sala pequena, sob pesado bombardeio, junto com todos os membros da sua família. Mas, para os filhos de Abu Laith e Lumia, era uma tortura. Privados de seus passatempos usuais, quando corriam à vontade pela vizinhança, eles fervilhavam todos numa onda de energia contínua e insana. A sala nos fundos da casa era uma confusão de braços e pernas morenos, brigando, empurrando, alongando-se e disputando queda de braço. Lumia já não rezava mais para que sua família fosse salva, achava uma causa perdida; em vez disso, passou a gritar o tempo inteiro para que as crianças ficassem quietas.

O bebê Shuja já provava ser um verdadeiro membro do clã, gritando sem parar a plenos pulmões dentro do berço.

Superpondo-se à balbúrdia, a voz de Abu Laith ressoava o tempo inteiro, dando conselhos e emitindo opiniões sem ser solicitado, a respeito das condições dos animais no zoológico.

— Zombie está vivo — dizia com frequência. — Sei que está.

Dizia isso simplesmente por desejar que fosse verdade. Nenhum dos animais era alimentado ou recebia água havia mais de dois meses. O ensurdecedor fogo de morteiros continuava sendo disparado do zoológico, e a artilharia invasora produzia um volume de ruído tão alto quanto. Vendo um documentário do canal da *National Geographic*,

Abu Laith aprendera que animais do deserto podem viver muito tempo sem água, o que lhe dava alguma esperança.

– Dois meses para os camelos – ele disse a Abdulrahman, que andava muito preocupado com os leões. – E Zombie também deve resistir bastante tempo.

Lumia ficava calculando, sem muitas ilusões, quanto tempo os humanos seriam capazes de durar. A água do poço da mesquita se esgotara, e não podiam correr o risco de encher a caixa de novo. Por duas semanas, fizeram um racionamento rigoroso e comeram pouco mais do que feijão e arroz, de uns sacos empilhados no canto da sala. Sem água, tampouco teriam como cozinhar.

Sua TV, escondida num guarda-louças na sala, e com o som baixinho como um sussurro, ficava ligada num canal iraquiano de notícias. Estavam longe o suficiente do centro da cidade para poder captar um sinal de satélite, que havia anos era impossível no centro de Mossul. A antena deles ficava escondida no telhado, e nenhum *daeshi* jamais havia subido ali para procurá-la.

Mas parecia que quanto mais assistiam ao noticiário, menos ficavam sabendo. Era sempre o âncora falando enquanto passavam imagens da periferia de Mossul, em ruínas por causa dos combates.

O noticiário dava as mesmas notícias havia semanas. O exército se aproximava de Mossul, tomava a periferia, avançava devagar, mas de modo consistente. Não era isso o que parecia acontecer de onde a família estava em sua prisão virtual, naquele inverno de 2016. Fazia muito tempo que o som da batalha parecia bem perto da parte de trás da casa, e o Daesh ainda continuava combatendo na frente deles, no zoológico. Todo dia ouviam morteiros disparados com aquele zunido característico, e o matraquear do fogo de metralhadora. Abu Laith não conseguia enxergar em quem estavam atirando. O exército ainda parecia muito longe.

Lumia desistira de fazer pão na laje, e transportara seu forno para a casa ao lado, onde assava pão junto com algumas vizinhas. No início dos combates, todas haviam ficado aterrorizadas, mas agora escalavam pelos muros do jardim para fofocar toda vez que as coisas se acalmavam um pouco. Um dia em que Abu Laith desligara o noticiário da TV, ela reuniu seus apetrechos de fazer pão.

– Atenção, todos vocês – disse ela às crianças, num tom que não admitia discordância. – Fiquem todos aqui dentro. Se não... – Olhou em volta procurando Abu Laith, que estava na sala brincando com Geggo. – Cuide das crianças, vou dar um pulo na vizinha – ela disse.

– Certo! – ele gritou. – Só vou precisar atravessar a rua daqui a pouco para limpar os vidros do chão. Acho que as vidraças da mesquita devem ter sido estilhaçadas.

Lumia parou junto à porta.

– E por que você precisa fazer isso? Não faz sentido. Deixe como está! Se você for lá, vai acabar levando um tiro.

Mas Abu Laith não deu ouvidos, e ela não estava disposta a discutir. O marido era dado a atitudes impulsivas, estranhas, mas quase sempre acabava esquecendo e não levava nada adiante.

Na casa ao lado, Lumia acendeu o fogo do forno e iniciou uma conversa com uma das esposas vizinhas. Enquanto aplanavam e viravam o pão, ela ouvia as crianças gritando perto dali, como de costume. De vez em quando, uma bala estalava. Antes, ela tinha um sobressalto a cada som que ouvia, mas agora já estava acostumada, e continuava cozinhando como se não fosse nada. No meio da manhã, quando já havia quase terminado de assar o pão, viu Abu Laith andando furtivamente pela rua em direção ao pátio da mesquita. Geggo ia atrás dele.

– Que diabos ele está fazendo? – disse em voz alta, sem se dirigir a ninguém em particular.

No pátio da casa dela, Nour, a filha mais velha de Lumia com Abu Laith, observava o irmão e o pai atravessando a rua rumo à mesquita. Ela não saía de casa havia muito tempo, e estava muito entediada. Antes da chegada do Estado Islâmico, Nour – agora com 6 anos de idade – vivia de moletom e brincando de amarelinha com as amiguinhas na rua. Mas havia dois anos e meio quase nunca tivera permissão de sair de casa. Quando conseguia sair, precisava vestir a longa túnica e cobrir a cabeça. Tinha que ficar em silêncio, e não podia gesticular com seus braços rechonchudos, nem gritar do jeito que costumava fazer ao se comunicar com quase todas as pessoas. Assim, quando o pai e o irmão – que era mais novo que ela e tinha o cabelo comprido – saíram pelo pátio em direção à mesquita, ela quis se juntar aos dois.

— Tudo bem — Abu Laith disse, quando ela lhe perguntou, já com o pai saindo pelo portão. — Traga uma vassoura. Vamos varrer os vidros quebrados.

Tomada de excitação, Nour pegou a vassoura e correu para a grande porta de metal da entrada. Empurrou para abri-la. Mas nessa hora ouviu-se um zumbido estranho, muito forte, e então algo atingiu sua perna. Ela olhou para baixo e soltou um grito.

Lá na vizinha, Lumia ergueu, na mesma hora, a cabeça do forno.

— Nour foi ferida! — alguém gritou, ela não soube quem. — Nour foi ferida!

Lumia moveu-se com uma rapidez inédita, cruzou a sala e foi para a rua sem atentar-se para a própria segurança. Viu sangue no chão junto ao portão e continuou correndo pelo pátio. As crianças estavam amontoadas na cozinha, e ela abriu caminho, empurrando-as. Todos gritavam, principalmente Nour, deitada na mesa com as calças abaixadas. Uma das pernas estava totalmente vermelha, com sangue escorrendo entre os dedos da mão dela, que apertava o ferimento.

— Nour! — Lumia gritou, levantando-a nos braços. — O que foi que eles fizeram?

Nour engasgava com as próprias lágrimas, e continuava apertando a coxa com as mãos. Havia muito sangue, e Lumia sabia que precisava estancá-lo, mas não conseguia pensar direito.

— O que aconteceu? — gritou Abu Laith, entrando nessa hora. Tirou as crianças do caminho e segurou a perna de Nour com as duas mãos. Ele suspirou e amarrou um pedaço de pano sobre o ferimento. — Só pegou a perna de raspão — ele disse, num tom de supremo alívio. — Deus seja louvado. Ela está bem.

Se Lumia tivesse uma arma naquele momento, muito provavelmente a teria usado.

— Ela está bem?! — gritou para Abu Laith, que ainda segurava o pano bem apertado contra a perna de Nour. — Ela está bem?! Ela levou um tiro porque você não se deu ao trabalho de cuidar dela.

Abu Laith, que não via a situação dessa forma, olhou constrangido e com raiva.

— Você não pode dizer que... — começou a argumentar.

— Sim, eu posso! — gritou Lumia. — Ela quase foi morta, e foi por culpa sua! Ela estava saindo para ajudá-lo, quando você deveria ter ficado dentro de casa tomando conta deles!

Abu Laith olhou perplexo para ela.

— Se não fosse por todas essas crianças, eu me divorciaria de você agora — disse ela, e estava sendo sincera.

Do lado de fora, os disparos de fogo corriam soltos, e as crianças foram às pressas para o quarto dos fundos. Então houve um impacto, bem forte, perto deles, e a cozinha se encheu de poeira. Quase sufocando, Abu Laith ergueu Nour nos braços, e a família toda correu para o quarto dos fundos.

Quando conseguiram entrar no quarto e fechar a porta, a poeira já tinha entrado na casa, e o ar estava denso e amarelo sob as luzes das lâmpadas fluorescentes de tubo. Nour ainda gritava, e Abu Laith colocou-a sobre a cama.

— Foi só estilhaço de morteiro — disse ele com calma, desenrolando o pano e limpando o local. Voltou a aplicar o torniquete em volta do ferimento, bem apertado para que estancasse o sangramento.

— Não machucou muito você. Caiu bem longe.

Atrás dele, Lumia tentava fazer as crianças se abaixarem. Depois que a perna de Nour ficou bem amarrada, Abu Laith saiu pelo corredor. A rua lá fora havia sido atingida, ele tinha certeza. Naquela mesma manhã, outro morteiro havia caído a uns cem metros dali. Não havia sido um bom prenúncio. Os atiradores do exército provavelmente estavam tentando acertar os *daeshis* do zoológico. Chegavam cada vez mais perto. Talvez o próximo morteiro acertasse o alvo. Abu Laith apurou o ouvido, mas não conseguia ouvir o rugido dos leões em meio à barulheira. As crianças e Lumia ainda gritavam. Com os olhos piscando no meio da poeira, andou até a porta da frente da casa, que dava para o pátio.

Naquela hora, tudo era poeira e luz, lama e areia salpicando seu rosto. Ele tropeçou e ouviu o som, o estrondo repentino de uma explosão cuja pressão provocou dor nos seus ouvidos e um aguilhão nos olhos. Olhou para baixo e viu que seu corpo ainda estava inteiro ali. Apertando os olhos, conseguiu enxergar o muro do jardim, intacto. Alguém gritava atrás dele. Nenhum rugido de leões.

– Acertaram o zoológico! – gritou ele, correndo para o pátio. – É um ataque aéreo.

Sem saber direito como, Abu Laith, de repente, estava na rua, deixando atrás dele o portão aberto, e os disparos haviam cessado. Corria a toda velocidade para o portão do zoológico, e sentia poeira seca e quente entrando nos pulmões. Não pensava nos riscos, no ataque aéreo, nem nos morteiros ou nos *daeshis*, que sabia estarem naquele zoológico. Mas alguém havia matado seu leão, e ele queria estar perto de Zombie no momento final.

Atrás dele, perto das casas da rua, ouviu seu vizinho, Abu Issa, um homem muito sério.

– Pare, Abu Laith! – gritava o homem. – Não entre lá! Pare! Eles vão matá-lo! Os aviões vão voltar a atacar!

Abu Laith reduziu a marcha, mas não parou. Passou rápido pela lateral da mesquita junto aos portões principais e atravessou-os correndo, andando meio agachado. A poeira ainda estava densa, e era difícil enxergar além de meio metro à frente. Por todo o chão, havia crateras profundas, da altura de um homem. A grama aparecia em tufos sobre montes de terra, espalhados aleatoriamente pelo chão. Mais à frente, junto ao parque de diversões, ele pôde ver a beirada de uma imensa cratera onde a bomba devia ter caído.

Algumas formas se moviam na poeira à esquerda dele, na direção das jaulas dos animais. Achou que estivessem vindo na direção dele, ouviu os pés batendo forte no chão, e supôs que fossem *daeshis*. Ao se afastar rapidamente para o lado, viu que eram três pavões fugindo, desesperados. Tossindo, correu até perto do recinto dos animais. Não dava para enxergar nada no meio da poeira e das árvores caídas. Chegou ao galinheiro, bem próximo ao limite das jaulas, e sentiu o estômago revirar. As galinhas estavam todas mortas ou agonizando, dando os últimos cacarejos no fundo da gaiola, com todo o chão manchado de sangue. O riachinho junto ao lago dos pelicanos estava cheio de sangue também.

Só viu o primeiro *daeshi* quando quase tropeçou no corpo dele, estendido no chão, no meio do caminho entre as árvores. Seu cabelo preto comprido e empoeirado estava grudado no chão com o próprio sangue. Morto. Ao lado, Abu Laith pôde ver outro corpo, dobrado, formando um monte. Mais adiante, forçando a vista, conseguiu apenas vislumbrar a forma de um terceiro, de camisão comprido *kandahari* e calça, pregado no meio de um tronco de árvore, com um objeto comprido e pontiagudo projetando-se do seu peito.

Por um momento, Abu Laith parou quieto, olhando fixo para aquele homem morto, dependurado de uma árvore. Precisava chegar até onde Zombie estava. Mas, aos poucos, seu velho cérebro de soldado interveio. Três daeshis estavam mortos. Mas sempre havia pelo menos quatro deles no zoológico. Se um deles ainda estivesse vivo por ali e o visse, seria morto na mesma hora. Se outros *daeshis* viessem checar o lugar, também estaria perdido. Erguia-se do zoológico uma imensa nuvem preta e amarela de poeira e fumaça. Devia ser visível a quilômetros de distância.

O sangue foi recuando de seus ouvidos, e ele conseguiu ouvir vozes atrás dele.

– Abu Laith! – seu vizinho gritava. – Abu Laith, volte aqui!

Alguma coisa se encaixou novamente no lugar na mente de Abu Laith. Ele girou o corpo e disparou de volta para sua rua, cruzando os portões, desviando para a esquerda ao passar por Abu Issa, que ainda estava em pé no seu jardim gritando, até atravessar o portão da própria casa. Ignorando as perguntas de Lumia, galgou os degraus da escada e foi até a laje.

O ar ainda estava denso de poeira, e por toda a laje havia grandes nacos de lama destroçados. Vidro e metal transformados em estilhaços mortais pela explosão espalhavam-se por todo o chão. Ofegante como um búfalo, Abu Laith agachou-se e engatinhou pela beirada do parapeito. Dali, talvez pudesse ver os animais. Com o ouvido atento ao eventual som de um leão rugindo, ergueu a cabeça acima da mureta. A impressão era de que o ataque aéreo atingira a área perto do carrossel.

Um buraco lamacento estendia-se pelo gramado onde antes ficava a bateria de morteiros. Não restara nada dela, exceto algumas estacas pretas fincadas aqui e ali. Abu Laith pôde ver os corpos dos três jihadistas – dois no chão, o outro pregado à árvore. O parque todo estava coberto de poeira, com aspecto amarelado. Não dava para ver muita coisa do espaço dos animais, meio ocultado pelas árvores, mas, com uma intensa sensação de alívio, ele viu que as jaulas pelo menos ainda estavam de pé. O ataque aéreo havia caído a uns quinze metros delas. O ar devia ter ficado cheio de estilhaços, que, com certeza, era o que matara os *daeshis*. Mas talvez alguns animais tivessem sobrevivido.

No meio da névoa, ouviu um ronco de motor, e viu uma pequena nuvem de poeira correr pela rua em direção ao zoológico. Abu Laith ficou abaixado atrás do parapeito espiando pelas frestas do muro. Uma picape chegou driblando o entulho disperso pela rua, e ele viu o veículo estacionar junto à entrada do zoológico. Dois *daeshis* saltaram, armas em punho, e entraram.

Abu Laith foi tomado por um medo incontrolável de que eles pudessem matar os animais, se já não estivessem mortos. Viu-os correr até os corpos de seus companheiros. Alguns deles se juntaram para carregar o primeiro dos dois até a picape e jogá-lo na caçamba. Os outros foram até a árvore, onde o terceiro homem estava pregado. Soltaram-no dali e o puseram também na caçamba da picape, junto com os outros dois corpos. Ficaram um tempo vasculhando o zoológico – procurando o quarto miliciano, Abu Laith supôs, ainda tenso por medo de o que poderiam fazer com os bichos.

Em cinco minutos, os *daeshis* estavam de volta à picape. Saíram a toda do zoológico e foram embora. Abu Laith examinou a situação. Havia apenas uma coisa a fazer, ele concluiu.

Precisava voltar ao zoológico.

## 33
## ABU LAITH

— ABU LAITH! — berrou Lumia, numa voz penetrante como apito de cachorro, e mais difícil ainda de ignorar. — Abu Laith. O que você está fazendo?

O marido já estava com uma perna em cima do muro do jardim a caminho da casa de Abu Issa, e ficou paralisado no seu ato de fuga.

— Estou indo buscar comida — disse, escolhendo as palavras com muito cuidado. Lumia, esquecida do seu medo de balas perdidas, entrou decidida no jardim.

— Comida para quem? — ela perguntou. — Para nós?

Abu Laith fez uma tentativa de iniciar uma sentença.

— Ou é para os animais? — ela gritou, ganhando ímpeto. — Para os animais do zoológico, que provavelmente estão mortos, quando você deveria providenciar comida para os seus filhos, que estão vivos e passando fome?

As crianças em questão, cujo maior desejo era que os animais sobrevivessem, juntaram-se em torno dela, tagarelando.

— A gente não se importa, mãe — Abdulrahman disse. — Já arrumamos comida para eles antes.

Lumia tentou pô-los para dentro de casa.

— Vocês não deviam estar aqui fora! — repreendeu-os. — Entrem todos.

Abu Laith aproveitou a momentânea confusão para concluir sua fuga pelo muro. Na mão, escondido de Lumia, segurava alguns sacos plásticos, que esperava encher antes do anoitecer. Os pavões em fuga haviam lhe dado alguma esperança. Eram os bichos mais próximos do local em que caíra a bomba. Se haviam sobrevivido, os demais talvez também estivessem vivos. Ele voltaria ao zoológico à noite, e alimentaria os sobreviventes, se possível. Os animais não comiam havia mais de duas semanas. Esperava, com um desespero inútil, que ainda estivessem vivos.

Abu Issa estava no jardim da casa dele, onde poucas horas atrás gritara para que Abu Laith voltasse do zoológico.

— Vou entrar lá de novo — Abu Laith disse, após a troca dos necessários cumprimentos formais. — Você tem alguma comida que eu possa levar pra eles?

Abu Issa avaliou seu vizinho por um momento. Era maluco, mas era um bom homem. Abu Issa entrou em casa e trouxe um saco plástico com um frango cru.

— Boa sorte — ele disse, e seu vizinho sorriu, agradeceu e disparou por cima do muro para a casa seguinte, com uma agilidade impressionante.

No final da tarde, Abu Laith havia juntado um banquete em seu pátio. Trouxe um saco de arroz e feijão de uma das casas, um pouco de carne meio vencida de outra. As pessoas haviam sido generosas. Estavam sem luz elétrica havia quatro dias, e a carne começava a estragar. Ele havia tirado coxas de frango da própria geladeira, agora mais próxima de um guarda-louças de plástico, e quando Lumia reclamou, disse para ela ficar quieta, o que ela não fez.

— Por que você está fazendo isso? — ela perguntou, vendo-o colocar comida dentro de um saco grande de farinha branca, já cheio quase até a metade. — É muito perigoso. Você vai acabar sendo morto.

— Você não acha que a gente devia ter compaixão pelos animais? — Abu Laith disparou.

— Não — disse Lumia. — Não acho. Eles não precisam de compaixão. Nós é que precisamos. Nós, a sua família.

Abu Laith, que não era um homem diplomático, desistiu de responder e deixou-a gritar à vontade, continuando a pôr comida no saco, com as crianças em volta oferecendo ajuda não solicitada.

No fundo, Abu Laith estava com muito medo. O ataque aéreo havia sido muito próximo, e as jaulas de metal podiam ter virado armas e cortado os animais em pedaços como se fossem estilhaços. Com toda a comida que juntara, esperava que estivesse errado e que o leão, criado por ele com uma mamadeira, ainda estivesse vivo.

Ele ficou em pé. O céu escurecia, e dava para ouvir a artilharia do exército em algum lugar distante atrás dele. Adiante, poucas ruas depois do zoológico, ficava o Estado Islâmico. Abu Laith e a família estavam empacados numa zona de conflito entre dois inimigos muito bem armados. Sabia que tinha de ir lá agora. O EI poderia revidar a qualquer momento, ou então o exército podia decidir avançar, e então a rua ficaria intransponível, com fogo de metralhadora e rodadas de morteiros. Por enquanto, ele, a família e os animais estavam no olho do furacão, e a noite seguia estranhamente tranquila. Não continuaria assim.

Abu Laith aguardou pacientemente no quarto dos fundos até a noite chegar, quando o bombardeio intensificou-se. As crianças zanzavam pelo quarto, esquecidas dos pensamentos da missão de Abu Laith, ocupadas com seus brinquedos. Até Lumia deixou de ficar com raiva, e parou do jeito que fazia às vezes, isto é, muito de repente e sem qualquer explicação, como um balão que perde o ar. Abu Laith saiu de mansinho da sala, e pegou seu saco de comida ao sair.

Foi até o pátio. O ar estava escuro, e a frente da casa tranquila. Tentou em vão ouvir o rugido de Zombie, e abriu o portão. A rua parecia ainda mais triste à luz do luar. Cinco dias antes era uma rua empoeirada nas adjacências de um zoológico; agora estava cheia de entulho, com grandes talhos arrancados onde os estilhaços atingiram os muros e o asfalto. A artilharia distante já fazia o ar estrondar, pontuado por rajadas de armas de fogo pequenas. Vinham do outro lado do zoológico. Mas a rua em si estava calma.

Os portões estavam abertos, Abu Laith notou irritado, enquanto seguia com pressa pela rua. Desse jeito, nada evitaria que os animais fugissem, ou impediria alguém de entrar e roubá-los. Aqueles pavões provavelmente valiam centenas de dólares cada um.

Abu Laith atravessou os portões e tropeçou na beirada de uma cratera de bomba. Era como se o zoológico tivesse sido golpeado por um grande murro. Por todo o lugar, havia buracos abertos, alguns deles profundos, outros rasos. Os corpos dos *daeshis* haviam sido levados, e havia árvores derrubadas, troncos de madeira clara despedaçados e escancarados à luz da Lua.

Ouviu uma coisa se mexer nos arbustos e parou. Com uma lufada de medo, repentina e intensa, imaginou que talvez os animais tivessem escapado, ou que haviam sido soltos pelos *daeshis*.

Zombie, sabia disso com uma certeza de tratador do zoológico, nunca iria atacá-lo. Ele o alimentara com leite de búfala numa mamadeira, para deixá-lo forte, e brincara com ele como se fosse um filhotinho. Mas Pai – e especialmente Mãe – eram outro problema. Eram leões famintos, criados em cativeiro, mas, como Abu Laith supunha, provavelmente capazes de caçar. Sabia disso por ter visto leões caçando zebras no canal da *National Geographic* e constatar o quão rápido eram capazes de correr quando havia necessidade.

Decidiu arriscar. A área dos animais estava adiante. Abu Laith entrou pelo portão, em direção às jaulas dos coelhos. As portas das casinhas estavam abertas, e vazias. Fazia mais de duas semanas que ninguém alimentava os animais, e Abu Laith imaginava que teriam morrido caso ninguém os tivesse roubado.

Continuou até a jaula dos avestruzes. Mesmo à distância, era nítido que havia algo de errado. Abu Laith sabia que avestruzes nunca dormem sentados. Dentro da jaula, viu apenas uma massa escura no chão.

Foi invadido por um pesar tão profundo que se sentiu impotente diante daquilo. Era culpa dele. Ele é que havia convocado o exército. Se eles sabiam que havia *daeshis* no zoológico, era por causa dele.

As penas dos avestruzes eram oleosas ao tato. Tanto os adultos quanto os jovens estavam tombados no chão da jaula, os corpos escondidos sob suas plumagens. Fediam. Deviam ter morrido com o som da bomba, pensou ele, de maneira nada científica.

Abu Laith andou até as jaulas de Lula e Zombie. Sabia que estavam mortos. Não haviam comido ou bebido em semanas. Não poderiam ter resistido, ele sabia.

Zombie estava deitado no chão, a cabeça sobre as patas dianteiras, absolutamente imóvel. Abu Laith caiu de joelhos e enfiou o braço pelas barras, as mãos prontas para sentir a frieza da carne morta.

Em vez disso, no entanto, viu o sobe e desce da respiração.

– Zombie! – Abu Laith gritou, a alegria brotando dentro dele como água quente. – Você está vivo!

À sua direita, Lula rugiu, e Abu Laith sentiu que seria capaz de dançar naquele momento. Foi correndo até a jaula dela. Não parecia bem. Com sua pelagem cinza, seca e quebradiça, girava o corpo em pequenos círculos, emitindo bramidos bem fracos. O canto de sua jaula estava cheio de cascalho, que ela empurrava para o lado toda vez que se atirava contra as barras. Warda estava encolhido atrás dela, gemendo. Ao lado, na jaula dos leões, Pai estava deitado quieto no chão, como sempre, mas pelo menos respirava. Mãe estava sentada impassível, observando o visitante humano.

De jaula em jaula, Abu Laith ia murmurando baixinho incentivos aos animais enquanto lançava punhados de comida – frango e carne para os leões, arroz e feijão para todos os demais. Ficou bem agachado diante da jaula de Lula, e enfiou a mão dentro para acariciar seu pelo. Ela sobrevivera à guerra. Fora tirada de seu companheiro, e quase perdera o filho. Ficou imaginando que talvez agora a vida a tivesse destruído de vez.

– Tudo vai se ajeitar – disse a ela, mesmo sem acreditar muito. – Não se preocupe.

Ele agachou e esperou que os ursos se acalmassem. Warda tinha uma atitude muito medrosa, escondendo-se atrás do corpo da mãe quando normalmente teria corrido para cheirar as mãos do tratador do zoológico. Abu Laith aguardou. Os morteiros haviam recomeçado, como ocorria toda noite, e ele podia ouvir os estrondos de ambos os exércitos por perto. Após um momento, Warda veio na direção dele. O filhote de três patas tinha uma ferida profunda de estilhaço no costado, e o sangue pingava no chão.

Abu Laith tentou atrair Lula para o outro lado, mas ela, ainda tensa de medo, puxou o filhote de volta para o peito dela. Abu Laith ficou em pé, sufocado pelas próprias lágrimas. Abriu o saco de arroz e feijão e atirou comida no chão da jaula para os dois. Não havia mais o que fazer.

Ele foi ansioso até a jaula do macaco, querendo ouvir sua tagarelice. Dois deles correram quando ele entrou na jaula, agarrando a tela metálica com suas mãos de dedos finos. Pareciam magros, mas estavam vivos. Algo explodira o canto da jaula, e havia um grande rombo no meio da tela de arame.

– Onde estão seus amigos? – perguntou Abu Laith, educadamente. Nusa, a fêmea mais velha, e seu filho não estavam ali, nem o babuíno, favorito de Marwan e escândalo das mulheres de Mossul. – Onde estão? – Abu Laith perguntou, andando em círculos diante da jaula, os olhos vasculhando o piso. – Será que fugiram?

Havia uma mancha escura no canto da jaula, junto a uma pilha de galhos que servia de espaço de convivência para os macacos. Abu Laith olhou horrorizado. O babuíno, com todos os seus sessenta centímetros, estava estendido imóvel no chão, os braços largados. Evidentemente morto. Ele nunca mais faria suas exibições às mulheres visitantes, nem se balançaria nos galhos, tagarelando com Marwan. Abu Laith, de coração partido, supôs que devia ter sido morto por estilhaços.

O macaco macho mais velho saltou até um galho. No lugar onde deveria estar sua cauda, havia um toco mutilado coberto por uma crosta, que se agitava tristemente. Era uma coisa terrível, pensou Abu Laith, um macaco perder sua cauda. Sabia, por ter assistido no canal da *National Geographic*, o quanto a cauda era importante para eles se equilibrarem ao escalarem as árvores.

– Sinto muito – disse ao macaco, que parecia extremamente perturbado.

Os outros macacos deviam ter escapado pelo buraco na tela, pensou. Erguendo os olhos, com uma onda de alívio, viu Nusa e seu filho sentados no alto da jaula, olhando para ele com vago interesse. De momento, não havia nada que Abu Laith pudesse fazer. As rodadas de morteiros estavam caindo não muito longe do zoológico, e ele sabia que precisava sair dali. Sentindo-se como o pior tipo de traidor, Abu Laith deu uma última olhada na jaula dos macacos. Pôs um pouco de arroz na bandeja de comida deles e encheu seu bebedouro de água com um balde.

Então voltou para casa, os sacos plásticos amassados na mão.

## 34
## ABU LAITH

LUAY PASSARA A MANHÃ inteira sentado no seu colchão na sala, quando ouviu um *bip* apitando. Vinha da rua: alto, insistente e – para o filho de um mecânico – imediatamente identificável como o som de um alerta de ré de algum veículo. Levantou e foi até a porta. Não passava carro por aquela rua desde o ataque aéreo da semana anterior. Os combates haviam amainado um pouco à medida que o Daesh recuava para o centro da cidade de Mossul, mas a rua ainda tinha muito entulho e lama espalhados, e nenhum carro normal seria capaz de transitar por ali. Tudo isso passou num instante pela cabeça do rapaz enquanto olhava do pátio, intrigado com o som do *bip*.

Então ouviu tocar um pouco de música. Não ouvia música em lugares públicos desde a chegada do Estado Islâmico, havia dois anos e meio. Foi apenas por um segundo, e depois sumiu, como se estivesse soado pela janela de um carro passando rápido por uma rua não muito distante.

Agachado, foi em direção ao portão. Destravou-o e empurrou-o – com a suavidade de um suspiro – com a ponta dos dedos. Pela fresta, conseguiu ver apenas a traseira de um grande veículo blindado, que seguia de ré pela rua, afastando-se. Tinha uma torre de metralhadora montada no teto, e via-se um capacete preto – que supostamente estaria na cabeça de um homem – projetando-se no alto. Uma bandeira do Iraque – nas cores verde, preto, vermelho e branco – ondulava na torre. No meio dos *bips*, conseguiu ouvir alguém gritando através de um rádio transmissor. Luay observou o carro sumindo pela rua. Então um sorriso se abriu em seu rosto e sentiu-se transbordando de felicidade.

— O exército está aqui! — gritou, voltando à sala de estar, onde os irmãos estavam sentados, em suas ocupações usuais de importunar, brigar e maquinar.

Abu Laith ficou em pé.

— Onde você viu? — perguntou. — Tem certeza de que são eles?

Conforme o exército se aproximava, começaram a circular boatos pelo bairro dizendo que o Daesh planejava vestir seus membros como soldados para atrair as pessoas que se opunham a eles. Quando os civis fossem às ruas dar boas-vindas ao exército, lançariam ataques suicidas para matá-los.

Não era isso que Luay havia visto, tinha certeza.

— Sério, pai, eram eles! — disse o garoto, quase pulando de excitação. — Estavam descendo a rua num Humvee, e eu ouvi música tocando em outro carro!

Abu Laith ficou radiante.

— Vou até o zoológico — ele disse, e já estava a caminho da porta, quando Lumia o interrompeu.

— Você não vai abandonar a gente! — ela gritou. — Vai ficar em casa até termos certeza de que o exército está aqui, e que os *daeshis* não estão voltando.

Abu Laith primeiro rebelou-se, mas, ao ver Lumia olhando feio para ele, resignou-se.

— Certo — disse. — Mas assim que formos libertados, vou lá ver o zoológico.

— Sim, claro — disse Lumia, que não queria mais se dar ao trabalho de discutir e nem aceitar a realidade de que o Daesh tivesse realmente ido embora, o que parecia simplesmente absurdo. — Precisamos de você para nos proteger.

Enquanto discutiam, Luay já havia saído e ido até o jardim. Sabia que não era nenhum truque. Era real demais — a bandeira, os rádios transmissores, a música. A ideia impossível de que pudessem de fato estar livres, a guerra tivesse terminado e o Daesh tivesse ido embora começou a ganhar forma em sua mente. Sentindo uma coragem incomum, andou até o portão e abriu-o de vez. A rua estava vazia. Pela primeira vez em semanas, pôs o pé para fora de casa. Fechou o portão e foi deslizando junto ao muro em direção à rua principal, meio abaixado e a passo rápido, caso houvesse atiradores por ali. Esses eram riscos que ele não conhecia antes da guerra, e nos quais agora pensava de modo automático, como se tivesse levado isso em conta sempre. Não havia tiros. Estava excitado e aterrorizado, em igual proporção.

No final da rua, onde começava a avenida principal, viu pessoas andando, sem correr. Um rapaz que ele conhecia vagamente da vizinhança veio até ele. Sorria, e Luay, quando viu o que ele trazia na mão, sorriu também.

– Você está brincando comigo, cara! – ele riu para o amigo, que estendia um maço de cigarros bem diante de seus olhos. – Você só pode estar brincando comigo!

– Não estou brincando, não! – o outro riu, brandindo os cigarros. – Até que enfim aconteceu. Esses aqui são meus!

Luay ria junto com ele e com um grupo de homens que havia se reunido em volta dos dois, com maços de cigarros, fustigando os dois com eles. Ele não via cigarros havia mais de um ano, desde que o Daesh acabara com os contrabandistas do mercado negro, decapitando alguns deles no processo.

– Veja só! – o amigo gritou, no meio do tumulto. – Consegui tabaco também para o narguilé. Hoje à noite vamos fumar.

Luay ria como não fazia havia anos, desde que era um adolescente de verdade, e não o homem atemorizado em que o Daesh o transformara. Caminhando pela rua, contemplava tudo ao seu redor como se tivesse acabado de chegar do espaço sideral. Havia soldados estacionados na rua inteira, ouviam-se animadas canções do exército tocando nos rádios das picapes e dos blindados, com bandeiras iraquianas tremulando. Não pareciam ameaçadores, como se afiguravam antes da chegada do Daesh. Riam e acenavam para os pedestres. As pessoas andavam pela rua a caminho da cidade, algumas com malas, outras com carroças. Pareciam cansadas, esgotadas; algumas estavam feridas e eram amparadas pelos parentes, ou carregadas em carrinhos de mão. Só as crianças pareciam felizes, embora ainda fosse possível ouvir por perto os zunidos e estrondos do combate. Luay tentava se recompor e prestar atenção onde punha os pés – para ter certeza de não pisar em nenhuma mina terrestre. O Daesh poderia ter plantado algumas, ele fora informado, para deter o avanço. Era algo que havia sido bastante comentado.

Mas, enquanto andava, olhava também o resto. Havia mulheres pela rua, algumas apenas dando uma volta como ele, outras indo para o centro com as famílias. Uma jovem à frente dele levantou seu *khemmar*, puxando-o para a parte de trás da cabeça. Seu rosto, de pele branca como leite, brilhou ao sol de inverno, os olhos dela fechados, embebendo-se de luz. Luay parou na rua e ficou olhando-a boquiaberto. Havia anos que não via o rosto de uma mulher, a não ser o de suas irmãs e de sua madrasta. Ao redor dele, todas as moças tiravam seus *khemmars*, voltando para o céu sua pele sedenta de sol. Todas pareciam lindas, pensou, enquanto descia a rua, sentindo-se livre de verdade, embora ainda estivessem sendo disparadas armas não muito longe dali.

– Finalmente aconteceu! – gritou Luay meia hora mais tarde, ao atravessar decidido os portões da casa. – Venham, venham ver. – As crianças, com Abu Laith e Lumia atrás delas, todos muito animados, correram para a cozinha, onde Luay colocara uma braçada de sacos plásticos sobre o balcão.

– Verduras e legumes! – gritou Lumia, tirando uma cebola de um dos sacos. – Onde você achou?

– Estamos livres – Luay disse. – A rua está cheia de soldados e de mulheres mostrando o rosto, e todo mundo está fumando de novo. – Ele trazia um pacote de cigarros, abriu um maço e acendeu um. – Vejam! – ele riu, enquanto Lumia soltava uma gargalhada. – Estão vendo bem?

– Me dê um desses! – gritou Abu Laith, que estava saltitando de ansiedade. Pegou um cigarro e fumou-o inteiro em três ou quatro tragadas, com voracidade. – Estou indo para o zoológico – ele disse, e dessa vez ninguém tentou impedi-lo. Não dormia havia várias noites, aguçando os ouvidos para tentar captar o som do rugido de Zombie, mas sem sucesso. Estava em pânico e pronto para o pior. Mas precisava ter certeza.

Zonzo com a dose inabitual de nicotina, partiu como um raio pelo jardim e abriu o portão. Parou de repente.

Havia ali um homem, a menos de um metro de distância, de uniforme preto bem justo e capacete. Carregava uma arma e gritava ordens para um grupo de homens que estava num veículo blindado, com a bandeira iraquiana tremulando no alto. Havia outros dois veículos atrás deste. O soldado teve um sobressalto ao ouvir o portão abrir e virou-se para Abu Laith, que recuou de susto.

– Quem é você? – disparou o soldado. – É membro do Estado Islâmico? Onde estão os combatentes do Daesh?

Abu Laith aprumou-se.

– Não somos do Daesh – disse. – Meu nome é Abu Laith. Sou tratador do zoológico.

Os dois homens se entreolharam por um momento. O soldado tinha um distintivo com a bandeira iraquiana costurado no ombro do uniforme. Seus companheiros desciam em fila do Humvee. Nenhum deles empunhava armas.

– Nunca apoiamos o Daesh – acrescentou Abu Laith, para reforçar. – Minha filha trabalha na inteligência militar em Bagdá. Nós apoiamos o exército iraquiano.

O soldado da frente, o que havia se sobressaltado, pareceu satisfeito com isso.

– Certo – ele disse, com a fala arrastada de Bagdá. – Podemos entrar? Estamos apenas checando todas as casas.

Abu Laith abriu a porta com o coração apertado. Sabia que Lumia levaria um susto ao ver o exército. Já haviam desaparecido suficientes parentes dela nos postos de controle para que temesse o exército iraquiano quase mais do que o Daesh. Os extremistas eram algo bem conhecido. Se ela ficasse quieta e cobrisse o rosto, provavelmente não iriam incomodá-la. Mas o exército, e as milícias que trabalhavam com eles, eram capazes de estuprar, matar ou roubar, caso lhes desse na cabeça.

Enquanto os soldados entravam na casa, Abu Laith foi correndo na frente para avisá-la. – Lumia – cochichou. – O exército está aqui. Ponha as crianças no quarto dos fundos.

Sua esposa pareceu em pânico.

– São do exército ou da Peshmerga? – ela perguntou, enquanto conduzia as crianças.

– Exército – disse Abu Laith, perplexo diante daquela necessidade da esposa de saber se estavam sendo libertados por forças governamentais curdas ou iraquianas. – Mas por que raios isso importa?

Lumia procurava acalmar sua respiração. – Eu tenho um plano – ela disse, agitada. – Se forem Peshmerga, vou dizer que minha avó é curda, mas se forem do exército, vou dizer que sou de Bagdá.

Abu Laith ainda demorou um momento para processar isso antes de cair na risada, enquanto a esposa continuava falando.

– Vou dizer que minha tia se casou com um xiita – prosseguiu ela. – E então não vão nos decapitar, porque vão ver que não somos do Daesh.

– Você é uma peça! – disse Abu Laith, com lágrimas nos olhos de tanto rir. – Eles não vão decapitar nenhum de nós. Calma, vamos lá falar com eles.

Juntos, foram até o pátio, onde os soldados aguardavam. Abu Laith estava a ponto de convidá-los a entrar quando Lumia entrou em ação.

– Sejam bem-vindos! – ela gritou, com uma imitação abominável do sotaque de Bagdá, que devia ter aprendido em algum programa de TV. – Entrem, por favor, sou irmã de vocês.

Os soldados, a maioria gente do sul, de pele escura, entreolharam-se. Abu Laith segurava tanto o riso que achou que ia acabar arrancando o lábio de tanto mordê-lo.

– Vocês são de que lugar de Bagdá? – um deles perguntou. – O que estão fazendo aqui?

Lumia foi pega de surpresa.

– Eu é que pergunto, de que lugar de Bagdá vocês são? – devolveu a pergunta ao soldado, ao mesmo tempo em que se esforçava para suavizar todos os "quês" e "gês" de seu sotaque *moslawi*.

– Al-Adhamiyah – o soldado disse.

– Minha avó mora lá – disse Lumia, que mal tinha ouvido falar daquele lugar. – Que coincidência. Sejam todos bem-vindos.

O comandante, que a princípio pareceu um pouco confuso com tudo aquilo, recompôs-se.

– Por favor, mostrem-me suas identidades – ele disse, enquanto alguns dos seus homens entravam em fila na casa. – Estamos aqui desde a madrugada, mas não queríamos entrar e acordá-los tão cedo.

– É muita gentileza sua – disse Lumia, enquanto Abu Laith ia buscar as identidades. – Mas, por favor, não temos quase nada, não destruam nossa casa. Não somos do Daesh, eu sou de Bagdá.

– Não se preocupe, senhora – disse o comandante, Lumia relembrou mais tarde. – Só precisamos checar se não há armas aqui dentro.

Abu Laith veio com as identidades.

– Oficial – ele disse. – Talvez o senhor encontre alguns equipamentos eletrônicos no último andar, mas não são bombas. É que eu sou mecânico. São apenas ferramentas para consertar automóveis e peças de reposição.

Ao ouvir isso, a expressão de comandante mudou.

– Onde estão? – disse ele, ríspido. – Que tipo de equipamento?

Ouviu-se um barulho forte dentro da casa, e Nour gritando. Lumia correu até a sala de estar, Abu Laith atrás dela. Um dos soldados havia virado o sofá, procurando armas dentro dele. Nour estava sentada no outro sofá, o bebê Shuja enrolado nos braços dela. Os dois choravam.

– O que você está fazendo? – gritou Lumia. – Não temos armas. Não precisa fazer as coisas desse jeito!

O soldado deu um sorriso forçado.

– Tem certeza? – disse ele, e os outros riram.

– Podem procurar à vontade, meus irmãos – disse Abu Laith amigavelmente, e agarrou o braço de Lumia. – Pare com isso! – cochichou no ouvido dela. – Só vai piorar as coisas. Vão achar que você está escondendo algo.

Ela concordou, e Abu Laith percebeu que a mulher estava com muito medo.

– Vou fazer um chá – ela disse, e foi para a cozinha.

Dez minutos depois, a casa já havia sido revistada de maneira bem superficial, e meia dúzia de soldados, um tratador do zoológico e uma falsa cidadã de Bagdá estavam sentados no jardim, tomando chá.

A atmosfera havia ficado bem mais leve depois de Abu Laith pedir emprestado o celular de um dos soldados e ligar para Dalal, que conseguira conter o choro ao descobrir, aliviada, que sua família estava viva, e fizera um pequeno discurso aos soldados sobre a importância de tratar muito bem todas aquelas pessoas.

Lumia estava mais calma, apesar de ainda preocupada, e fazendo questão de aparentar ser uma autêntica bagdali.

– Deus abençoe vocês, Deus os proteja – ela repetia, enquanto servia chá para todos no jardim. Ainda estava em pânico, com receio de que tirassem a casa deles. Eram todo-poderosos e ostentavam armas norte-americanas. Se mandassem a família sair, teriam que obedecer. Ela mantinha as crianças trancadas no quarto dos fundos. Nour e Shuja estavam com eles, e ela torcia para que os homens não se mostrassem desagradáveis.

Abu Laith, que não tinha medo de soldados – ele mesmo havia sido um –, falou-lhes das ameaças de Abu Hareth de sacrificá-lo como se fosse um cordeiro. – Mas ele é um canalha! – gritou, e os soldados caíram na risada. – É um hipócrita, como todos esses mulás.

– Ouça – disse o comandante, assim que as risadas cessaram. – Precisamos da sua ajuda. O que foi que o Daesh deixou no zoológico?

– Havia muita munição ali e uma pilha de morteiros – disse Abu Laith. – Posso mostrar a vocês onde eles guardavam isso.

Lumia não estava tranquila. Ela lembrou a Abu Laith que ainda havia muitos combates em volta do zoológico. O lugar era a linha de frente do exército, e o Daesh iria tentar, com todas as forças, lançar morteiros na cabeça deles, sem se importar com a zona neutra que havia entre ambos.

– Não se preocupe – disse Abu Laith, sentindo-se importante. – O exército precisa de mim.

Com ar decidido, marchou pelo portão de entrada. Os soldados o seguiram até o zoológico.

– Tem certeza de que não há explosivos aqui? – perguntou um dos soldados. Estavam todos andando a boa distância atrás dele, desconfiados, pisando onde ele já havia pisado.

Abu Laith virou-se.

– Acho que eu já saberia se houvesse minas no meu zoológico – ele disse, com certo ar de superioridade, apesar de não saber coisa alguma sobre isso. – Está seguro, não se preocupem.

Ele mostrou aos soldados o lugar onde os morteiros eram guardados e o vão sob o carrossel onde o Estado Islâmico escondia munição. Mas mal conseguia se concentrar na tarefa. O medo em relação à integridade dos animais ficava corroendo-o como um rato. Precisava ver Zombie.

Deixando os soldados para trás, avançou até o recinto dos animais, muito nervoso. Não sabia o que poderia encontrar ali. Já fazia bastante tempo desde que lhes trouxera comida após o ataque aéreo. Não tinha ideia sequer se era fisicamente possível que pudessem sobreviver.

Ao dobrar a esquina, seu coração começou a dar pulos. Zombie estava em pé na sua jaula, olhando direto para ele, abatido, mas vivo. Abu Laith soltou um grito e correu até ele. Na jaula ao lado, Mãe andava em círculos pequenos. Pai dormia, mas respirava, ele conferiu. Na jaula vizinha, Lula estava em pé.

— Zombie! — Abu Laith gritou. Seus olhos brilhavam com lágrimas de alívio. — Você está vivo!

Mas antes que pudesse seguir adiante, algo chamou sua atenção. Lula cavava o chão de um jeito muito estranho. Ele se aproximou e então ficou arrasado. Lula estava cavando um buraco, e perto dela havia uma pilha de algo dessecado, que tempos atrás — Abu Laith soube imediatamente — havia sido um filhote de urso.

— Warda... — ele suspirou. — Lula...

Abu Laith chorou por aquele filhote de urso, de barriga macia e três patas. Lula continuava cavando freneticamente. Não fazia qualquer progresso naquele piso duro, empedrado. Abu Laith compreendeu, na mesma hora, que ela queria esconder os restos do filhote.

Atrás deles, os soldados continuavam percorrendo o zoológico. O comandante foi até Abu Laith, que permanecia parado, olhando para Lula, Zombie, Mãe e Pai.

— Vocês não estão com escassez de comida? — ele perguntou, incrédulo. — Por que não mataram os animais e aproveitaram a carne?

Foi a gota d'água. Meses passando fome, um filhote de urso morto e agora esse insulto. Abu Laith, com lágrimas nos olhos, explodiu num surto de fúria cega.

— Por que a gente não comeu a carne deles? — ele berrou. — Você não come animais que ganharam seu respeito. Todos nós passamos fome para que eles pudessem continuar vivos. É isso o que eu chamo de respeito.

Abu Laith conseguiu acalmar sua fúria e lembrou-se de suas obrigações como anfitrião. Eles provavelmente iriam gostar de ver os leões primeiro, pensou, e levou-os até a jaula deles. Zombie, que urrava, parou quando viu Abu Laith em pé diante da sua jaula. Mas Mãe ainda rugia como um demônio, andando em círculos na jaula e raspando suas garras no piso. Havia enlouquecido, Abu Laith pensou. Pai dormia. Era uma cena um pouco constrangedora na visão de um orgulhoso tratador de zoológico como ele. Os soldados logo seguiram adiante.

– Estes são os macacos – disse Abu Laith, parando diante da jaula deles. Quando olhou melhor, porém, viu que estava vazia, a não ser pelos restos do babuíno no canto. Os macacos sobreviventes haviam fugido. Lágrimas saltaram de novo de seus olhos. O babuíno estava morto, mas ele não iria desistir dos outros. Iria encontrá-los, onde quer que estivessem, e trazê-los de volta para casa.

– Você precisa ter cuidado – disse um dos soldados. – O Daesh deixou algumas células dormentes na cidade. Elas podem atacá-lo se souberem que você se reportou a nós.

– Não tenho medo – Abu Laith lembrou mais tarde de ter dito. – Vou dar uma surra em quem quer que tente trazer o Daesh aqui.

Os soldados, que tinham ouvido a mesma coisa de quase todos os civis que encontraram durante a batalha para retomar a cidade, provavelmente não ficaram muito convencidos. Nenhum civil de Mossul estava livre de suspeitas. Era estranho, alguns deles brincavam, que os locais tivessem suportado viver tanto tempo sob o Estado Islâmico apesar de odiá-los. Mas, para eles, aquele senhor parecia ser um bom sujeito. Em primeiro lugar, não parava de perguntar onde poderia comprar uísque. Depois, sua filha fazia parte da inteligência militar e, segundo ele, era loira e uma mulher incrível.

## 35
## ABU LAITH

O COMITÊ DE EMERGÊNCIA foi reunido às 4 da tarde. Abu Laith estava em pé no pátio, àquela hora salpicado pela luz do sol, diante das crianças e com um brilho louco nos olhos. Todas estavam armadas até os dentes, com pedaços de pau e cascas de frutas, com os quais iriam atrair os macacos, ou fazer com que aqueles fugitivos se movessem do lugar.

– Não interessa o que vocês já ouviram dizer – disse Abu Laith. – Existe apenas um jeito certo de capturar um macaco. – O pátio estava silencioso, todos ouvindo extasiados. – Eles vagam por aí a noite inteira – Abu Laith prosseguiu. – Mas, de manhã, ficam cansados. Então, o que vamos fazer é encontrá-los e aguardar. Quando a manhã chegar, eles não vão conseguir ficar acordados. E será quando partiremos para cima deles, o mais devagar possível, para capturá-los.

A equipe de resgate aprontou-se para a expedição, com muito mais gritaria e empurra-empurra do que o necessário. Geggo, sozinho no meio deles, carregava apenas um saquinho de batatas fritas, que comprara naquela manhã na loja da esquina perto do zoológico, com dinheiro guardado – ou melhor, encontrado pela casa e do qual se apropriara – durante várias semanas. Imaginou que seria uma recompensa atraente para qualquer macaco que encontrassem. Macacos gostavam de batatas fritas até mais do que ele.

Lideradas por Abu Laith, as crianças marcharam porta afora e viraram à direita, seguindo pelas ruas secundárias devastadas do bairro. Conforme caminhavam, as cortinas das casas pelas quais passavam se mexiam. Muitos dos vizinhos, Abu Laith sabia a partir de tristes experiências pessoais, tinham sono muito leve e acordavam com rugidos de leões, cães latindo ou tratadores de zoológico cantando depois de alguns uísques. Não gostavam nada, nada dele.

– Idiotas – ele pensou, cheio de desprezo por aqueles que espiavam atrás das cortinas.

De qualquer modo, torcia para que os macacos não tivessem entrado na casa deles. Provavelmente veriam isso com maus olhos. Quando passou pelo zoológico, ficou atento, como sempre, para ver se localizava alguma jovem sozinha por ali. Prometera a Marwan que tentaria descobrir se Heba, sua noiva, andara procurando por ele – e tentaria passar-lhe a mensagem de que ele não havia desistido dela. Mas era inútil, obviamente. Ele não tinha ideia da aparência da moça, e ela nunca o vira antes. Mesmo assim, ele olhava.

Abdulrahman estava em alerta máximo. Seus olhos vasculhavam minuciosamente cada cerca e arbusto que pudesse ocultar algum macaco.

– Aposto que devem ter ido a algum lugar onde haja comida – ele ponderou, examinando a linha das árvores.

– Ou água – complementou Luay, que carregava uma grande rede.

Em sua busca, as crianças se espalharam pela vizinhança, movendo-se com uma seriedade absoluta. O relógio, elas sabiam, não parava. Macacos não eram capazes de sobreviver muito tempo sem comida.

A ajuda não demorou a chegar na forma de seu vizinho Abu Rama, um mecânico de temperamento fácil, dono de um jardim cheio de laranjeiras, que floresciam com exuberância em invernos como aquele.

– *Assalamu aleikum* – disse Abu Laith alegre, quando o viram andando pela rua na direção deles.

– *Wa aleikum assalam* – disse Abu Rama. – Acho que vocês deveriam vir comigo. Entrei no meu jardim na noite passada, e aqueles macacos estão comendo tudo o que temos ali.

Andaram animados em direção à casa de Abu Rama, com Abdulrahman preparando-se para o encontro.

– Também comeram as tâmaras que havíamos guardado – disse Abu Rama, no meio da conversa. – E também quase todas as laranjas.

Abu Laith não se desculpou.

– Não se preocupe – ele disse. – Vamos resgatá-los logo.

Era absolutamente óbvio em que árvore estavam, pelos restos de uma dúzia de laranjas espalhados pelo chão embaixo dela, espremidas até sobrar só o bagaço. À medida que Abu Laith se aproximava, pôde ver suas longas e robustas caudas entre os galhos.

No alto das árvores, ignorando todos eles, os macacos mastigavam um banquete de proporções romanas. Tinham as mãos cheias de gomos de laranja, e o suco da fruta escorria pela boca. Os três animais estavam sentados com os braços descansando sobre suas barrigas distendidas, agradavelmente cheias. Era evidente que não tinham a menor intenção de ir embora.

Abu Laith foi andando devagar até a árvore, descascando uma banana. Estendendo o braço, chamou o macaco que estava mais próximo dele. Normalmente, ele teria corrido para ver o que Abu Laith tinha na mão. Agora, no entanto, estava saciado e preguiçoso.

Mastigando devagar, o macaco olhou para ele por um segundo e então voltou a descansar na forquilha do seu galho.

Havia sido como imaginara. Abu Laith dirigiu-se ao grupo. Estava escurecendo, e logo mais, ele sabia, os macacos iriam ficar mais cheios de energia do que nunca – perambulando pelas árvores, ligados de frutose. Nunca conseguiriam capturá-los no escuro.

– Vamos ter que esperar até amanhã cedo – ele disse. – Então conseguiremos pegá-los. Pelo menos, já sabemos o que trazer da próxima vez: laranjas e tâmaras. É disso que eles gostam.

Provisoriamente derrotados, viraram as costas e voltaram para casa. Abu Laith era o único entre eles que vibrava de entusiasmo com a tarefa que tinham pela frente. Sabia, pelo que vira na *National Geographic*, que os macacos gostavam de coco ainda mais do que de laranjas, bananas e tâmaras. Aos poucos, um plano começava a tomar forma.

Em casa, Abu Laith começou a trabalhar. Primeiro, foi buscar sua velha caixa de ferramentas. Dentro havia um rolo de corda fina que ele havia usado na sua oficina mecânica. Depois, foi até seu quarto e pegou o perfume de coco de Lumia, uma aquisição cara, antes da chegada do Estado Islâmico.

De volta à sala, começou a espalhar o perfume pela corda, cortando-a em pedaços de tamanho adequado, prontos para serem usados por seus caçadores ajudantes. Então fez laços nas cordas, para que pudessem ser colocadas em volta do peito do macaco e apertadas. Quando terminou, largou as cordas e foi para a cama, satisfeito com sua inventividade.

Na manhã seguinte, Abu Laith levantou e já entrou em ação antes que o sol se abrisse totalmente no céu – empurrando as crianças porta afora, com suas novas cordinhas untadas de perfume. Atrás dele ia Luay, carregando uma rede, e Abdulrahman, que mal conseguira dormir de tanta excitação.

O silêncio era absoluto, imposto por uma compreensão geral da gravidade da situação.

Abu Rama deteve-os na rua, em frente à casa dele.

– Eles foram para a casa do vizinho – disse.

A casa em questão havia sido abandonada desde que o Estado Islâmico chegara, mas eles a conheciam bem. O filho mais velho de Abu Laith passara um tempo ali – haviam feito sua festa de casamento no segundo andar. A porta estava aberta, e eles subiram a escada. Movendo-se em silêncio, espalharam-se pela casa. Luay e Abu Laith entraram no quarto principal, que havia sido decorado como uma suíte nupcial. Havia um grande espelho e fotos do casal sobre a cômoda.

– Espere – cochichou Luay. – Olhe lá.

Apontou para as cortinas. Havia um vulto não identificável na parte de baixo, junto ao chão, e ele se movia naquele quarto abafado.

– Ali! – sussurrou Luay.

Abu Laith fez sinal para que os demais parassem e avançou devagar, como um urso caçando. Ao mesmo tempo, foi tirando as cordas do bolso e depositando-as no chão, uma por uma, cada qual com sua laçada, que poderia ser apertada quando fosse oportuno.

– Vou atraí-los para dentro dos laços, e então apertaremos a laçada em volta do peito deles – Abu Laith disse aos filhos. – Mas não em volta do pescoço. Isso seria perigoso.

Abdulrahman observou os macacos que estavam escondidos nas cortinas, visíveis apenas se você olhasse para eles do ângulo certo. Um deles, o pai, era grande. Seu toco de cauda se agitou quando ele se sentou, e um ferimento de estilhaço mal curado ainda era visível em sua perna. O outro era a mãe, segurando seu bebê. Provavelmente não seria fácil conseguir colocá-los dentro das laçadas, ele pensou.

Por cinco minutos, os filhos de Abu Laith esperaram, enquanto o pai tentava atrair os macacos para as cordas com aroma de coco. Logo ficou claro para todos, exceto para Abu Laith, que nem todos os macacos têm o mesmo amor pelo óleo de coco.

— Vamos tentar a rede? – perguntou Luay, avançando em direção à cortina, segurando a rede diante dele.

Abdulrahman, feliz da vida, seguiu-o. Abu Laith se juntou a eles. Os três jogaram a rede, de modo que as cortinas ficaram presas em três dos seus lados e bloqueadas pela janela fechada do lado oposto.

Foram avançando lentamente, cada um a meio metro mais ou menos das sonolentas criaturas. Então, num ataque relâmpago, Abu Laith atirou-se de uma vez. Um guincho, e as cortinas explodiram num pandemônio.

Abdulrahman agarrou um macaco logo na primeira investida, mas, na afobação, deixou o animal soltar um braço vigoroso e lutar para se libertar. O alvo de Luay acordara um segundo antes que pudesse alcançá-lo, e correu cortina acima. O garoto tentou persegui-lo e agarrá-lo.

Em poucos minutos, Abu Laith já tinha a mãe e o bebê em seus braços, e tentava colocar a corda em volta do peito dela, que não parava de se agitar. Ele desistiu disso e embrulhou mãe e filho delicadamente na rede. Juntos observaram a confusão diante deles.

Luay pulava, tentando alcançar o alto das cortinas e agarrar o macaco-pai, que saçaricava por ali, enquanto sua família permanecia enrolada na rede, como se fossem salsichas. Com um salto, tentou agarrar o animal, mas errou por pouco. Outra tentativa, e conseguiu pegá-lo.

Quando o sol já estava a pino, já perambulavam todos pelo zoológico carregando seus fardos rumo à jaula dos macacos, que Abu Laith havia reparado com um pedaço de tela de galinheiro velha. Luay colocou a mãe e o filho dentro, e o pai, que vinha atrás, saltou dentro também. Logo, os macacos – que não pareciam ter sido afetados pela sua aventura – já corriam pela jaula de novo, ajustando-se ao seu ambiente, meio maltratado, mas muito familiar.

Abu Laith, radiante, parou em pé diante da jaula, gritando a quem quisesse ouvir.

— Só existe um jeito de capturar um macaco. Apenas um. Esperar até de manhã e agarrá-lo com uma rede.

Enquanto os outros iam para casa tomar o café da manhã, Geggo foi deixado ali sozinho. Sentou-se, olhando para os macacos na jaula, que mascavam suas cascas de frutas. A mãe, sua favorita, olhava para ele. "Acho que ela quer uma batata frita", ele pensou, e abriu o saquinho. Pegou uma e enfiou pelas barras. A macaca pegou.

Os outros macacos viram o que estava acontecendo e correram até Geggo pedindo fritas. Encarando, com muita seriedade, aquele seu propósito, deu uma batatinha a cada um. Restavam bem poucas quando surgiu uma pequena briga entre os macacos. Surpreendido, Geggo fechou a mão que segurava a batatinha.

Então uma coisa quente prendeu sua mão, e a pressão maior foi na ponta de seu polegar. A dor veio segundos depois, quando o sangue começou a jorrar. Ele gritou, e o macaco soltou. O arame da tela prendeu sua mão quando ele tentou puxá-la.

Havia sangue se acumulando perto de seu polegar. Ele se sentiu indefeso e traído. Em pânico, ficou em pé e gritou, sem saber o que fazer.

Dentro de casa, Luay dedicava-se ao seu passatempo usual pré-Daesh – passear devagar pelo pátio fumando narguilé –, quando ouviu um grito vindo do zoológico. Ele sabia que Geggo estava lá brincando. Disparou pelos portões até o recinto dos animais, temendo o pior.

Seu irmão pequeno corria em círculos em frente à jaula dos macacos, um redemoinho choroso de roupas ensanguentadas.

– O que aconteceu? – perguntou Luay, erguendo-o nos braços.

Geggo mal conseguia falar, soluçando no colo do irmão.

– Quem fez isso? – Luay perguntou, revistando as roupas do irmão em pânico, procurando algum ferimento. – Quem machucou você?

Geggo gemia, e estendeu a mão. Luay agarrou-a, com o sangue pingando entre seus dedos quando ele a virou. – Foi só isso? – perguntou, com o medo diminuindo.

– Foram os macacos – disse o irmão, entre soluços. – Achei que eram meus amigos.

Abu Laith apareceu, alertado pela comoção toda, e pegou o final da explicação de Geggo. Segurou a mão do menino, deu uma olhada rápida, e largou-a. Soltou uma gargalhada.

– É o que eu sempre digo – dirigiu-se a Geggo. – Essa é a lei da selva. É isso o que você ganha quando confia nos macacos antes de ter conquistado o respeito deles.

E Geggo, horrorizado, voltou a chorar.

## 36
# HAKAM

HAKAM APONTOU O ALVO com precisão em sua mira de atirador de elite e disparou nos soldados que avançavam, matando todos eles com uma só rajada.

— Que tal essa? — ele riu, e fechou a tampa de seu notebook enquanto os demais na sala reclamavam.

Estava jogando *Call of Duty* com os primos, numa rede compartilhada que havia montado. Atrás deles, o papagaio cinza do seu primo – Cusco – de vez em quando chorava como um bebê, fazendo as mulheres da casa entrarem alarmadas no quarto, e depois darem-lhe uma bela bronca por tê-las assustado de novo.

Já fazia três semanas que os combatentes do Estado Islâmico haviam tirado todos eles de seu esconderijo no banheiro. A família fugira para a casa da avó de Hakam, na periferia da cidade, onde eles se juntaram a uma dúzia de parentes. Era tanta gente que Said e sua família foram acomodados num chalé de hóspedes no quintal.

A casa tinha um bom estoque de comida e muros altos, que a protegiam dos tiroteios ocasionais que ocorriam nas ruas. Mas era suficientemente distante dos combates, e, na realidade, não se tinha ali a impressão de que havia uma guerra em andamento, apesar de estarem a poucos quilômetros da linha de frente da mais dura batalha urbana desde a Segunda Guerra Mundial. Podiam andar e tomar sol no jardim. Usando como apoio cordas estendidas sobre as ruínas da ponte mais ao norte – que ficava perto –, podiam ir a pé até o lado oeste para se reabastecer de suprimentos, trazendo de volta latas de óleo e galões de água.

Estavam relativamente seguros, e com comida farta. Mas o tédio era cada vez maior, e todos queriam voltar para casa.

Hakam e seus primos mais novos, Mohammed e Abdullah, haviam tentado entrar numa rotina de exercícios. Estavam quase irreconhecíveis fisicamente; os braços de Hakam tinham ficado quase tão finos quanto os de Hasna. Aquela espera inútil deixava todo mundo cansado. Após algumas poucas tentativas de se exercitar, Hakam e seus primos desistiram, desapontados ao ver o quanto haviam enfraquecido.

À noite, Hakam sentava-se com Omar, seu tio favorito – um homem entusiasmado, de 30 anos, dois filhos pequenos e uma risada fácil. Antes da guerra, tinha uma loja de alimentos e uma minivan, que alugava para entregas. Costumava brincar dizendo que, após a chegada do Daesh, passava a maior parte do tempo procurando contrabandistas de cigarros para manter seu hábito de fumar um maço por dia.

Hasna tentava manter o ânimo por causa das crianças – a maioria delas era seus primos –, que zanzavam o dia inteiro pela casa. Sempre que podia, saía do chalé e ia até a casa principal para brincar com elas. Mas, na maior parte do tempo, todos apenas dormiam e aguardavam. Segundo Hasna, era como ter morrido, apesar de ainda estar vivo. A cada dia, os combates chegavam mais perto.

Ninguém sabia ao certo se o exército chegaria até ali. A família estava tão distante na margem leste do Tigre que o lugar mal contava como parte de Mossul, e todos esperavam que o distrito não virasse uma zona de guerra, e que os milicianos remanescentes simplesmente fugissem.

No início de janeiro de 2017, após algumas semanas que pareciam meses, alguns dos homens mais velhos, entre eles Omar, decidiram que era hora de ver o que estava acontecendo ao redor. Saindo da casa em grupo, vasculharam a vizinhança, deixando Hakam e seus primos em casa, onde não poderiam ser confundidos com combatentes do Exército Islâmico pelo exército, nem com soldados pelos milicianos. Não andava acontecendo muita coisa, eles relataram, mas continuaram a explorar a área com cautela.

Numa manhã, Omar saiu junto com outro tio e um vizinho, ao saberem que havia um incêndio numa casa perto dali. Queriam ajudar.

As mulheres preparavam o café da manhã, mal conseguindo andar no meio da criançada e rindo dos gritos delas por atenção. Hakam e seus primos estavam na sala, assistindo à TV. Tinham acabado de se sentar para comer quando um dos tios de Hakam e Hasna entrou na sala.

– Omar morreu! – ele gritou. – Levou um tiro. Os outros o levaram num bote até o hospital no lado oeste.

Hakam não conseguia falar.

– Houve um incêndio no final da rua – o tio disse, soluçando. – E fomos até lá ver se precisavam de ajuda. Mas então alguém começou a disparar em nós, e acertaram Omar bem no peito.

Ficaram dias de luto, imóveis. A esposa de Omar, embora em profundo estado de choque, recusou-se a deixar que sua dor fosse percebida pelas crianças. Hakam não conseguia pensar direito, e muito menos aceitar a morte do tio.

Uns cinco dias depois, a família tomou uma decisão. Outro tio havia ido à cidade para checar as condições de sua casa, que ficava logo dobrando a esquina da rua onde os Zarari moravam, e contou que ambas ainda estavam em pé e haviam sido recentemente liberadas. Implorou que eles voltassem para a sua casa antes que fosse saqueada, com suas plantas e suas aves-do-paraíso.

– Há alguns poucos atiradores de elite pelas ruas aqui em volta – disse um dos primos de Hakam, quando a família se reuniu para discutir seus planos. – Mas se você tiver cuidado, dá para andar pela rua.

– Há morteiros demais – disse outro parente. – Vocês não vão conseguir.

– O problema é a estrada, que está bloqueada; os norte-americanos promoveram tamanha destruição nela que o Daesh não consegue fugir. Não dá para trafegar nela.

Então Arwa decidiu falar.

– Iremos a pé – disse ela. – Precisamos voltar para casa.

Na manhã seguinte, cada membro da família Zarari arrumou sua mochila e foi até o pátio. Uma luz embaciada pairava no ar – o sol estava encoberto pela poeira. De algumas ruas mais adiante ouviam-se os sons de combates.

Said foi na frente, pondo a cabeça para fora do portão da rua e verificando se estava tudo em ordem. Ele iria liderar o grupo, seguido por

Hasna, e depois por Arwa e Hakam. Andariam em fila única, com bom espaço entre eles, caminhando rápido e meio agachados. Desse modo, se um deles pisasse num artefato explosivo, não iria explodir quem estivesse perto, e também seriam um alvo menos tentador para os atiradores de elite.

Said aguardava já do lado de fora do portão e exigiu silêncio de sua família naquela rua abandonada. Viraram na avenida que ia para a cidade e foram em frente, meio andando, meio correndo, por aquela quietude fantasmagórica.

As casas pelas quais passavam ostentavam marcas de balas e bombas em decorrência das batalhas. Pareciam estar vazias por trás dos portões, mas cada brilho do sol numa vidraça, ou cada galho de árvore que se agitava fazia com que andassem mais rápido.

– Olhem sempre para baixo – alertou Said. – Lembrem-se de olhar bem onde pisam.

Em sua retirada, o Daesh escondera milhares de minas pela cidade – nas ruas, atrás de portas e até dentro de brinquedos de crianças. Sempre que podiam, deixavam armadilhas explosivas nas ruas das quais se retiravam, para impedir que o exército os seguisse.

Hasna caminhava olhando para baixo com tamanha concentração que só viu aquela cabeça quando praticamente estava em cima dela. O crânio estava no meio da rua; o corpo, em nenhum lugar visível, largado no meio de algum monte de entulho. Não tinha mais rosto. Talvez os cães o tivessem comido, Hasna pensou, e apertou o passo, tentando contornar a ânsia de vômito causada pelo cheiro. Devia haver mais corpos por ali: o ar tinha um fedor de cadáver, e moscas pretas zumbiam, formando um grande manto no ar. Hasna protegeu o nariz e a boca com a ponta de seu *hijab*.

Meio agachados, vasculhando com o olhar os edifícios em volta, Hakam, Hasna, Said e Arwa avançavam, com as mochilas agarradas junto ao corpo. Estavam numa zona de conflito, uma terra-de-ninguém, como alvos potenciais tanto do exército quanto do Daesh.

O que antes era uma rua, agora virara uma trilha de terra com pilhas de entulho, vidro e destroços de carros queimados. Parecia, Hakam não pôde evitar de pensar, aqueles cenários de guerra de *Counter Strike*, que ele costumava jogar com os primos depois das aulas quando criança.

Said ia indicando o caminho, e parava toda vez que chegavam à esquina de algum prédio para dar uma olhada e checar se não havia *daeshis*. Todos fingiam estar tranquilos. Haviam sobrevivido aos combates, mas ainda havia drones no céu e explosivos no chão, e a morte podia vir de qualquer lado.

Uma hora mais tarde, chegaram a um cruzamento, e aos primeiros seres vivos que viam desde o início da jornada. Todos estavam fugindo de algum lugar – segurando malas, com crianças agarradas à perna da calça, chorando. Os Zarari continuaram caminhando no meio deles, sujos e magros como os demais *moslawis* que atravessavam a pé o cruzamento naquele dia, tão exaustos que o máximo que podiam fazer era olhar fixo para os próprios pés e torcer para não morrer.

Said avançou para vasculhar outra esquina e parou.

– É o exército – ele disse. – Estão aqui.

Hakam sequer conseguiu dar importância a isso. Estava tão exaurido pelo luto e pelos constantes perigos, que simplesmente continuava andando. Dobraram a esquina com passo forçado e viram um Humvee à frente deles, com a bandeira do Iraque no alto. Havia soldados em pé ao lado do veículo, com armas a postos e protegidos por seus capacetes e coletes táticos. Estavam agitados, com pavor de homens-bomba. Mas não procuravam ninguém, e aqueles civis humilhados passaram andando por eles e entraram em território liberado, mal trocando um olhar com os soldados.

– Tire isso do rosto! – gritou um dos soldados quando a família chegou mais perto, e Hasna percebeu que falavam com ela. Havia se habituado tanto ao *khemmar* que nem lembrava que havia enrolado o xale no rosto. Eles provavelmente imaginaram que fosse uma *daeshi*.

– Perdão! – ela gritou, tirando o xale da cabeça. O soldado deixou que passassem pelas linhas.

– Ande pelo meio da rua! – um homem, tomado por uma raiva desvairada, gritou à sua esposa. – Não ande pela calçada!

Ela obedeceu, mas ele continuou berrando com ela assim mesmo, os olhos desorbitados.

Conforme andavam, Hasna sentia a ansiedade aumentar. A parte mais perigosa da jornada ainda não havia chegado. À medida que o exército avançara a leste, o Estado Islâmico reforçara suas posições ao longo da margem ocidental do rio. Era dali que lançavam seus drones transformados em armas por meio de recursos caseiros e desferiam seu fogo de morteiros em qualquer coisa que tivesse cheiro de oposição. A família Zarari, com suas mochilas, mais do que se qualificava para esse papel.

Para chegar até sua casa, precisavam passar por um cruzamento na entrada de uma das pontes sobre o rio, destruída num ataque aéreo. Eles teriam de atravessar quinze metros de terreno ermo, expostos à mira dos *daeshis*.

A família avançou meio correndo, enquanto descargas de fogo estalavam por perto. Hakam tentava um meio termo entre observar o chão adiante dele e olhar em volta para localizar os atiradores. Temia que, a qualquer momento, a terra debaixo dele explodisse.

Mais adiante, Said parou numa esquina.

— Estamos margeando o rio — disse ele.

Arwa soltou um gemido e se sentou. — Não dá pra gente esperar um pouco? — ela perguntou. O suor escorria pelo seu rosto.

— Não — disse Said, com suavidade. — Os drones podem nos atingir. Precisamos ir.

— Mais um pouco, e estaremos em casa — disse Hasna. Arwa endireitou o corpo e se aprontou para continuar. Dobraram a esquina numa corrida. Teriam a proteção dos edifícios ao redor deles por outros trinta metros mais ou menos, até chegarem à borda do cruzamento. Já dava para ver que umas vinte pessoas haviam se reunido perto das ruínas da ponte, aguardando para atravessar.

— Tem um atirador do outro lado! — uma delas gritou. — Vamos esperar até juntar mais gente. Então atravessaremos correndo.

Hakam sabia que isso fazia sentido. Era mais difícil atingi-los se estivessem num grupo grande. Mas ninguém iria se dispor a ficar na parte externa desse grupo, e os *daeshis* poderiam simplesmente disparar uma barragem de fogo automática que derrubaria todo mundo.

Said disse o que deveriam fazer. Ele e Hakam iriam primeiro, atraindo o fogo. Hasna e Arwa atravessariam juntas atrás deles. Mais pessoas se juntaram a eles, mais *moslawis* acalorados, sem banho, segurando seus pertences nos braços.

— Agora! — alguém gritou, e a família Zarari e aquelas dezenas de pessoas em volta deles correram todos em direção a um ponto do outro lado do cruzamento, que parecia ficar excessivamente distante.

Hakam não teve tempo ou a energia necessária para processar o que estava acontecendo. Fazia muito calor, e ele não ouvia os disparos, apenas corria o mais rápido possível, focando os olhos no edifício de escritórios cheio de marcas de balas e bombas, do outro lado.

E então ele chegou ao outro lado, e havia apenas silêncio; o atirador não disparara um único tiro. Ele dobrou a esquina do edifício e ficou mais protegido. Podia sentir Said segurando seu braço, impedindo-o de voltar e ficar exposto. Arwa e Hasna estavam a dez metros, depois a seis. Ouviram o disparo de uma arma, mas continuaram correndo até que desabaram junto à parede do edifício de escritórios.

— Estão todos aqui então? — perguntou Said. — Foi por muito pouco.

Fizeram sinal para um táxi, que circulava desafiando a guerra à sua volta, e o motorista concordou em levá-los para casa. No caminho, a família passou ao largo de casas danificadas por ataques aéreos — atingidas do alto, com janelas quebradas e vigas projetando-se no ar. Quando chegaram perto da sua vizinhança, quase toda casa que viam havia sofrido danos.

A certa altura, não era mais possível dirigir. O carro contornava fossas de três metros de profundidade, projetando os estilhaços de vidros espalhados pelo chão, que batiam nas janelas.

— Pare — disse Said. — Daqui a gente segue a pé.

A família desceu, e o táxi foi embora. Caminharam mais algumas ruas até sua casa, sem ideia do que iriam encontrar ao chegar lá. Não havia combatentes do Estado Islâmico, mas tampouco havia soldados do exército. Hakam imaginou que deviam estar em algum lugar na zona não ocupada, entre as linhas em litígio.

Os muros do pátio dos pessegueiros ainda estavam de pé. Said empurrou a porta principal e sorriu. O carro do Estado Islâmico não estava mais na garagem.

— Tudo bem — ele disse, e os outros entraram. — Vai dar tudo certo.

# 37

# ABU LAITH

FOI APENAS POR VOLTA da décima manhã após a chegada do exército que Abu Laith acordou com a nítida percepção de que o Daesh havia de fato ido embora. As preocupações com os animais, a perna de Nour, a fome, o pequeno Shuja, a morte de Warda, os morteiros e minas, que o haviam atormentado por semanas, agora se dissipavam pela primeira vez. Sentiu-se mais leve. Lá fora, pela janela, viu o sol de inverno brilhando. Os morteiros explodiam à distância – agora bem longe deles, a oeste. Mais tarde, ele relembraria como se sentiu tomado de felicidade naquele momento. Ele poderia sair.

– Crianças! – Abu Laith gritou, depois de saltar da cama e correr até o pátio. – Ouçam o que vou lhes dizer: o Daesh foi embora!

As crianças brincavam debaixo da treliça da videira. Abdulrahman separou-se do grupo e correu até o pai.

– Eles foram embora! – gritou Abu Laith de novo, sorrindo.

– Nós já sabemos – Abdulrahman disso, perplexo. – Saíram já faz muito tempo.

Abu Laith sequer ouvia.

– Vamos! – ele gritou para as crianças, e abriu o portão da frente, batendo com força.

Elas correram atrás dele para a rua, cheia de entulho, que reluzia branca sob a luz do sol. Mais adiante, perto do antigo posto de controle do Daesh, a rua estava cheia de gente e de carros buzinando. Por toda a parte leste de Mossul, as pessoas davam-se conta de que os ocupantes haviam realmente ido embora. Os que estavam escondidos começaram a aparecer, de olhos ofuscados, para ver a luz do dia, ignorando todas as advertências sobre possíveis células dormentes do Daesh, emergindo dos porões de casas semibombardeadas. Abu Laith estava de volta ao seu ambiente, procurando encrenca de novo.

O plano surgira em sua mente como um lampejo, assim que acordou. A casa de Abu Hareth ficava no fim da rua, perto do antigo posto de controle do Estado Islâmico. O *daeshi* havia fugido dois dias antes da chegada do exército – pôs as crianças e seus pertences num carro branco e foi para oeste. Ao sair, parou perto da casa de Abu Laith e chamou Mohammed, que trabalhava na loja vizinha. Abdulrahman pôs a cabeça para fora do portão para ouvir.

– Tome conta da minha casa enquanto eu estiver fora – disse ele a Mohammed. – Vou voltar logo. – Apontou então com um gesto para a casa de Abu Laith. – E não deixe aquele cara entrar na mesquita.

Abu Laith, ao saber disso, chamou Mohammed para que lhe contasse detalhes e rolou de rir.

– Aquele desgraçado! – gritou. – Ele nunca mais vai voltar.

Já fazia mais de uma semana que a casa do *daeshi* estava desocupada, e agora era o exército que assumia o posto de controle no final da rua. Uma boa hora, pensou Abu Laith, de mostrar a todo mundo o quanto os mulás eram de fato hipócritas.

Havia um grupo de homens do lado de fora da casa de Abu Hareth, no final da rua. Antes pertencera a uma família de curdos, que fugiram quando os jihadistas chegaram. Nos últimos dois anos, havia sido a casa do *daeshi* e de seus dois irmãos, homens *moslawi* que haviam aderido ao Estado Islâmico. Abu Laith não tinha notícia da família curda desde que tinham ido embora, mas – anos atrás – todo verão ele ia até lá compartilhar melancias com eles nos meses mais quentes, quando o asfalto derretia e a grama se retorcia. Gostava deles.

– *Assalamu aleikum!* – gritou Abu Laith, aproximando-se do grupo. Os homens estavam todos cobertos por uma camada de poeira e pareciam muito nervosos.

– *Wa aleikum assalam* – murmuraram de volta.

Abu Laith aproximou-se do portão de Abu Hareth e fez menção de entrar.

— É melhor você não entrar aí para roubar – disse um dos homens. – É a casa de um amigo nosso.

— Vocês são amigos de Abu Tarek! – Abu Laith exclamou, com um cumprimento de mão a todos os homens. – Os curdos. Conheci bem todos eles. Como estão? Vocês têm notícias deles?

Aqueles homens haviam sido enviados pela família para checar a propriedade. Após as apresentações formais, Abu Laith voltou à questão de que viera tratar.

— Vocês conheceram o Abu Hareth? Era um *daeshi*, um perfeito canalha. Ele disse ao pessoal da mesquita que iria me matar como um cordeiro no Eid. Morou nesta casa, mas já foi embora.

Os homens ficaram condoídos.

— Parece que está vazia – um deles comentou. – Mas talvez tenham colocado minas na casa.

Todos tinham ouvido histórias de pessoas que voltavam para suas casas, apenas para abrir a porta da frente e morrer.

— Vamos verificar isso – disse Abu Laith, e abriu o portão, que estava destrancado. – Abu Hareth disse que iria me matar porque gosto de beber uísque e porque não vou rezar na mesquita que eu mesmo construí para todos aqui, com meu próprio dinheiro.

— Tenha cuidado – alguém o alertou.

Mas Abu Laith já havia cruzado a porta e entrado na casa, que tinha aspecto de abandonada. Não mudara muito desde a época em que a família curda morava ali, mas estava bem mais bagunçada. Ele ouviu que os outros também entraram na casa atrás dele, agora que os medos haviam se dissipado.

Foi até a sala de estar e caiu na gargalhada. – Venham aqui! – ele gritou. – Vocês precisam ver isso.

Numa prateleira ao lado da TV, havia um baralho. Um narguilé, com sua redoma de vidro, encontrava-se ao lado, no chão. Se outra pessoa tivesse sido descoberta com qualquer uma dessas coisas, teria no mínimo sido açoitada pelo Daesh.

Luay entrou atrás dele e pegou o baralho, rindo.

— Essas cartas agora são minhas – ele disse. – Vou ficar com elas.

Com o habitual brilho louco no olhar, Abu Laith percorreu a casa, abrindo todas as portas. Viu o transformador que havia emprestado à mesquita e o tapete que comprara para que os fiéis não passassem frio no inverno. Havia pago dez mil dinares por ele, e aquele canalha o havia roubado. – Vejam – ele alertou. – Os mulás chegam a roubar coisas da própria mesquita. E essas são as pessoas atrás das quais vocês rezam!

No final do corredor, entrou num quarto com um grande espelho no canto. Abu Laith começou a abrir todas as gavetas, uma por uma, e também o guarda-roupa. Por fim, achou o que procurava.

– O danado do infiel! – ele gritou, segurando um sutiã vermelho rendado, que claramente não se ajustava nem ao tamanho do peito de Abu Hareth, nem ao código de vestuário adotado pelo Estado Islâmico.

Alguém do grupo entrou, de repente, no quarto, e Abu Laith atirou o sutiã nele, que caiu no rosto, e o rapaz quase desabou de tanto rir. Abu Laith encontrou outra gaveta cheia de roupa íntima feminina, algumas das peças eram simples fitas de *chiffon* cobertas de moedas – usadas na dança do ventre –, e continuou tirando-as da gaveta aos punhados e atirando no ar. – Deus nos proteja! – gritou, zonzo com o absurdo de tudo aquilo.

Abu Laith abriu a janela e deixou entrar uma corrente de ar frio. – Venham aqui! – ele gritou para a rua. – Entrem aqui e vejam como viviam os *daeshis*! – Ele pensou nos vizinhos que o haviam denunciado ao Estado Islâmico, e como deveriam estar com medo agora. Sentiu que sua hora havia chegado de novo.

Havia uma pilha de apetrechos de maquiagem junto ao espelho, e Abu Laith fez uma incursão por eles, abrindo todos os potes. Encontrou um batom cor-de-rosa e girou-o para abri-lo. Com cuidado, escreveu no espelho.

AQUI MORAVA O CANALHA DO IMÃ.

Concluiu desenhando um floreio.

– Este é o homem que decretava o que era *haram* e o que era *halal* – vociferou. – E ele mesmo era o maior *haram* de todos. – Voltou ao jardim e foi até o grupo reunido na entrada, atirando punhados de roupa íntima para o alto como se fossem confetes. Na rua, todos riam.

Abu Laith desfilou por ali segurando sutiãs sobre o peito. – Que isso seja um lembrete para todos – disse, enquanto derramava lágrimas de alegria. – Que se o Daesh voltar, nós todos vamos começar a usar coisas como essas. – Um por um, foi dependurando os sutiãs – cor-de-rosa, roxo, vermelho, branco e azul – nas barras que cobriam a parte externa da janela que dava para a rua.

Ao voltar para casa, Abu Laith recebeu alguns vizinhos que não encontrava havia anos. A maioria achava que ele havia morrido, ou que abandonara a família em Mossul.

– Deus seja louvado, o senhor sobreviveu! – comemorou uma das visitas.

Abu Laith sentiu o maior prazer com isso. Era um homem importante de novo. Todos sabiam que ele nunca aderira ao Daesh. Dos vizinhos que o haviam denunciado e que se dedicavam a bajular os *daeshis* na mesquita, não havia nem sinal. O dia inteiro ele recebeu gente, organizou equipes para varrer o entulho da rua e entrou e saiu do zoológico para checar como estavam Zombie e Lula.

Por volta das 4 da tarde, um dos Humvees do exército veio rodando pela rua e parou diante da casa dele. Alguns soldados começaram a descer. Abu Laith estava a ponto de cumprimentá-los quando uma figura de menor porte saiu do veículo, cabelo loiro cor de palha solto e um largo sorriso. Na hora, Abu Laith não conseguiu dizer nada. Simplesmente chorou, abraçando a filha contra o peito.

Com a família reunida em volta dela, as crianças puxando seu uniforme e rindo histericamente de felicidade, Dalal foi trazida para dentro de casa. Geggo, Mo'men e Shuja, que não se lembravam mais de sua irmã mais velha, choravam. Todos sentaram-se juntos no sofá. Abu Laith não largava a mão da filha.

Naquela noite, alguém trouxe um alto-falante até uma rua próxima. Vieram soldados de suas bases e da vizinhança inteira; o pessoal do bairro correu para ver o que estava acontecendo. Na rua perto da casa de Abu Laith, com gritos de alegria, a multidão pulava junto, os soldados disparavam tiros no ar. A primeira festa depois de dois anos e meio.

## 38

## ABU LAITH

ALGUMA COISA ESTRANHA estava acontecendo com aquele leão, Abu Laith pensou, enquanto fazia sua costumeira ronda pelo zoológico naquela manhã. Ainda fazia frio, mas o sol de inverno penetrava pelas barras das jaulas. Elas ainda tinham incrustações de fragmentos de detritos e de restos de comida, que ninguém tivera coragem de limpar, ainda mais com os leões famintos como estavam. A família toda sentia um cansaço enorme após a libertação. Ainda não havia comida suficiente, e não tinham dinheiro para comprar a carne e as hortaliças de que os animais precisavam, para tristeza de Abu Laith.

Os animais mereciam ter mais, ele pensou, principalmente Lula. Algumas horas depois de os restos mortais de Warda serem retirados, ela começou a procurar por ele, vasculhando freneticamente cada canto da jaula, derrubando a patadas o balde de plástico, como se esperasse encontrá-lo escondido atrás.

Abu Laith tinha perfeita noção da iniquidade do mundo. Warda era bom e mereceria ainda estar vivo. Lula merecia ter seu filho com ela. Seu companheiro, o urso macho que ficara no antigo zoológico do bairro Floresta, fora atingido por um tiro do Daesh, por estar bem próximo ao campo de treinamento deles. Agora, toda vez que Lula acordava de manhã, recomeçava sua caçada, raspando as barras à procura de vestígios do cheiro de Warda e uivando quando não encontrava.

Abu Laith queria dar-lhe mel e maçãs. Em vez disso, tinha quase sempre apenas uma panela de triguilho velho, ou hortaliças meio podres.

Quando havia cortes de energia elétrica e o gerador ficava com pouco combustível, Lumia preferia comer toda a carne antes que estragasse. Antes, quando os bombardeios se acalmavam um pouco e Lumia conseguia ir à cozinha, a carne já estava meio verde e não podia mais ser consumida. Mas Zombie não se importaria com isso, pensava Abu Laith enquanto levava a carne para o leão.

Com os pais de Zombie, o problema era outro. Mãe vinha se comportando de modo estranho havia dias, rugindo para os visitantes e tirando Pai do caminho aos empurrões quando estavam sendo alimentados. No entender das crianças, isso combinava com o perfil geral de crueldade da leoa. Mãe havia caído em desgraça desde que comera a pata de Warda. Embora as crianças mantivessem certo aspecto de civilidade, de modo que Abu Laith não ralhasse com elas, viam o animal como um simples assassino. Seus sentimentos negativos em relação à leoa foram agravados pela morte de Warda e pela atitude deplorável que Mãe tinha em relação ao seu companheiro e ao filho.

Pai não andava bem. Pouco tempo antes, seus músculos mostravam-se esgarçados sob sua pelagem cor de areia. Agora os ossos eram apenas uma moldura para sua pele enrugada — uma crosta amarela seca e estranhamente fina. Ficava o dia inteiro deitado, imóvel, em sono profundo, e, de vez em quando, mexia-se em seus sonhos.

Abu Laith sabia que o estado do leão era grave. Já tentara todos os truques que conhecia para acordá-lo. Legumes e incentivos em voz alta não produziam efeito, e o leão só dormia. Mãe, por sua vez, estava muito magra, mas nem de longe macilenta. Não era difícil concluir a razão. Por mais que tentassem alimentá-los separadamente, Mãe sempre roubava a comida de Pai.

A mesma coisa foi constatada naquele dia, quando as crianças fizeram sua ronda matinal no zoológico com Abu Laith.

— A gente deveria arrumar outra jaula — queixou-se Abdulrahman a um dos irmãos mais novos, que estava envolvido numa brincadeira perigosa com Mãe. Agachado no alto da jaula como um macaco, o menino enfiava o braço pelas barras, deixando-o pendente para que a leoa ficasse tentada a dar um salto. Quando ela se agachava para tomar impulso, pronta para saltar sobre aquela presa atraente, ele tirava o braço fora e ria.

Abdulrahman empurrou um pouco de pão para Pai, que estava apático, como sempre.

— Pegue! — ele disse. — Ela não está olhando agora.

Mas a leoa era mais rápida do que ele pensava. Sentindo o cheiro de comida, Mãe abandonou sua possível refeição humana franzina para arremeter contra o pão. Abocanhou-o, mas logo o deixou cair.

Pai tampouco se interessou.

Na jaula vizinha, Zombie continuava deitado, tranquilo. Estava mais esquálido do que Mãe, mas ainda conseguia andar. Uns dias antes, havia comido uma maçã que uma das crianças lhe oferecera de brincadeira. Devia estar muito desesperado, elas pensaram. Mas é que simplesmente não havia comida suficiente para eles — os preços ainda andavam absurdamente altos, e as lojas e os fornecedores haviam sido destruídos pela guerra.

— Eu gostaria que a gente pusesse Pai na jaula de Zombie — disse Abdulrahman, e não era a primeira vez.

Abu Laith falou que era impossível. Dois leões machos na mesma jaula iriam se atacar, explicou. Mas vendo Mãe jogar fora o pão, ignorando seu companheiro, todos sabiam que aquilo não iria terminar bem.

No dia seguinte, a ronda matinal de Abu Laith começou como sempre.

Abdulrahman andava ao lado dele, sério, e as outras crianças, atrás, a uma distância considerável. Primeiro, como de hábito, checaram os mastros que mantinham o portão firme no lugar, dando um bom pontapé em cada um deles, e sacudindo-os para ver se estavam bem firmes.

Depois que Abu Laith deu-se por satisfeito, foram olhar o esquilo, que se balançava em sua gaiola de arame. Por insistência de alguém alguns anos antes, haviam providenciado fundos para comprar uma roda de hamster, que girava constantemente com o esquilo fazendo seus exercícios.

Abdulrahman checou a água e a comida, como havia sido ensinado a fazer, e seguiram em direção ao lago do pelicano. No caminho, passaram por dois carrosséis sobreviventes do ataque aéreo.

— Que coisas horrorosas — grunhiu Abu Laith, como fazia toda vez que os via.

No lago do pelicano, havia um momento de contemplação à beira d'água. A ave havia sido uma das baixas do ataque aéreo. Abu Laith achava que tinha sido morta pela onda de choque. Enquanto ponderavam a respeito, Abu Laith e Abdulrahman atravessaram a ponte sobre a água – uma passagem de quatro metros e meio em arco bem acentuado, sem muito sentido arquitetônico.

Através das árvores, podiam ver as jaulas dos leões. Mãe estava em pé, curvada sobre um volume grande no chão da jaula. Sua cabeça estava abaixada, e ela parecia estar comendo.

– O que ela está fazendo? – perguntou Abdulrahman.

Mas Abu Laith já corria em direção às jaulas, gritando, enquanto a leoa estripava e mastigava os restos arruinados do que no dia anterior havia sido seu marido.

Quando Abu Laith chegou mais perto, Mãe ergueu sua boca ensanguentada. As costelas de Pai estavam expostas embaixo dela, a pele arrancada em tiras. Ela havia rasgado sua barriga, músculos, vísceras e tendões, e o sangue corria denso pelo piso, enquanto ela se refestelava.

Abu Laith atirou-se nas barras, e a leoa grunhiu como um gato faminto. – Saia daí! – ele gritou. – Largue-o!

Mas não havia nada que ele pudesse fazer. Gritando e maldizendo o dia em que a leoa havia nascido, Abu Laith permaneceu em pé junto à jaula, impotente e enfurecido. Sabia que se tratava de um bicho, com instintos animais. Mas isso era cruel.

Abdulrahman parou diante da jaula e tentou não ficar com ânsias de vômito. Mãe rasgou uma tira do leão e mastigou. Atrás dele, meia dúzia de crianças gritava e xingava.

Abdulrahman sentiu que deveria dizer alguma coisa.

– É porque ela está faminta! – gritou, por cima dos sons que a leoa fazia diante dele, rasgando e arrancando a carne. – Se tivessem comida suficiente, ela não estaria comendo seu companheiro.

As outras crianças discordavam.

– Ela é má! – gritou uma delas. – Ela o matou e agora está comendo-o.

Abu Laith, que normalmente teria dado um tapa na orelha da criança, retirou-se, sentindo-se derrotado.

## 39

## ABU LAITH

MARWAN VOLTOU CERCA de um mês após a libertação, completamente exausto e magro como um palito, e com um novo corte de cabelo estranho, que imediatamente lhe valeu uma repreensão por parte de Abu Laith. Havia presenciado um pouco dos piores combates no leste, escondido por semanas com a família, até fugir cruzando as linhas e chegar a um campo de desabrigados nos arredores de Mossul, onde morou numa barraca no meio de um mar de lama. Doente e faminto, veio a pé até a casa de Abu Laith, fazendo esforço para conseguir manter-se consciente.

Quando chegou, não disse quase nada. Comeu meio prato de arroz e caiu no sono, quase na mesma hora, ali mesmo no chão da sala de estar. As crianças ficavam cutucando-o como se fossem passarinhos, até que Lumia tirou-as de lá. Ele ficou ali o dia inteiro, sequer se mexeu, e, ao acordar, ainda estava exausto.

As coisas tinham andado muito feias no leste, mas não tanto quanto no oeste. Ele conhecera pessoas de lá no campo de desabrigados. Algumas estavam tão magras que nem conseguiam andar, eram pouco mais do que ossos cobertos de pele. O Centro Antigo havia sido quase destruído. Abu Laith mal conseguia acreditar. Aquelas ruelas e becos eram o coração de Mossul, o que mantinha a cidade unida.

– É só entulho, por toda parte – Marwan disse. Depois de um tempo, ele perguntou: – Como estão os animais?

Abu Laith contou a Marwan sobre o ataque aéreo, o babuíno, Warda e Pai.

— E Heba? – Marwan perguntou, depois que Abu Laith concluiu a explicação. – Minha noiva. Ela apareceu?

Abu Laith já vinha esperando por essa pergunta, mas mesmo assim achou difícil tratar do assunto. Havia se oferecido para custear o casamento deles, pois sabia que o próprio pai de Marwan não ajudaria. Desde a partida do rapaz, andara sempre de sobreaviso, de olho em alguma moça sozinha por ali, procurando alguém no recinto dos animais.

— Não – ele disse. – Ela não apareceu.

Marwan assentiu em silêncio.

Abu Laith percebeu que o rapaz ficara arrasado.

— Vamos lá! – disse, animando-o. – Temos um monte de trabalho pela frente.

Passaram a tarde limpando o zoológico, jogando baldes de água nas jaulas, embora isso não parecesse fazer muita diferença. A terra havia sido assada pelo calor, e eles não conseguiam entrar na jaula para limpar direito. Mãe tentava atacar quem quer que chegasse perto, e Lula – que estava obviamente traumatizada – recuava e ficava encostada às barras quando alguém se movimentava perto dela. Marwan, que se cansava com facilidade, fazia pausas à sombra da árvore ensanguentada, aquela da mancha escura onde o *daeshi* havia sido espetado como um boneco. Precisava fazer um grande esforço para conseguir levantar uma pá, mas insistia, porque se sentia bem em poder fazer alguma coisa.

As crianças foram despachadas numa missão de busca por alimentos e voltaram algumas horas mais tarde, arranhadas, mordidas de pulgas e muito satisfeitas consigo mesmas depois de passarem a tarde pelas valas e depósitos de lixo de Mossul. Traziam um saco de cascas de legumes, sobras de carne e arroz velho. Zombie atacou extasiado aqueles restos, mas Mãe chegou perto da comida com cautela. Abu Laith concluiu que a leoa não andava bem da cabeça.

Enquanto ela cheirava os restos, Marwan enfiou uma vassoura pelas barras da jaula e removeu aquela confusão de restos de carne e ossos que haviam sobrado de Pai. Com o sol de inverno queimando a nuca, cavaram uma cova rasa diante da jaula. A cerimônia foi mínima; em poucos minutos, os restos de Pai foram enterrados junto à jaula onde sua esposa canibal reinava, e onde ele passara os últimos anos de sua acidentada vida.

Na manhã seguinte, Marwan já assumira seu lugar como tratador oficial dos animais. Abu Laith ficara em casa, fazendo planos para arrumar novas fontes de alimento. A carne era muito cara nas redondezas – com preços muito mais altos que os de antes do Estado Islâmico –, e os leões precisavam de no mínimo dez quilos por dia para se recuperarem. Lula precisava de mel e maçãs.

Parecia quase impossível, pensou Marwan, que os animais tivessem conseguido sobreviver. O Daesh tinha ido embora, mas a maioria das famílias de Mossul ainda vivia à base de arroz e pão. Sempre que olhava para Mãe, rugindo em sua jaula, e para Lula, que ainda procurava obsessivamente seu filhote, Marwan não sabia quanto tempo mais os bichos seriam capazes de suportar aquilo.

Seus pensamentos foram interrompidos por um ruído metálico forte no portão, que ele mantivera trancado por ordens de Abu Laith. Este, por sua vez, havia sido instruído a mantê-lo fechado pelo exército, por causa das pilhas de munição e morteiros ainda armazenadas sob o carrossel.

Marwan foi andando em direção ao portão. Alguém gritava, tentando abri-lo à força.

– *Assalamu aleikum* – disse Marwan ao se aproximar do portão. – O zoológico está fechado.

– Abra essa porta agora mesmo! – vociferou alguém atrás do portão. – Sou da polícia. Deixe-me entrar.

Marwan ouviu risadinhas abafadas quando o homem parou de falar. Intrigado, abriu o portão e enfiou a cabeça para fora.

Viu um homem baixinho, magro, indignado, com um bigode farto, em pé diante do portão. Vestia o uniforme azul de camuflagem das forças da polícia federal, que, em seus ombros caídos, ficava meio folgado. Atrás dele havia duas garotas de uns 20 anos, que vestiam jeans, camisa comprida e *hijab*. Elas olharam para Marwan e voltaram a dar risadinhas.

O policial não perdeu tempo com apresentações e tentou forçar a passagem para entrar no zoológico. Mesmo magro e desmilinguido como estava, Marwan não teve dificuldades em deter o homem. Agarrando-o pelo colarinho do uniforme, ele o pôs de volta na rua.

— O zoológico está fechado – o rapaz disse, e as garotas riram de novo.

O policial parecia furioso. Ficava evidente que a intenção dele havia sido impressionar as garotas, levando-as ao zoológico. Mas agora estava sendo impedido por um rapaz mais jovem, que o tratava sem o menor respeito.

— Tenho uma ordem da Divisão de Ouro! – gritou o homem. Era a elite do exército iraquiano, venerada pela maneira como havia atuado em todo o país para desmontar o Daesh. Agora, lutavam a oeste de Mossul. Marwan pensou que, com certeza, não deviam estar gastando tempo expedindo autorizações a policiais para que viessem visitar o zoológico.

— Não – disse Marwan. – Você não vai entrar.

O policial avançou sobre o portão.

— Você está desobedecendo uma ordem direta! – ele gritou. – Vou mandar prendê-lo!

— Vá chamar Abu Laith! – gritou Marwan para uma das crianças, que perambulava por ali, apreciando o espetáculo. – Diga para ele vir agora. – O garoto foi correndo.

— Eles vão me deixar entrar – disse o policial às garotas. – Esses caipiras são muito desconfiados.

Um grito de fúria sinalizou a chegada de Abu Laith. Com o rosto vermelho, decidido, ele parou diante dos portões do zoológico. – Quem é você? – berrou na cara do policial.

— Sou da polícia federal – disse ele. – E ordeno que me deixe entrar no zoológico.

— Não saber ler? – Abu Laith disparou, indicando a placa que havia colocado ali algumas semanas antes, onde se lia "Proibida a entrada", em sua escrita rebuscada.

— Claro que sei ler – disse o policial. – O que você escondeu lá dentro?

— Isso é problema meu e do exército – Abu Laith mais tarde lembrou-se de ter dito. – Eles me deixaram como responsável. Há armas importantes aqui, além dos animais.

— Disseram que tem um leão aí dentro – sorriu o policial, com ironia. – Vou dar um tiro na boca dele. E aí ele não vai mais rugir.

O homem ainda não havia concluído a frase e já estava no chão, com Abu Laith batendo a cabeça dele no concreto e gritando ofensas.

— Seu asqueroso! — berrava Abu Laith, tentando achar palavras enquanto esmurrava o policial com seus braços robustos. — Seu covarde!

Marwan olhava, fascinado. Aquele homem já velho havia imobilizado os braços do sujeito com os joelhos, e com os punhos acertava-lhe o rosto com um rigor e um ritmo que Marwan, um brigão experiente, só podia invejar. O policial já não oferecia mais resistência, e tudo o que se ouvia era o som dos socos úmidos de Abu Laith e os gritos das garotas vendo tudo a uma distância segura. Alguns vizinhos vieram acudir, preocupados.

— Já chega — disse um deles, sério. — Desse jeito vai acabar matando o homem.

— É isso mesmo, vou matá-lo! — gritou Abu Laith.

— Certo, mas agora chega — disse o vizinho. — Senão os colegas dele virão aqui e vão matar você.

Abu Laith ignorou-o. Marwan, porém, entendeu seu argumento. Agarrou Abu Laith e levantou-o à força. Empurrou-o de lado e curvou-se para examinar o policial. O rosto do homem era uma papa de sangue. Mas ainda estava consciente e respirando.

Abu Laith inclinou-se sobre ele. — Você está proibido de entrar no zoológico! — ele o alertou. — E não volte nunca mais. Vou ficar aqui até todos vocês irem embora, seus assassinos! E se um de vocês tentar encostar o dedo nos animais de novo, eu vou quebrar-lhe as pernas!

Assustado, olhando em volta como alguém sendo caçado, o policial ficou em pé e fugiu em direção à rua, as garotas atrás dele.

— Belos socos, Abu Laith — disse Marwan.

# 40

# HAKAM

NO FINAL DAS CONTAS, o Estado Islâmico até que não havia sido um mau hóspede. Encontraram, espalhadas pela cozinha, algumas latas vazias de Red Bull e frigideiras de feijão meio podre, e algumas das vidraças estavam quebradas. Mas os *daeshis* que haviam usado a casa dos Zarari como plataforma para lançamento de projéteis haviam deixado a maior parte da comida e até um dos anéis de Arwa, que ela esquecera no balcão quando a família foi embora às pressas. Estava largado no chão do corredor, no meio de um monte de fragmentos de gesso e entulho.

Mesmo o jardim não havia sofrido muito.

– Meus bebês! – riu Hasna, correndo em direção ao galinheiro e sendo cumprimentada por cacarejos. – Vocês estão vivas!

Duas galinhas haviam sido roubadas – embora o ladrão tivesse tido a consideração de fechar a porta do galinheiro ao sair –, e as aves-do-paraíso haviam sumido. Algumas das rosas raras estavam trituradas a bicadas, obra das galinhas perdidas das casas vizinhas, expulsas pelos próprios donos quando haviam sido obrigados a abandonar suas residências. As galinhas dos Zarari pelo menos tinham ficado com comida e um bom suprimento de água.

A laje estava cheia de cartuchos de balas. Quando um dos tios de Hakam viera checar a casa antes que a família voltasse, encontrara atrás do parapeito cinco lançadoras de granadas propelidas por foguetes. Carregou tudo para a rua e deixou ali.

— Fez a coisa certa — um soldado comentou satisfeito com ele, ao chegar numa Humvee para resgatar tudo. — Senão, teríamos tacado fogo e destruído o lugar.

Nada havia sido queimado, mas não faltavam coisas quebradas. Isso não fez muita diferença no primeiro dia. Estavam todos sujos, exaustos e macilentos — mas em casa, e vivos.

— Hassan! — gritou Arwa, quando o rosto do seu filho mais velho iluminou a tela do celular. — Estamos todos bem!

A família enviou seus cumprimentos por telefone ao seu ente, que chorava de alívio, nos Estados Unidos, onde ainda era madrugada.

Havia semanas que não tinham sinal, e Hassan estava em pânico, receando que o pior tivesse acontecido. Foi por intermédio dele que souberam que o restante da família havia sobrevivido. Em Mossul, o sinal era tão ruim que quase nunca tinham notícias uns dos outros. Mas, por meio de Hassan, instalado na Pensilvânia, ficaram sabendo que os demais haviam resistido.

A limpeza consumiu quase duas semanas, com a família toda pondo mãos à obra para expurgar o Daesh de sua casa. Arwa varreu o vidro quebrado espalhado pelo chão e colocou vedações nas janelas. Said, ao checar seus armários, viu que algumas de suas roupas haviam sumido. Imaginou que os *daeshis* deviam tê-las usado para se misturar à massa de civis que fugiam dos combates.

A fechadura da porta do quarto de Hakam estava arrombada, presumivelmente por saqueadores. Dentro, viu suas roupas espalhadas. Alguém roubara seus relógios e usara quase toda a sua colônia.

Mas o violão ainda estava ali, protegido debaixo da esteira de orações.

Ele pegou o violão e sentou-se. Pela primeira vez em muito tempo, seus dedos tiveram de novo contato com aquelas cordas conhecidas, e ele voltou a tocar.

Não demorou muito tempo para que tudo parecesse quase normal de novo. Trabalhando de manhã até a noite, a família conseguiu arrumar a casa e jogar fora os vestígios da ocupação. O exército agora percorria a rua deles, e, de vez em quando, vinham pedir água do poço. A família dormiu nas próprias camas, em lençóis limpos.

Mas Hakam não conseguia relaxar. Primeiro, tentou impedir Said de desenterrar os livros. O exército ainda era sentido como algo de fora, temporário, e ele não conseguia afastar a sensação de que o Daesh poderia voltar.

O pai, com apoio de Hasna, ignorou-o, e foi desenterrando do solo fértil sob as laranjeiras os muito consultados textos sobre jurisprudência islâmica – e os livros de Miles Copeland – para recolocá-los em seu lugar de prestígio, nas estantes de madeira escura da sala de estar. Junto com os livros veio também um chip SIM – enterrado quando o Estado Islâmico anunciou que possuir um celular equivalia a uma sentença de morte – e também todo o ouro de Arwa.

Tudo, no entanto, ainda parecia, de certo modo, fora de lugar. Hakam não se sentia bem – seu tio havia sido morto, e sua cidade estava em ruínas. Ele, porém, sobrevivera, portanto seria ridículo ficar ali se lamentando. Hasna sentia o mesmo desconforto. Quase três anos haviam sido tirados da vida dela. Não conseguia voltar ao normal. Até ler era estranho. Nada parecia seguro.

Mais ou menos uma semana após a volta para casa, Hakam ligou o celular e entrou no Facebook pela primeira vez em quase um ano. Havia centenas de notificações. Amigos, garotas, tags de fotos, proteínas em pó, futebol e Daesh. Várias delas eram convites para jogar on-line.

Sua linha do tempo estava cheia de gente que havia passado os últimos dois anos vivendo com algum grau de liberdade. Montando um álbum inteiro de selfies, mandando fotos da praia mostrando as próprias coxas como se fossem duas salsichas, ou fumando narguilé nas baladas. As mensagens começavam frenéticas, depois diminuíam um pouco, e nos últimos dias estavam sendo retomadas, conforme o assunto da libertação de Mossul passou a dominar o noticiário.

Ao olhar sua linha do tempo, uma sensação pesada se abateu sobre ele. Não queria falar com ninguém. Reativou seus aplicativos das redes sociais, sem se dar conta de que com isso iria enviar uma notificação automática a todos os seus contatos. As mensagens continuaram chegando, dos Estados Unidos, da Alemanha, pedindo a atenção dele. Sabia que eram mensagens bem intencionadas, mas estava meio confuso, não sabia o que fazer.

Forçando-se a digitar, enviou umas duas mensagens a seus amigos mais próximos, para comunicar-lhes que estava vivo. Ao terminar, desligou o celular e caiu num estado meio sonambúlico, como num pesadelo.

Umas duas semanas após a volta, quando a casa já estava arrumada, e os morteiros explodiam com frequência bem menor, começou a se sentir um pouco melhor. Havia comido bem, tomado banho regularmente e falado com sua tia que morava em Erbil por telefone. O delírio alegre dela revigorou-o, e ele começou a sentir que poderia voltar ao normal.

Entrou no Facebook e respondeu às mensagens e marcações. Seus amigos haviam sentido falta dele, estavam superfelizes em saber que Hakam estava vivo. Quando ia deixar o celular de lado, viu que alguém havia postado uma foto de um urso semimorto, ao lado de um leão semimorto. Ambos estavam imundos, pouco mais que pele e osso. Teve que olhar bem de perto para ter certeza de que o leão não era um cachorro.

"É assim que estão sobrevivendo os animais no Zoológico de Mossul", dizia a legenda, em árabe. "Você pode ajudar?"

Hakam ficou intrigado. Olhando a foto mais detidamente, viu que parecia ter sido feita logo depois da esquina da sua casa, no velho parque. Sequer tinha ideia de que havia um zoológico ali, embora soubesse que havia um parque de diversões, que ficara aberto sob o Estado Islâmico.

Na parte de comentários, uma associação beneficente dizia, em inglês, que poderia ajudar. Hakam pensou por um momento e digitou: "Este zoológico fica ao lado da minha casa. Digam se há algo que eu possa fazer".

Minutos mais tarde, mandaram uma mensagem. Pegou o celular, levantou e foi dar uma volta até o zoológico.

# 41

# ABU LAITH

ABU LAITH TINHA RAZÃO. Chegou a noite, veio a manhã, fresca como a primavera, e a polícia não apareceu para incomodar o zoológico. Ninguém mais viu o policial magricela depois daquela tarde.

Como fazia todas as noites desde que o policial dera as caras por ali, Abu Laith sentou-se junto à jaula de Zombie, cantarolando baixinho para o leão. Precisava proteger os animais dos ladrões que circulavam pelas ruas de Mossul, levando embora tudo o que podiam no meio do caos. Vinha rolando um salve-se-quem-puder desde que o exército chegara, e as pessoas estavam protegendo suas famílias e seus pertences com a própria vida.

Abu Laith fazia o mesmo. Todo dia, ele ou Marwan montavam guarda no zoológico. Toda noite, Lumia levava um cobertor azul velho e dois travesseiros a Abu Laith, para que ele pernoitasse ali. Quando fazia o jantar, mandava Abdulrahman levar uma marmita para o marido, com severas advertências sobre o que aconteceria se fosse morto protegendo os leões. Abu Laith passava as noites em alerta máximo, até que seus olhos desistiam, e ele dormia perto das jaulas.

Não demorou para que sua perseverança rendesse frutos. Um dia, por volta das 10 da manhã, não muito depois da libertação, um grupo de soldados liderado por um forte comandante chegou em dois carros, com um civil a reboque.

Abu Laith estava em casa naquela hora, e Marwan deixou o grupo entrar no zoológico. Disseram que vinham inspecionar o depósito de munições que o Daesh esconderá ali, e o rapaz mostrou-lhes onde estava.

Deram uma olhada superficial nas armas guardadas sob os carrosséis e então pediram para ver os animais. Marwan, cada vez mais desconfiado, levou-os até as jaulas. Ficou num canto observando, enquanto o civil, que até então se mantivera em silêncio, olhou pelas barras, inspecionando os animais com jeito de conhecedor.

Quando Marwan se aproximou, o grupo passou a falar em curdo, supondo que o aprendiz de tratador do zoológico não entendesse a língua. Não sabiam que Marwan crescera falando curdo, e que entendia perfeitamente bem o que estavam dizendo.

— O que você acha, vendê-los por uns três mil dólares? — o comandante perguntou, enquanto o civil examinava Lula na jaula.

— Talvez um pouco menos — disse o civil, que vestia terno. — Não tenho muita certeza de que conseguirão sobreviver.

O comandante murmurou algo, hesitante, enquanto o civil fazia algumas anotações.

— Vou ligar para o zoológico Duhok — disse ele. — Acho que eles podem vir aqui recolhê-los.

— Diga que podemos passar lá amanhã e pegá-los — disse o comandante. — E que queremos o valor integral, em dinheiro vivo, no ato.

Fizeram menção de ir embora, agradecendo a Marwan em árabe, e ele os seguiu. Quando estavam perto do portão, Marwan falou com eles em curdo.

— Vocês sabem que precisam pedir autorização antes de fazer esse tipo de coisa, não é? — ele perguntou, com ar indiferente. — Vocês não podem simplesmente sair por aí vendendo os animais dos outros.

Agora foi a vez de o comandante ficar perplexo. Marwan fez sinal a uma das crianças para que fosse localizar e trazer Abu Laith.

— O senhor é veterinário? — ele perguntou ao civil. — Porque, se for, na verdade deveria estar ajudando os animais, em vez de roubá-los.

A conversa foi interrompida nesse ponto pela chegada de Abu Laith, que descera a rua de carro, a toda velocidade.

— Essas pessoas estão tentando roubar os animais! — Marwan gritou quando Abu Laith chegou mais perto. — Estavam combinando isso em curdo, mas eu entendi tudo.

Abu Laith, que já não gostara do jeito deles, compreendeu na hora a gravidade da situação. — Só se for por cima do meu cadáver! — ele berrou.

— É por uma questão de segurança – disse o comandante, mudando o enfoque. Abu Laith teve que ser contido por um grupo de curiosos que havia se reunido em volta deles. Seguiu-se um impasse, com os possíveis ladrões insistindo que tinham autorização para sedar os animais e levá-los embora.

Vinte minutos mais tarde, o impasse terminou com o comandante desistindo, um pouco amedrontado depois que Abu Laith ligou para um amigo dele na cidade cristã de Al-Hamdaniya, que – segundo ele garantiu ao veterinário curdo – tinha conexões com os serviços de inteligência.

A partir de então, Abu Laith não abandonou mais seu posto de sentinela junto à jaula de Zombie. Enrolado no velho cobertor, olhando as estrelas com um leão ao lado, sentia-se verdadeiramente em casa.

— Logo vou arrumar um bode vivo para você caçar – ele prometia a Zombie, enquanto se acomodavam sob o céu noturno. – Você precisa treinar seus instintos para ser capaz de sobreviver na selva.

Abu Laith acreditava, como sempre, que um dia Zombie e Lula seriam libertados – o ideal é que fosse perto dali, para ele poder visitá-los –, e que ficariam livres para correr, perambular e matar. Iriam caçar animais como aqueles que apareciam no canal da *National Geographic*: nas florestas ou savanas.

— Na natureza, você vai encontrar um bode ou um carneiro, e nessa hora vai ter que se abaixar bem – Abu Laith dizia. – Precisa ficar bem abaixado, para que o animal não o veja. Precisa captar o cheiro no vento – e então Abu Laith inspirava enquanto olhava em volta – e saber se sua presa também está sentindo seu cheiro. Se ela sentir, vai fugir. Você não quer isso. Então, quando chegar perto o suficiente para ver os olhos dela brilhando, vai tomar bastante fôlego, juntar suas forças e atacar. A ideia é mais ou menos essa.

O leão nunca respondia, mas Abu Laith achava que ele entendia tudo.

— Logo, logo – Abu Laith dizia – você vai ter um bode para caçar, e eu vou ter uísque de novo. – Com esses pensamentos em mente, homem e bicho dormiam a noite toda, sonhando com caçadas na infindável savana.

Os dias seguintes passaram devagar, e a procura por comida continuava do mesmo jeito, desesperada. Abu Laith e as crianças evitavam os postos de controle do exército nas poucas ruas que podiam percorrer livremente. A segurança era rigorosa, e o medo de ataques do Daesh estava sempre presente.

No pátio, as crianças ficavam se empurrando o tempo inteiro e fazendo competições para ver quem cuspia mais longe – tão entediadas quanto na época do Daesh. Lumia ainda tinha muito medo de sair na rua.

Segurando dois baldes, Abu Laith seguiu desengonçado pela rua, indo do zoológico até a loja local. No dia anterior, visitara o mercado clandestino de carneiros, junto aos muros da cidade – uma paisagem lunar empoeirada, marcada por edifícios baixos de tijolos e por um inconfundível cheiro mortal de sangue e vísceras. Mas nunca havia dinheiro suficiente, e os vendedores estavam cansados e irritados com aquele homem insistente, que reclamava de tudo.

Ainda se ouviam combates, embora bem mais longe a oeste, onde o Daesh resistia nas vielas tomadas por ratos do Centro Antigo, com milhares de civis que serviam de escudos em volta deles. Quase todo dia, Abu Laith ouvia o estrondo característico, não de um avião ou morteiro, mas da explosão de uma *mufakaka*, um carro-bomba coberto de grossas placas de metal, lançado contra os soldados com um homem dentro.

Mas a área em volta do zoológico agora era relativamente segura. Ele deu uma espiada na esquina da rua, na direção do posto de controle do exército, que havia sido montado ao lado do zoológico algumas semanas antes. Não havia nada ali – só alguns soldados em volta de uma casa que haviam requisitado como base temporária.

Estava a ponto de atravessar a rua para ir à loja quando viu um jovem alto de óculos. Ele vinha andando junto à cerca do zoológico, espiando dentro.

O rapaz notou que Abu Laith olhava para ele e sorriu.

– *Assalamu aleikum* – disse.

– *Wa aleikum assalam* – respondeu Abu Laith. Ele gostou do jovem, que, por alguma razão, parecia mais calmo que os demais. Vestia-se como um jovem norte-americano, de camiseta e jeans, e sua pele era clara como porcelana, mas, quando falava, não restava dúvida de que era *moslawi*.

– Meu nome é Hakam Zarari – disse o jovem, estendendo a mão. Abu Laith pôs um dos baldes no chão e apertou-lhe a mão com entusiasmo.

– Abu Laith – ele disse. – Seja bem-vindo. Veio ver meu zoológico?

# 42

# DR. AMIR

O DR. AMIR ESTAVA NO SEU CONSULTÓRIO, um lugar onde ele nunca ficava realmente relaxado, sempre ocupado sob a luz fluorescente. Tudo estava escrupulosamente limpo, as mesas de madeira de bétula sempre em ordem. O café que havia preparado na cozinha do escritório descansava sobre a mesa, enquanto ele examinava sua caixa de entrada lotada. Tomava várias xícaras por dia, e essa não era a primeira.

Era um dia muito frio de janeiro de 2017, e as ruas de Viena estavam escuras, com muito vento, tranquilas a não ser pelos apressados funcionários de escritório que circulavam pela rua. Era em momentos como esse que ele sonhava com o Cairo – a energia quente daquela grande cidade. Havia trinta anos, desde que se formara na Escola de Veterinária, o dr. Amir vivia na Áustria, em meio a palácios e cafés decorados com cornijas, que tempos atrás demarcavam o próprio limite do Ocidente.

Era, como ele gostava de dizer, um cão sem dono. Bem-humorado e sempre acolhedor, com um sorriso constante, uma testa enrugada e cabelos pretos encaracolados, era uma pessoa muito agradável, e a única coisa que destoava em sua inquietação era certa preguiça no jeito de andar. Por meio de uma inabalável paciência e modos gentis, que mascaravam uma determinação incansável, ele havia criado – junto com alguns colegas – uma organização absolutamente peculiar. Durante vinte anos, o dr. Amir havia sido o mais destacado veterinário de resgates em conflitos, localizando e ajudando animais em condições de risco ao redor do mundo.

Tudo começou quando ele estava na universidade em Viena, para onde a mãe o enviara a fim de que pudesse avaliar a situação da irmã, que acabara de se casar com um homem austro-egípcio. Depois de uns dias na capital austríaca, seu cunhado foi declarado apto para o propósito, mas o dr. Amir decidiu ficar ali mesmo assim.

Tinha 24 anos e havia se mudado das caóticas ruas empoeiradas do Cairo para um país onde atravessar fora da faixa de pedestre era algo muito malvisto. Seu principal talento – um conhecimento profundo da intricada fisiologia das vacas e dos búfalos, que ele só conseguia expressar em árabe – não era de muita utilidade. Ao se estabelecer, começou a aprender aplicadamente as palavras em alemão para cachorro (*Hund*), gato (*Katt*), pedras nos rins de bovinos (*Rindernierensteine*), e então conseguiu um trabalho.

Na Áustria, descobriu que podia aprender sobre animais selvagens, com seus instintos e leis internas que nunca podiam ser negligenciados. Eles matam porque é o que têm que fazer, e não por raiva. Ao contrário dos humanos, nunca mudam. Seu desejo de ser veterinário vinha desde a primeira vez que se sentou com a família em frente à TV no Egito e assistiu a *Daktari* – um programa sobre um herói de queixo quadrado que resgatava animais nas selvas africanas. Agora ele sabia fazer isso.

Um dia, na universidade, onde fazia mestrado, viu um cartaz de uma associação beneficente chamada Four Paws (*Vier Pfoten*) com a seguinte legenda: "Precisamos de estudantes para castrar cães na Romênia". Amir se interessou e anotou o endereço. Logo depois, apresentou-se na sede da organização, num majestoso edifício na rua Mariahilferstrasse.

– Gostaria de me candidatar para o trabalho de castração de cães – disse o dr. Amir, sentado diante de uma jovem voluntária chamada Marian.

– Certo – ela disse.

Em poucos meses, o dr. Amir já andava pela zona rural romena numa van Mercedes preta, com o bisturi na mão e um movimento de punho agora tão hábil que era capaz de castrar oitenta cães num dia. No tempo livre, travava uma guerra nobre contra o governo romeno, tentando convencê-lo a aprovar uma lei que proibisse a matança de cães de rua – vistos como uma ameaça – e implantar um programa estatal de castração.

As forças patriarcais que governavam a Romênia achavam a ideia repulsiva. Castrar um cão, explicaram, era arruinar a vida dele e interferir na vontade de Deus. O dr. Amir venceu-os pela insistência, e chegou a aprender romeno para poder comunicar-se com os nativos e defender seu ponto de vista.

Acabaram concordando com a sua proposta, e ele voltou triunfante, depois de organizar um evento de nome inovador, o Primeiro Congresso Internacional de Cães de Rua, na Romênia. No ano seguinte, viajou à Bulgária para convencer a população de ciganos roma a abrir mão dos ursos dançantes.

Após algumas semanas de pesquisa, viajando por seus acampamentos, trens e praças de cidades onde esses animais faziam suas apresentações, o dr. Amir compreendeu que a "dança" nada mais era que uma reação pavloviana. Ainda filhotes, os ursos eram separados das mães e obrigados a ficar em pé sobre uma chapa quente, com as patas protegidas por vaselina para evitar queimaduras. Enquanto os ursos levantavam as patas alternadamente para reduzir o calor, o treinador roma tocava música. Com o tempo, o som de um violino ou de um violão fazia os ursos saltarem. Mas ursos, ele explicou décadas depois, não são animais musicais. Têm um ótimo olfato, mas não ouvem muito bem. A dança, na verdade, era uma tortura para eles.

O dr. Amir ficou horrorizado. Com a determinação de um fanático, foi pessoalmente pressionar autoridades do governo e conversar com senhoras envoltas por xales em acampamentos remotos. O governo aprovou uma lei, e os ursos dançantes deixaram de entreter os passageiros no metrô de Bucareste.

A vida foi entrando num certo ritmo. Conforme foi se espalhando o boca a boca a respeito do dinâmico veterinário egípcio, começou a aparecer trabalho. Seguindo a dica de um turista que visitara um resort romeno do Mar Negro e ficara preocupado com o que havia visto, o dr. Amir e um assistente foram até uma cidade balneária onde três leões sedados eram mantidos para diversão numa casa noturna – alugados toda noite por alguns trocados para tirar fotos com os turistas – e também numa fazendinha de bichos de uma estação de esqui.

Disfarçado de sheik árabe, o dr. Amir instalou-se num cassino, tomando café para conseguir ficar acordado, até que finalmente conheceu o dono do leão. Caprichando num forte sotaque egípcio, disse ao homem que queria comprar os leões para a sua namorada romena, e ofereceu um bom preço. O homem aceitou. A polícia entrou em ação, e os leões foram resgatados.

Enquanto viajava pelos cantos do mundo salvando animais de várias catástrofes, o dr. Amir começou a ver as coisas de maneira diferente. Onde quer que os humanos sofressem, os animais sofriam também. Sua comida, seus cuidados e suas vidas quase sempre eram as primeiras baixas de uma guerra: cães de estimação largados e famintos porque os donos precisavam alimentar seus filhos, animais de zoológico abandonados quando os tratadores fugiam dos combates.

Ele relembrou sua infância no Egito e como as demais crianças costumavam apedrejar os cães. Toda vez que tentava impedi-las, apanhava delas. O dr. Amir sempre achara errado machucar animais, assim como machucar seres humanos.

Quando via os noticiários e os terríveis sofrimentos narrados, pensava nos animais que morriam entre os humanos, e nas mãos deles. No seu entender, alguém deveria se ocupar também dos bichos. Se as pessoas cuidassem bem deles, cuidariam bem dos humanos, e se cuidassem bem dos humanos, cuidariam bem dos animais. O sentido de compaixão não deveria fazer essa distinção.

Em vinte e cinco anos de meticulosa organização, de fracassos e sucessos retumbantes com a Four Paws, milhares de animais haviam sido resgatados, e outros milhares haviam nascido deles. Os humanos estavam sendo educados para encarar de outro modo os animais com os quais compartilham o mundo.

As paredes de seu escritório estavam forradas de livros, às vezes em fileiras duplas, sobre doenças raras que afetavam animais, da Suécia a Sumatra. Ursos, flamingos, girafas e tigres, todos eram abrangidos por sua área de especialização, assim como os predadores de estimação de alguns ditadores do Oriente Médio – um assunto com o qual tinha íntima familiaridade. Os nove leões de Uday Hussein, abandonados no palácio de seu pai quando os norte-americanos invadiram Bagdá. Ele procurou, mas nunca conseguiu achar, os dois tigres brancos de Saif al-Gaddafi, que – durante um tempo – viveram também em Viena, quando o filho do coronel estudou ali, e passaram dias de luxo no Zoológico de Schoenbrunn, com suas contas presumivelmente pagas pelo dinheiro do petróleo líbio. Em contrapartida, encontrara macacos, leões, hienas e cervos em Trípoli que tinham sido abandonados por Muammar al-Gaddafi quando ele fugiu. Alguns foram salvos. Outros ficaram pelo caminho.

Sua ex-mulher e as três filhas – que haviam sido criadas em Viena, enquanto ele desbravava selvas e se esquivava de balas – podiam testemunhar o amor do dr. Amir por seu trabalho, e sua ocasional cegueira para todo o resto. O apartamento que ele agora ocupava no 22º distrito da cidade costumava ficar vazio, com as malas enfileiradas no corredor e as roupas guardadas, que quase nunca saíam do armário.

No pouco tempo que passava em Viena, ficava no escritório – agora um prédio de três andares de cor creme, na Linke Wienzeile, uma avenida um tanto sem graça de pista dupla, bem distante da majestade *Mitteleuropa* do centro da cidade. Compartilhava um escritório com Sabine, Marlies, Noha e Marion, notáveis mulheres dedicadas à causa do doutor. Todas achavam que ele era maluco, mas admiravam sua loucura. Quando iniciava um projeto, a energética obstinação do doutor conseguia contagiar todos os que estavam à sua volta.

Encostada contra a janela, no canto onde o dr. Amir se sentava, havia uma foto dele – seu rosto robusto radiante – junto com Brigitte Bardot e suas lânguidas sobrancelhas semicerradas diante do flash da câmera. Ela voara até a Romênia a fim de parabenizá-lo quando soube que ele havia salvado cães de rua. Mais tarde, a atriz financiou metade do projeto dos ursos dançantes da Bulgária. Perto dessa foto, havia outra, de duas garotinhas de pele bronzeada. Ele estava cuidando de duas de suas filhas num dia em que uma emergência com os ursos obrigou-o a ir até a Bulgária. As meninas acabaram acompanhando-o. Ele dizia que as duas haviam se divertido muito.

Na tela de seu notebook havia uma conversa aberta no Facebook sobre seu caso mais recente, que a equipe da Four Paws encontrara na internet. Passando pelos posts das mídias sociais sobre Mossul, que estava no meio de uma sangrenta campanha de libertação pelo exército iraquiano, encontraram uma mensagem postada por uma residente da cidade, que vivia numa área de onde os combatentes do Estado Islâmico acabavam de ser expulsos.

— Alguém sabe o que a gente dá de comer a leões? — a moça havia escrito. — Há um zoológico perto de casa, e os bichos estão morrendo.

Ele começou a saltar de uma aba a outra do seu navegador. Uma delas tinha um mapa que mostrava a localização do zoológico em relação à linha do *front*, que o dr. Amir sabia que mudava de lugar todo dia. Outra aba mostrava a foto de um urso, dormindo ou inconsciente no chão de sua jaula imunda. A última mostrava um leão, a juba emaranhada num rastafári marrom-avermelhado.

— O que devemos fazer? — perguntava a residente de Mossul, preocupada.

— Deixe comigo — um dos colegas de Amir respondeu pelo Facebook e passou o caso ao doutor.

Ele clicou de novo nas fotos. O leão, pensou ele, era um caso claro de desnutrição. Ele não viu nenhum balde de água na foto, nem comida. O prognóstico era bem ruim, concluiu o doutor.

Precisavam agir. Ele enviou uma mensagem ao dr. Suleyman, um destacado veterinário e velho amigo, morador de Erbil, uma cidade curda a 80 quilômetros de Mossul.

— Estou indo aí para uma visita — disse.

O dr. Suleyman, 50 e poucos anos e uma vida confortável, dispôs-se a ajudar. Haviam se conhecido cinco anos antes, quando o dr. Suleyman contatara a Four Paws procurando apoio. Por iniciativa própria, iniciara um programa de castração de cães de rua no norte do Iraque, e deparou então com o extenso trabalho do dr. Amir sobre a questão na Bulgária.

Os dois finalmente se encontraram num congresso no Cairo, onde Amir, ao ver o entusiasmo do veterinário curdo, incentivou-o a comparecer a uma sessão de treinamento na Bulgária. O curso foi um sucesso, e os cães de rua do norte do Iraque logo se tornaram bem menos férteis. Meia década mais tarde, o dr. Suleyman, como muitas outras pessoas, devia um favor ao dr. Amir.

Felizmente, pensou o dr. Amir, esse era o caso também de várias autoridades iraquianas. Nos dias que se sucederam à invasão norte-americana do Iraque em 2003, o doutor assumira a responsabilidade de resgatar os animais do Zoológico de Bagdá, cujos tratadores haviam abandonado as instalações com a chegada dos norte-americanos.

Dos 720 animais que havia ali antes da invasão, restavam apenas 27 quando o dr. Amir conseguiu atravessar as ruas bloqueadas, acompanhado por um veterinário iraquiano refugiado que ele havia contratado em Viena como guia. A família do rapaz, que o julgava morto, ficou feliz em tê-lo de volta, e – como de hábito – também passou a dever ao dr. Amir uma série de favores.

O zoológico estava em ruínas. No caos e nos saques que se seguiram à retirada das tropas de Saddam, alguém havia roubado a girafa, e muitos dos outros animais haviam sido mortos e virado comida. Até os aquários tinham desaparecido. Leões e cachorros estavam trancados na mesma jaula, com as previsíveis consequências sangrentas.

Dias antes da chegada do doutor a Bagdá, outro animal do zoológico havia morrido – um tigre-de-bengala, abatido por tiros na cabeça disparados pelos soldados norte-americanos que haviam transformado o parque em sua base. Mais tarde, vazou que a morte havia sido um ato de vingança dos invasores. Um grupo de infantaria andara bebendo, e um deles pusera a mão dentro da jaula do tigre. O animal, é claro, atacou e arrancou um dedo do soldado. Os demais pegaram seus M16s e encheram a cabeça do animal de balas. Para seu eterno arrependimento, o doutor havia chegado tarde demais para salvá-lo.

O novo caso, com certeza, não teria um desfecho tão triste.

Seus colegas do escritório, porém, não tinham a mesma expectativa.

– O que você está imaginando encontrar? – Noha perguntou. Ela argumentava que não era seguro, e que a área havia sido liberada apenas alguns dias antes. Ainda havia combates nas ruas.

Marlies passou-lhe um folheto informativo que haviam preparado, extraído de um relatório não confidencial sobre o conflito. Ela contou que o ministro do Exterior perguntara a ela, com toda a seriedade, se havia algo de errado com o dr. Amir.

Mas ele não deu importância a isso. – Preciso ir – disse, e começou os preparativos para a viagem.

Apesar de seus ocasionais surtos de devaneio, o doutor era um homem de ação. Em poucos dias, já havia causado boa impressão em vários políticos iraquianos e comprado uma passagem aérea para Erbil, para dali a duas semanas. Em meio à carnificina da guerra, o doutor iria lançar uma campanha de resgate.

Enquanto fazia os preparativos para partir, o celular do dr. Amir emitiu um toque sinalizando uma nova notificação do Facebook, de um nome que ele não conhecia. Era uma resposta à solicitação que ele havia deixado no status da mulher sobre o urso e o leão.

– Eu moro logo virando a esquina – escreveu um jovem chamado Hakam Zarari, cuja foto do perfil mostrava um rosto magro, com óculos de moldura grossa preta. – Posso ajudar.

O dr. Amir digitou uma resposta.

Os dois homens conversaram alguns minutos pelo chat, cada um impressionado com a boa vontade do outro. Rapidamente, fizeram um combinado: Hakam iria até o zoológico para ver do que os animais precisavam e enviaria fotos e vídeos para a Four Paws. A partir disso, o veterinário poderia fazer um diagnóstico e traçar um plano.

Hakam, o dr. Amir supôs, queria fazer alguma coisa boa. Por sua experiência como jovem no Egito, ele conhecia um pouco daquele tédio paralisante que pode nos acometer em situações difíceis.

Quando Hakam saiu do chat, o dr. Amir olhou de novo as fotos. O leão certamente não iria sobreviver por muito tempo – talvez mais alguns dias desde que a foto havia sido tirada. Só lhes restava torcer, pensou, para que não fosse tarde demais.

# 43
# DR. AMIR

A MANHÃ DE 23 DE FEVEREIRO despontava, fria e cinza, quando o dr. Amir finalmente partiu de Erbil para Mossul. Levara duas semanas para chegar a esse estágio, tendo que coagir e convencer uma série de soldados e oficiais iraquianos, num esforço além do limite da sanidade.

Ao lado dele no carro ia o dr. Suleyman, superpreocupado. Ele relutara um pouco em participar dessa missão. Suspeitava que o dr. Amir escondia alguma coisa, e estava absolutamente certo quanto a isso.

O dr. Amir havia dito ao amigo que iriam apenas até o limite do território curdo, a uns trinta quilômetros de Erbil, para dar uma olhada de longe em Mossul. Isso não era verdade. O dr. Amir tinha toda a intenção de entrar em Mossul naquele dia, e com seu colega curdo junto, apesar dos rumores de que a fronteira estava fechada.

O doutor não se sentia particularmente orgulhoso dessa manobra, mas ela havia se mostrado necessária. Embora o dr. Suleyman fosse um homem relativamente aventureiro e gostasse muito de seu colega egípcio, tinha vários filhos e uma esposa, que nunca o deixariam arriscar a vida indo até Mossul. Mas o dr. Amir não conhecia outros curdos que pudessem ir com ele para ajudá-lo a cruzar os postos de controle da Peshmerga. Por isso decidiu-se por Suleyman.

O dr. Amir precisava acreditar que tudo correria bem. Bagdá, ele lembrava a si mesmo, havia sido mais difícil ainda. Daquela vez, não havia uma cidade amistosa como Erbil num raio de oitenta quilômetros, com hospitais bem equipados e funcionários públicos eficientes.

Agora ele tinha um plano. Fazia contato com o escritório em Viena de hora em hora, mais ou menos. Trazia com ele todas as autorizações por escrito de que poderiam eventualmente precisar. Havia apenas uns poucos animais para avaliar. Na sequência, se fosse possível, ele planejaria o tratamento e a remoção deles. Não haveria problema.

Cruzaram de carro a periferia de Erbil e entraram pelas campinas da estepe curda. A cada posto de controle, reduziam a marcha, acenavam para os sonolentos soldados que ostentavam a bandeira curda com o emblema do sol em suas braçadeiras e seguiam adiante.

A estrada era cheia de curvas naquela paisagem ondulada. A toda hora, surgia diante deles uma aldeia ou uma fileira de lojas. As casas eram todas pequenas edificações de tijolo aparente ou blocos vazados – pequenas e decrépitas se comparadas com os espaçosos arranha-céus semiacabados de Erbil.

Depois de quase uma hora, viram um posto de controle à frente, maior que os outros – coberto por um grande teto de metal, com quatro pistas passando por baixo dele. Dois soldados cuidavam de cada pista, e havia alguns outros sentados em cadeiras de plástico, com as armas encostadas ao lado deles.

O dr. Suleyman parou o carro. Parecia nervoso. Estavam no final de uma fila de carros que ia até o posto de controle, uns trinta metros adiante.

– Pronto! – disse o dr. Suleyman. – Você já deu a sua olhada. Vamos voltar.

O dr. Amir fingiu uma expressão de discreta curiosidade.

– Vamos só até o posto de controle e ver do que se trata – ele disse. – Não vai demorar nada.

O dr. Suleyman sentia-se cada vez mais desconfortável.

– Você disse que iríamos apenas dar uma olhada – reforçou.

O dr. Amir ia sorridente olhando pela janela do carro, enquanto a fila andava até o posto de controle. Suleyman assumiu o comando, trocando amabilidades com os soldados em curdo. Enquanto conversavam, o dr. Amir saiu do carro e foi andando até o comandante do posto de controle.

– Eu solicitei antecipadamente autorização para ir até Mossul – ele disse, mostrando ao comandantes a papelada. – Pretendemos voltar ainda esta tarde.

Tudo parecia em ordem. Radiante com a sua boa sorte, o dr. Amir sentou-se no carro de novo, com o dr. Suleyman muito contrariado ao lado dele.

– Não se preocupe – o dr. Amir tranquilizou-o. – Só vai demorar um minuto.

Não era verdade. Ambos sabiam disso, mas não disseram mais nada.

Então foram liberados. Haviam cruzado a linha que delimitava a fronteira entre o Iraque propriamente dito e a região curda semiautônoma. Enquanto seguiam de carro, a área ia ficando mais esparsa, menos habitada, e um cheiro de queimado começou a impregnar as narinas dos dois.

Mantinham-se na pista da direita. A cada dez minutos mais ou menos, viam passar um Humvee blindado, pintado de bege escuro ou de preto, e as poucas pessoas desalojadas pela guerra que haviam conseguido chegar até aquela distância afastavam-se assim que o viam.

A cada posto de controle, tinham que parar e explicar o que vinham fazer – depois de responder a uma longa série de perguntas sobre sua saúde. Os soldados, agora com a bandeira do Iraque em seus coletes táticos ou na braçadeira, geralmente dispensavam-nos e desejavam boa sorte aos animais. Quando não era assim, o dr. Amir mostrava uma carta da Four Paws – com os carimbos oficiais e redigida em inglês, que poucos soldados eram capazes de ler ou falar – e citava alguns poucos nomes de autoridades iraquianas.

Outro posto de controle, e então começaram a vê-los: pequenos grupos enfileirados, com cerca de dez pessoas cada, andando devagar em direção a um ponto de reunião que parecia ser definido pela primeira pessoa que havia sentado ali. Eram desalojados que tinham conseguido sair de Mossul e fugiam da zona de combates.

Havia mais crianças do que adultos. Homens carregavam mulheres idosas nas costas, enquanto crianças pequenas seguiam ao lado deles. Apenas os adultos pareciam assustados, os rostos sujos de pó, olhando fixo para a frente. Quando se sentavam, não havia alívio de fato, apenas um desabar de roupas e ossos. As crianças, algumas gritando e rindo, brincavam de pega-pega junto à estrada de terra, sem ligar para o suor e a poeira em seus vestidos calorentos de veludo e agasalhos grossos.

As mulheres vinham envoltas em camadas de preto que cobriam seu corpo e também o cabelo. A maioria mostrava o rosto, com um quadrado preto de tecido acima da testa, isto é, a sua cobertura de rosto dobrada para trás. Exibiam uma palidez muito estranha. Durante dois anos e meio, quase nenhuma delas sentira o sol no rosto.

Os postos de controle eram mais espaçados agora. Praticamente não havia carros particulares na rua – proibidos pelo exército, que receava ser atacado por carros-bomba –, então os dois viajavam sozinhos, num silêncio fantasmagórico.

Logo, a rua começou a ser margeada por casas semidestruídas; grandes implosões de vidros quebrados e ferros retorcidos, que haviam sido casas até a chegada da guerra. Tudo parecia morto, exceto as fileiras de pessoas – algumas até carregando bandeiras brancas de rendição – passando apressadas por ali.

Eles se aproximavam agora dos subúrbios do leste de Mossul, onde poucas semanas atrás haviam ocorrido combates acirrados. Ao contrário das áreas mais afastadas da periferia, arrasadas por ataques aéreos, aqui – em algumas partes, pelo menos – os soldados haviam combatido casa por casa contra os milicianos, deixando as paredes marcadas por balas e as ruas cheias de crateras. Com bastante frequência, viam-se cadáveres à beira da rua, imóveis na poeira.

Enquanto dirigiam, o dr. Amir examinava os mapas de satélite que havia imprimido e trazido com ele. Neles, o perímetro do zoológico estava claramente marcado, assim como as ruas que levavam até ele. Mas, no meio daquele caos da libertação, os edifícios haviam sido arrasados, as ruas estavam semidestruídas, e os bairros haviam sofrido uma completa remodelação arquitetônica.

Depois de meia hora em marcha lenta pelas ruas da zona leste da cidade, chegaram a uma cerca de alambrado de quatro metros e meio de altura em volta do zoológico. Junto aos portões de ferro havia uma placa: BEM-VINDO AO ZOOLÓGICO DE MOSSUL. Era decorada com as imagens de um urso e de um leão. As faces de ambos haviam sido pintadas com spray sobre fundo preto. Ouvia-se o barulho de garrafas de plástico vazias e de entulho sendo esmagados pelos pneus, e não muito longe, também os sons de armas de fogo.

Quando diminuíram a velocidade, um homem de barba, atarracado, foi até eles.

Sorria, e parecia muito contente em vê-los.

Parecia não notar as explosões e os tiros de fuzil que faziam os dois veterinários se encolherem de vez em quando em seus assentos. Todo radiante, acenou de dentro dos portões, e eles estacionaram.

Era um lugar muito agradável, o dr. Amir pensou ao descer do carro. Por entre as árvores, conseguia ver um lago e uma grande estátua dourada de um bule de café, mas não via nenhum animal.

— Antes havia avestruzes aqui! – gritou o homem que vinha na direção deles. – Mas morreram com o choque da explosão.

O sujeito parecia ter uns 60 anos. Ostentava um tufo de cabelo alaranjado, já ficando grisalho nas raízes, e tinha uma voz contagiosa como a cólera.

"Ele me lembra o meu pai", o dr. Amir pensou naquela hora, enquanto o homem apertava com força sua mão.

— *Assalamu aleikum* – disse o homem.

— *Wa aleikum assalam* – respondeu o dr. Amir, sorrindo.

— Sou Abu Laith – disse o homem. – Você é médico?

— Sou o dr. Amir – ele respondeu. – Médico de animais.

Abu Laith riu. – Vamos – ele disse. – Quero que conheça Zombie.

O homem, seguido por Suleyman, pelo dr. Amir e – a uma distância respeitável – por um comboio de crianças pequenas que havia surgido do nada, marchou pelos portões para dentro do zoológico. O doutor, com o cabelo emplastrado pelo ar poeirento, pensou como seria bom se tivesse ali com ele seus instrumentos e sua equipe. Não trouxera suprimentos médicos, pois não sabia sequer se os animais ainda estariam vivos, quantos eram e se seria suficientemente seguro tratá-los. A viagem era apenas para fazer uma avaliação das condições.

O zoológico estava cheio de árvores lascadas e derrubadas no meio das trilhas. Viram os ossos de um animal morto no fundo de uma jaula perto da entrada, uma granada não detonada embaixo de um arbusto e cartuchos de balas espalhados pelo caminho todo.

Abu Laith, ainda radiante, produzia um fluxo constante de informações, transmitidas em alto volume, como se estivesse fazendo anúncios durante um concerto a uma multidão.

— Outro leão morreu esta manhã — ele disse. — Era a mãe de Zombie. Ela havia comido Pai, e ele a envenenou; e ela morreu também.

O foco do dr. Amir já estava uns seis metros adiante, onde três pequenas jaulas guardavam um leão vivo, um leão morto e um urso. O fedor de urina e de diarreia velha indicou-lhe que fazia semanas que ninguém havia entrado na jaula para limpá-los. Eram pequenas demais para os animais, constatou — provavelmente compradas para abrigá-los quando filhotes. O urso tinha a respiração rasa e gemia baixinho, deitado no sol fraco. O leão respirava ofegante. As barras do teto das jaulas estavam cheias de detritos secos dependurados — restos de comida grudados ali, das frutas e da carne velha que as crianças jogavam. Em outra jaula, jazia um leão mais velho, emaciado e claramente morto.

— Sinto muito, doutor — disse Abu Laith. — Tentamos ajudá-los. Eu criei Zombie com uma mamadeira de leite de búfala. É como se fosse meu filho. E tentei salvar Mãe, mas ela foi envenenada pela carne de Pai quando o comeu.

O cheiro que vinha das jaulas era insuportável. Os olhos de Amir ardiam. O som dos disparos e explosões da artilharia soava bem próximo. O dr. Suleyman não via a hora de ir embora dali.

— Eles precisam de muita ajuda — disse o doutor a Abu Laith. — Vou voltar daqui a dois dias. Procure mantê-los vivos até lá.

Abu Laith, muito constrangido, prometeu fazer isso.

— Vamos ter que tirá-los das jaulas — disse o dr. Amir, quase exatas quarenta e oito horas mais tarde, enquanto preparava a zarabatana com sedativos que trouxera da Áustria. Hakam viera junto desta vez, e usava luvas de borracha e uma máscara de papel.

O doutor andou por ali, dando instruções para o pequeno grupo em volta dele.

— Você! — ele gritou. — Pegue a salmoura! E você, onde está o detergente? Crianças, vocês precisam lavar as mãos antes, se quiserem ajudar, portanto chega de ficar aí de boca aberta e vamos lá, mãos à obra! Precisamos de mais gente. Tragam as demais crianças da vizinhança.

O recinto fervia de atividade. Abu Laith apenas cumprimentou o dr. Amir e já começou a trabalhar. Em poucos minutos, as crianças já haviam formado uma fila até o poço, e passavam baldes de água de mão em mão até as jaulas.

Abu Laith segurava um lençol branco que seria a maca de Zombie. O dr. Amir, depois de fuçar na sua valise, achou a zarabatana, assumiu uma expressão de assassino e sem ruído algum disparou um dardo em Zombie, depois outro em Lula. Após umas poucas respirações rasas, ambos entraram num estado soporífero.

O doutor deu uma boa olhada nos animais pelas grades. Sabia que era arriscado demais deixá-los totalmente inconscientes. Ainda estavam numa zona de guerra, e os animais pareciam à beira da morte. Uma anestesia completa era algo fora de questão. Só podia sedá-los por meia hora, no máximo. Teriam que agir depressa.

– Abram as jaulas! – ele gritou, e então abriram a jaula de Lula.

O urso parecia pequeno e inofensivo, Abu Laith pensou.

– Temos apenas meia hora, portanto sejam rápidos. Eles precisam estar de volta à jaula antes de acordar.

Com um rosnado, Abu Laith dispersou o grupo de curiosos e daquelas pessoas que haviam se juntado ali para tirar selfies com o leão.

– Vamos lá, colaborem um pouco – ele disse. – Parem de ficar só olhando de boca aberta e comecem a limpar.

Empurrando o pelo quente da ursa com mãos e cotovelos, Abu Laith e Hakam – os dois usando máscaras de papel, por insistência do dr. Amir – rolaram Lula até o lençol. Depois a arrastaram até o pátio.

Pouco depois, Zombie jazia ao lado dela. O dr. Amir – e mais tarde também a equipe da Four Paws – o chamava de Simba, o nome que se pretendera dar ao animal, mas Abu Laith insistia em chamá-lo de Zombie.

– Para trás! – gritou o dr. Amir. Todos ouviram, exceto Abu Laith, que já assumira o papel de braço-direito do veterinário.

– Esses animais estão numa condição muito ruim – disse o doutor. – Agora vou examiná-los. Preciso chegar bem perto para tocá-los, ouvir seus batimentos cardíacos e os pulmões.

O dr. Amir inclinou-se para examinar Lula, com dedos experientes.

– Conjuntivite – afirmou, empurrando de volta a pele de sua pálpebra inferior, com os cílios grudentos de pus. – Desidratação severa.

— Sondou o abdômen do animal. — Desnutrida — disse. — Problemas nas articulações. E nos dentes também.

Ele olhou para Abu Laith, que estava em pé ao lado dele.

— Quanto tempo faz que eles não recebem o tipo certo de alimento? — perguntou ele.

— Alguns meses — disse Abu Laith, profundamente constrangido. — Mas não foi por falta de tentar. Ficamos um bom tempo sem poder entrar no zoológico.

O dr. Amir sorriu.

— Ela vai ficar bem — disse baixinho, ainda comovido pelo quanto Abu Laith o fazia se lembrar do próprio pai, um farmacêutico que ainda vivia no Egito.

Zombie, constataram, tinha pulgas, desnutrição e parasitas.

De sua valise, o doutor tirou três seringas. Encheu a primeira a partir de um pequeno frasco de antibióticos, e enfiou-a sob a pele do leão. Pegou a segunda e a terceira, e aplicou-as na gordura da barriga, para que o antiparasita matasse as criaturas que haviam se aninhado em anéis por toda a desgastada pelagem ocre, e ajudasse Zombie a se recuperar.

As barrigas dos animais e suas patas estavam cheias de crostas e de supuração, em razão da convivência com os próprios excrementos. A urina, após contato prolongado com a carne, age como sal e ácido, abrindo feridas e causando uma dor excruciante. Zombie havia coçado suas feridas, deixando-as ainda piores. Com cuidado, o dr. Amir limpou-as, e também higienizou os grumos de pelos pretos, infestados de carrapatos, dentro das orelhas do leão e da ursa. Auscultou o coração de Zombie, comprometido pela infecção prolongada. Hakam sentou-se ali perto, e enchia seringas seguindo as instruções do doutor, que então as aplicava.

O mais grave, na avaliação do médico, era que os animais estavam traumatizados, e se encolhiam ao mínimo ruído. — Vamos tentar salvar os animais — anunciou. — Vamos cuidar um pouco deles agora, e vou voltar mais tarde e levá-los embora.

Ele virou-se para Abu Laith e para as crianças, que haviam se reunido em volta dele. — Vocês têm uma tarefa importante a cumprir aqui —

ele disse. – São responsáveis por manter esses animais doentes vivos. Se fizerem como vou dizer, eles irão sobreviver. Caso contrário, morrerão. Temos que lavar as jaulas com água e sabão. Vocês têm que pegar vassouras e raspar com muita força, para tirar toda a sujeira.

As crianças concordaram.

O dr. Amir virou-se para Abu Laith. – Sem você, eles teriam morrido – ele disse. – Agora você precisa mantê-los vivos por um pouco mais de tempo. Zombie precisa de trinta e cinco a quarenta quilos de carne por semana, e o máximo de água limpa que ele conseguir beber. Não lhe dê apenas carne, dê também ossos, para que tenha minerais, como aconteceria se estivesse caçando na selva. Lula precisa de oito a dez quilos de frutas e legumes por dia – pepinos, tomates, o que você conseguir achar. Também precisa de mel.

– Além de tudo isso – continuou o médico –, você irá dar-lhes esses medicamentos, uma vez ao dia, misturados à comida. Se deixar de fazer mesmo que seja uma só dessas coisas, eles podem morrer.

Um pouco mais tarde, o doutor, Hakam e Abu Laith sentaram-se juntos no zoológico, anotando dosagens e repassando a programação de dietas. Zombie e Lula zanzavam pelas suas jaulas impecavelmente limpas, com aroma de detergente. Iriam receber todo dia antibióticos, vitaminas, antiparasitas e anti-inflamatórios misturados à comida.

– A hidratação é a chave – disse o doutor. – Se você conseguir água limpa suficiente, será um grande começo.

O rosto de Abu Laith se iluminou. – E uísque, doutor? – ele perguntou. – Eu costumava dar um pouco de uísque aos cachorros quando estava no exército. Se o senhor me der uma semana de prazo, eu faço o Zombie se acostumar com uísque. Vai deixá-lo mais forte. – Embora não contasse isso ao doutor, Abu Laith, em segredo, já tentara dar uísque a Zombie quando ele era filhote. Uma vez, injetou-o numa maçã e deu-a ao leão. Abu Laith achou que ele iria gostar, mas talvez os outros não entendessem. Antes da chegada do Estado Islâmico, os dois passavam longas noites juntos no zoológico à beira do rio, Abu Laith sentado ao lado da jaula de Zombie, olhando a ampla e lenta correnteza do Tigre, bebericando sua garrafa de Black Jack. De vez em quando, despejava uma dose na bandeja de água de Zombie, e parecia que isso deixava o animal feliz.

O dr. Amir não tinha muita certeza sobre como lidar com isso, e ficou um momento ponderando, mas acabou desestimulando Abu Laith, em termos muito firmes, de oferecer uísque a quem quer que fosse, exceto um adulto humano. Em contrapartida, deu-lhe algum dinheiro para comprar comida para Lula e Zombie.

Decidiram que Hakam ficaria encarregado de outras aquisições. Novas jaulas, espaçosas e protegidas do sol, seriam construídas para a próxima grande jornada. O doutor mandou colocar novas trancas nas jaulas existentes, para que ninguém pudesse roubar os animais.

– Você – disse o doutor a Abu Laith – será responsável pelo bem-estar deles. Irá protegê-los.

– Já faço isso – disse Abu Laith.

– Eu sei – retrucou o doutor.

O sol já começara a criar sombras no chão. O dr. Amir esticou as costas cansadas e pôs de lado sua zarabatana. Então uma forte explosão fez tremer o chão sob os pés deles. Os dois médicos deram um pulo. Os demais já estavam acostumados.

– Um carro-bomba – disse Hakam, com naturalidade. O doutor sentiu que era hora de ir embora. Abu Laith cumprimentou o dr. Amir com um aperto de mão. Era doloroso para o médico deixar os animais daquele jeito. Eles não eram capazes de entender o sentido daquelas explosões de bombas. Viver sem a compreensão que os humanos têm de uma tragédia iminente devia ser horrível, pensou o doutor.

Virou-se para Abu Laith. – Vou voltar assim que puder – ele disse. – Quando viermos, vamos levá-los daqui. Você precisa se habituar a essa ideia.

– Eu sei, doutor – disse Abu Laith. – Eles são animais selvagens.

Mas o doutor sabia, e o ex-mecânico de automóveis também, que as coisas nunca são tão fáceis assim.

## 44
## DR. AMIR

NUM DIA FRIO DE MARÇO DE 2017, a equipe do dr. Amir fez as malas e voou para Erbil. Marlies, sua assistente, estava muito nervosa. Era uma jovem muito agradável, que largara uma carreira de assistente do prefeito em Burgenland – uma bucólica província austríaca perto da fronteira com a Hungria – para se juntar à vida louca do dr. Amir. Em poucos meses, saíra de uma existência relativamente enclausurada para outra na qual, de uma hora para outra, podia ver-se, por exemplo, na Birmânia salvando búfalos. Nunca estivera numa zona de guerra antes. Mas quando o doutor lhe pediu para acompanhá-lo até Mossul, aceitou, pois sabia que ele precisaria dela lá. Já examinara várias vezes as fotos de Zombie e Lula, horrorizada com a condição dos animais. Tinha receio de, no momento crucial, não conseguir estar à altura do desafio. Mas supôs que a única coisa que poderia fazer era seguir em frente, com calma, e sem dizer nada. No dia em que aceitou a tarefa, prometeu a si mesma confiar totalmente no doutor. Agora era hora de pôr isso em prática.

Eles deixaram o escritório em Viena levando malas com equipamento médico variado, e aterrissaram por volta de 8 da noite. A cidade estava escura, e o ar, carregado de uma secura abrasadora.

Era uma equipe eclética a que se amontoou dentro do carro no aeroporto, junto com Marlies e o doutor. Yavor, um funcionário veterano da Four Paws Bulgária, cuidaria das comunicações com Viena. Gregor, um cinegrafista austríaco, ficaria encarregado de produzir e editar material de divulgação sobre o resgate. Havia sido avisado em termos bem claros por seu chefe que ficaria hospedado em Erbil e não iria sequer se aproximar de Mossul. Não se entusiasmara com a perspectiva de ficar tão distante da ação. Por fim, havia Anton, um operador de câmera sul-africano, já bem familiarizado com as ideias incomuns do dr. Amir.

Formavam uma equipe. Mas ainda não sabiam se teriam permissão para entrar em Mossul e resgatar os animais. Quando o dr. Amir estivera lá com o dr. Suleyman, eram dois falantes de árabe num carro pequeno. As linhas do *front* ainda eram fluidas, e as fronteiras, caóticas. Agora a situação se estabilizara um pouco. Mas sair de uma cidade dentro de uma picape cheia de europeus e com dois animais predadores, num momento em que os soldados temiam carros-bomba e combatentes estrangeiros, não seria nada fácil.

Mesmo assim, era uma situação perfeitamente adequada às habilidades persuasivas do dr. Amir. Primeiro, depois de se informar com Abu Laith, o doutor havia ligado para Ibrahim — o dono dos animais do zoológico —, que morava em Erbil. Ibrahim era o proprietário dos animais quando estes viviam no bairro Floresta, e tecnicamente Lula e Zombie ainda eram seus. Antes do Estado Islâmico, confiara a gestão do zoológico de Floresta a Ahmed, e o bem-estar dos animais a Abu Laith, que cuidara de Zombie e planejava montar seu próprio zoológico perto de casa. Agora, Ibrahim sabia que o zoológico fora obrigado a se mudar para um parque no leste da cidade e que a maioria dos animais havia morrido, mas não tinha muito mais informações. Além disso, o dr. Amir pensou, não estava se importando muito.

Ibrahim se mostrou muito irritado quando o dr. Amir entrou em contato. Soube-se então que havia recebido várias ligações de residentes de Mossul — incluindo Abu Laith — preocupados e queixando-se das condições do zoológico e dos animais famintos que abrigava.

— Pode levá-los — ele disse ao dr. Amir, muito bravo.

O veterinário tinha começado a explicar. — Nós gastamos dinheiro para alimentá-los e mantê-los vivos — disse. — Se não os tivéssemos alimentado, estariam mortos.

Ao longo da conversa, uma coisa havia ficado clara: para Ibrahim, os animais eram apenas um empreendimento, uma forma de ganhar dinheiro. Lula e Zombie eram objetos que haviam sido lucrativos, mas que agora não tinham mais valor.

O dr. Amir tentou, sem sucesso, passar-lhe informações sobre as condições atuais dos animais, mas o dono não pareceu interessado.

– Eu quero aliviá-lo desse fardo – o dr. Amir havia dito, achando que talvez fosse essa a maneira mais direta de chegar ao coração de Ibrahim. – Eles vão embora, e você nunca mais ouvirá falar deles.

Ibrahim já avaliara as possíveis desvantagens. – Eu não me importo – ele dissera, relembrou o dr. Amir mais tarde. – Pode levá-los. Isso é uma guerra. Há outras prioridades. Tenho um amigo que perdeu a família inteira num ataque de mísseis. Era médico, e a mulher e todos os filhos foram mortos. E você vem me falar de animais?

Estava resolvido. Naquela noite, hospedaram-se no Classy Hotel, uma tradicional instituição do bairro cristão da cidade, muito apreciado por jornalistas, turistas de guerra e – à distância – pelo corpo diplomático europeu, que estava proibido de se hospedar nele. Seus assessores de segurança haviam alertado que as enormes janelas envidraçadas que davam de frente para uma rua movimentada iriam implodir se um carro-bomba fosse detonado por ali, matando todos os fregueses do seu bar, sempre muito movimentado. Mesmo sabendo disso, nenhum dos clientes do Classy jamais pareceu se preocupar.

Um recepcionista do Classy havia buscado a equipe no aeroporto. Depois de desfazerem as malas, o doutor, Marlies, Gregor e Yavor reservaram uma mesa grande no bar para uma reunião. Uma sucessão de amigos de comandantes do exército, assessores de segurança, intermediários aproveitadores, conhecidos e jornalistas intrometidos circularam pela mesa deles durante a noite, enquanto trabalhavam à base de xícaras de café e de uma tigela com nozes salgadas, que a todo momento era reabastecida.

Boatos surgiam e desapareciam a cada nova pessoa que passava por ali. A fronteira entre a região curda e o Iraque propriamente dito estava fechada, disse um jornalista. Ninguém mais poderia passar. Um outro afirmou que estava aberta, e que havia passado por ela naquela manhã mesmo. Marlies ficou horrorizada com essas idas e vindas, da euforia ao desespero.

O dr. Amir, que já ouvira boatos em muitos lugares, de Sofia até Saigon, considerava tudo isso apenas o burburinho usual de tempos de guerra. Acabariam achando um jeito, pensou. Enquanto a fumaça de uma centena de cigarros fazia espirais pelo ar, a equipe elaborava suas listas – anotando em seus celulares e notebooks medições de água, medicamentos e mapas.

Por volta de meia-noite, quando a cafeína já perdia efeito, o dr. Amir ficou em pé e anunciou: – Ouçam todos – disse o doutor, e a mesa fez silêncio. – Estamos aqui agora e já fizemos o plano para amanhã. Mas quero deixar uma coisa bem clara: se alguém estiver se sentindo desconfortável, inseguro, por favor, me fale. Não há nenhum problema. Quem quiser pode ficar aqui no hotel enquanto vamos a Mossul.

Houve um segundo de silêncio, e em seguida todos – com exceção de um blogueiro visitante, que decidiu não ir – murmuraram sua concordância. Todos iriam.

No dia seguinte, o doutor pegou um táxi até a sede da empresa de segurança que contratara para protegê-los na ida e no retorno de Mossul. Ele e o dr. Suleyman haviam ido sozinhos, mas agora, com a equipe expandida, o dr. Amir sentiu um peso maior de responsabilidade. O leste de Mossul estava cheio de células dormentes do Estado Islâmico, e as linhas do *front* eram fluidas. Muitas das ruas ainda não haviam sido vasculhadas para a desativação de minas. Qualquer objeto à beira da estrada podia ser um explosivo.

No escritório com ar-condicionado do hotel, o dr. Amir repassou os detalhes do plano. Mapas de satélite mostravam onde estava a linha do *front* e as áreas que já haviam sido liberadas. Grandes trechos de Mossul, entre eles o Centro Antigo e a maior parte da margem ocidental do Tigre, ainda estavam sob o controle do Estado Islâmico.

Todo dia o Daesh enviava drones carregando granadas ou dispositivos explosivos para o outro lado do rio – soltando-os sobre veículos do exército, torres de tanques ou grupos de soldados. O dr. Amir decidiu que iriam precisar de dois carros blindados para levá-los à cidade e trazê-los de volta em segurança, assim como de um caminhão. A cada etapa do caminho, suas coordenadas seriam enviadas ao escritório em Erbil.

Enquanto trabalhava, seu celular tocava a toda hora com mensagens de contatos, de soldados, do ministério do Meio Ambiente e do recepcionista do Classy Hotel.

Os arranjos de segurança estavam apenas começando. Lula e Zombie iriam precisar de jaulas novas, em vez das gaiolas imundas e danificadas, as únicas que haviam conhecido até então. Para minimizar os riscos, o dr. Amir deixara dinheiro com Hakam e instruções para a confecção das jaulas em Mossul, segundo especificações bem rigorosas que permitiriam o transporte – algo essencial para que o plano do dr. Amir fosse bem-sucedido. Mas não tinha certeza de que seriam concluídas a tempo.

Em razão disso, o doutor providenciara um conjunto de jaulas reserva, emprestadas por um zoológico particular de Erbil – um refúgio para as aquisições exóticas das classes altas do Curdistão, quando aqueles seus animais-troféus tornavam-se perigosos demais como bichos de estimação. As jaulas não eram do tamanho adequado para o transporte que ele planejara para Lula e Zombie, mas seriam úteis numa emergência. Combinou que elas seriam entregues no hotel, e então levadas imediatamente para verificar se eram compatíveis com o caminhão que iria transportar os animais no dia seguinte.

Marlies havia ido à farmácia naquela manhã buscar os medicamentos nos quais confiavam para tirar os animais de sua condição terminal. Gregor havia ido até a loja de ferragens para comprar alicates. O dr. Suleyman fora despachado com Marlies para encontrar cadernetas de vacinação para os animais, caso fossem necessárias durante a tentativa de resgate. O mais importante de tudo é que ele havia sido instruído a deixar bem claro para as autoridades curdas que os animais não iriam ficar no Iraque e que deveriam ter permissão para entrar nas áreas curdas contando apenas com as informações básicas que constavam das suas autorizações para transitar por ali.

Ao entrar na farmácia, Marlies não pôde evitar de pensar que tudo aquilo talvez estivesse sendo em vão. O leão e a ursa pareciam moribundos nas fotos. Talvez já tivessem falecido quando a ajuda chegasse, ou estivessem doentes demais para serem salvos. Tentou afastar esses pensamentos. A única coisa que valia a pena era se concentrar na tarefa imediata.

Quando o doutor voltou ao lobby do Classy, os preparativos já eram do conhecimento, mesmo que difuso, de todos os hóspedes do hotel. O dr. Amir procurou tirá-los do caminho. Não queria criar um espetáculo. Marlies sentou-se numa das mesas, e a toda hora perdia a concentração com a interferência constante de conversas em árabe, que ela não conseguia entender.

O celular do dr. Amir não parava de tocar. Seu principal contato com o exército enviava atualizações vagas, mas positivas. Outros diziam que a estrada estava bloqueada, ou se ofereciam para acompanhá-los e facilitar as coisas, em troca de algumas centenas de dólares.

– Todo mundo está ganhando dinheiro com esta guerra – ele comentou com Marlies, os dois sentados numa mesa perto das telas de TV. – Todo mundo fica tentando vender falsas informações. Eles querem apenas dinheiro. Especialmente se você for estrangeiro.

Lá pelas 7 da noite, um dos contatos do doutor ligou para dizer que as jaulas haviam sido entregues. Ele foi lá fora. Já anoitecia, e ele subiu na caçamba do caminhão para inspecioná-las.

Um instante depois, algo de repente veio-lhe à mente.

– Talvez eu já devesse ter mencionado isso – ele lembrou. – Mas o fato é que essas jaulas precisam de trancas.

## 45

## ABU LAITH

A MATANÇA COMEÇOU AO MEIO-DIA. Batia sol na jaula do leão, e o ar estava denso de poeira, dos Humvees que passavam por ali, deixando a garganta irritada e as narinas ardendo. Abu Laith estava em pé, as pernas em torno de um bode resignado, segurando-o pelos chifres, e tinha no rosto uma expressão radiante de expectativa.

O homem e o bode estavam a menos de meio metro do leão dentro da jaula, que olhava com grande interesse para a criatura de chifres diante dele. Estavam separados apenas pelas barras da jaula.

Como Marwan ponderou mais tarde, Abu Laith estava infundido de uma dedicação e determinação um pouco assustadoras para quem o visse de fora. A rotina de limpeza, que cessara durante os combates, havia sido retomada com um zelo que ultrapassava toda medida. Marwan e as crianças eram repreendidos com chutes, gritos e ofensas por sua falta de empenho. De início se rebelaram, mas depois bastava lembrá-los das advertências do dr. Amir de que os animais podiam morrer se suas jaulas não fossem bem limpas. Agora, estavam reluzentes.

Lula dormia no canto da sua jaula, a barriga agora mais redonda, graças à melhor alimentação e às doses de mel duas vezes ao dia. Abu Laith passara a despejá-lo de um balde, direto na boca dela.

Pela primeira vez em meses, foi até o açougue com os bolsos cheios de dinares. O dono da loja, acostumado com as crianças que vinham implorar comida, as quais ele expulsava dali a tapas, ou despachava com alguns poucos restos, ficou impressionado. Nos últimos dias, Abu Laith virara um cliente regular do mercado clandestino de carneiros, sempre pechinchando no meio daquela bagunça de poeira e sangue, à sombra dos muros da cidade antiga. Naquele dia, aconteceu algo incomum: ele encomendou um bode vivo.

A vida selvagem. Abu Laith vivia obcecado por isso nas últimas semanas. Zombie estava adentrando a vida selvagem. Teria que caçar nas mesmas savanas onde Pai e Mãe haviam caçado — presumivelmente —, e onde haviam nascido, antes de serem contrabandeados para o Iraque através do Egito, como ocorria com a maior parte dos animais de zoológicos do país.

Sentado, assistindo ao canal da *National Geographic* na sala de estar onde haviam se protegido das bombas, Abu Laith embebia-se das imagens e dos sons de leões caçando. O dr. Amir havia lhe dito como alimentar e cuidar de Zombie, mas não deixara instruções sobre como prepará-lo para a vida futura.

Caçar, Abu Laith sabia muito bem, era uma arte. Requeria não só astúcia e coragem, mas também a disposição de matar. Não sabia se Zombie — que comia da sua mão e gostava que lhe coçassem a barriga — teria isso dentro dele.

O bode, caso fosse capaz de entender, desejaria muito que Zombie não tivesse tal instinto. De todo modo, a criatura estava ali, tremendo, prestes a ser devorada. Abu Laith soltou seus chifres e deu um passo para trás. Com grande excitação, correu até onde estava Marwan, que observava a cena com extrema aversão.

Naquele momento, e mais tarde também, o rapaz refletiu se aquilo teria sido realmente necessário. O velho homem tinha uma maneira horrível de treinar leões para a caçada, que parecia — até mesmo para ele — totalmente desprovida de fundamento científico.

Os olhos de Abu Laith estavam fixos em Zombie, que não tirava os olhos do bode. O leão deu um passo à frente.

— Vamos lá, Zombie — sussurrou Abu Laith. Ele não sabia se o leão tinha o instinto assassino, mas queria acreditar que sim. Para Abu Laith, não havia nada pior do que um leão transformado em cachorro. Um verdadeiro tratador de zoológico, ele acreditava, devia incentivar os instintos selvagens dos animais sob seus cuidados.

Com um bote silencioso, o leão avançou pelas barras e agarrou o bode pelos membros anteriores, como se fosse uma armadilha para ratos com uma mola ruim. Durante trinta longos segundos, esmagou o bode contra as barras com pancadas que reviraram o estômago de Marwan – golpes violentos que faziam a presa berrar. Então, para a alegria de Abu Laith, a infeliz criatura foi dobrada ao meio. Zombie puxou o animal pelas barras com um golpe seco, produzindo um estalo como o de uma cenoura crua sendo partida.

– Você é um matador! – comemorou Abu Laith, enquanto Zombie rasgava tiras da pele do bode, que ainda estrebuchava.

Com habilidade, Zombie levantou uma parte das costelas e arrancou a carne mais compacta e musculosa. – Olhe só! – gritou Abu Laith. – Veja o que ele está fazendo. Nunca viu um bode antes, mas já sabe como agir.

Marwan, ainda apreensivo, parou de olhar.

Abu Laith ficou agachado diante da jaula. – Agora você é um leão de verdade – disse.

O leão conseguiria sobreviver na natureza, Abu Laith concluiu. Mas a partida de Zombie ainda era algo que pesava na balança. Alguns dias antes, Ibrahim, o dono do zoológico onde os animais viviam antes, havia ligado para Abu Laith.

Alguém havia dito a Ibrahim que o estranho veterinário egípcio que se oferecera para tirar os animais de suas mãos era um homem rico. O antigo dono, Abu Laith explicou mais tarde, suspeitava de algo errado. Por que alguém gastaria esse dinheiro todo para ficar com os animais se eles não valessem nada?

Quanto mais pensava a respeito, mais o dono achava óbvio que os animais deviam ser extremamente valiosos, já que o estrangeiro queria tanto tirá-los dali.

Ibrahim ligou para Abu Laith, que conhecia desde antes do Estado Islâmico, quando Zombie vivia no zoológico junto ao rio e o então mecânico de automóveis ajudou a criá-lo com uma mamadeira de leite de búfala, enquanto esperava seu próprio zoológico perto de casa ficar pronto. Ibrahim tinha certeza de que seria capaz de trazer aquele robusto homem ruivo para o seu lado. O que não havia levado em conta é que

Abu Laith já era alguém totalmente fiel não só ao dr. Amir, que ele via como uma força guia em sua vida, mas também aos animais.

— Esse doutor é um ladrão que está tentando roubar os animais — disse Ibrahim a Abu Laith, que fervia de raiva do outro lado da linha. — Procure impedi-lo de fazer isso. Eu vou dar aos animais toda a comida e água que eles precisarem. E nós podemos comprar outro terreno, onde eles poderão viver soltos.

Abu Laith pensou em desligar o telefone. Se Zombie e Lula tivessem sob os cuidados de Ibrahim, já estariam mortos há anos.

Enquanto o dono do zoológico continuava falando, Abu Laith pesou bem a resposta que iria dar. A coisa mais fácil seria mandar o homem ir se catar. Mas enquanto estava sentado ali, a semente de um pensamento brotou de repente. Satisfeito consigo mesmo pela esperteza, interrompeu Ibrahim.

— Esses caras são mesmo uns ladrões! — ele gritou, interrompendo o discurso do outro. — E eu estou chocado. Mas não se preocupe. Vou acabar com essa história. Farei o que estiver a meu alcance. Pode deixar.

E desligou o telefone, rolando de rir.

46

# DR. AMIR

O DIA DA PARTIDA AMANHECEU ÚMIDO e com muito vento. Desde a última visita do doutor a Mossul, aquele verão já havia virado um outono hostil, com a chuva fazendo correr rios de águas lamacentas pelas ruas de Erbil. Ao levantar com esforço da cama às 4 da manhã, o doutor sentia-se como se mal tivesse dormido. Na noite anterior, várias pessoas bem-intencionadas haviam lhe garantido que a estrada para Mossul estava bloqueada.

A fronteira que dividia o Curdistão do Iraque propriamente dito ficava a uns trinta quilômetros da periferia de Mossul. Mesmo que estivesse aberta, teriam que passar por meia dúzia de postos de controle do exército antes de chegar ao zoológico. Cada um desses postos era guardado por soldados que haviam passado meses no *front* – o que os tornava, às vezes, desconfiados e brutais. Novas regras, ou boatos sobre a sua implementação, podiam travar um posto de controle durante horas, algumas vezes porque ele precisava percorrer toda a cadeia de comando do exército até decidir algo, outras vezes porque era ignorado, e com isso tanto civis quanto soldados, ambos cansados, ficavam trocando farpas. Apesar de todos os preparativos, estavam fazendo uma aposta.

Por volta das 6 da manhã, o dr. Amir estava sentado no banco de trás de um carro blindado depois de um café da manhã bem leve, esgotado como um trapo e torturado de ansiedade. Na frente iam sentados dois guardas de segurança, vestindo suas roupas usuais, de tecido cáqui antissuor, e fortemente armados. Ao lado dele, sentava-se Marlies, cuja mente estava estranhamente quieta enquanto ela olhava fixo para o colete à prova de balas diante dela no chão do carro. Ainda em Viena, ela achara a ideia de que tivessem de vesti-lo não só improvável como bizarra. Agora ela levantava o colete e percebia o quanto era extremamente pesado.

Gregor e Yavor vinham no outro carro blindado. O cinegrafista, a princípio, deveria ficar em Erbil cuidando das comunicações, mas acabara mudando de ideia. Depois de vários minutos com o dr. Amir dizendo obstinadamente a Gregor que não lhe daria permissão para vir, o veterinário cedeu e deixou o rapaz acompanhá-los.

O comboio vinha com outro elemento crucial: Salah, um taciturno membro das forças especiais iraquianas, de 20 e poucos anos. Era curdo e fora contratado pelo dr. Amir para apresentar o grupo ao exército e à Peshmerga, pois tinha contatos em ambos. O zoológico ainda estava no limite da zona de guerra, e, mesmo com todos os guardas de segurança e autorizações, o dr. Amir sabia que ter o apoio do exército era a única coisa que iria fazer diferença de fato.

Atrás deles ia um caminhão com as jaulas vazias de reserva para Lula e Zombie, agora já com as devidas trancas e correntes reforçadas. As novas jaulas que Hakam havia encomendado para o leão e a ursa tinham especificações definidas de tamanho, que permitiriam levá-las ao estágio seguinte da viagem. A encomenda havia sido feita a um serralheiro de Mossul, que garantira que estaria pronta quando o doutor chegasse.

A equipe partiu, o ar ainda leve e fresco, os carros tilintando com os suprimentos médicos a bordo. Por volta de 8 da manhã, chegaram a Khazir, um ponto de cruzamento na fronteira do Curdistão. Já havia uma fila de quase um quilômetro em ambas as direções, com carros surrados aguardando lentamente que a passagem fosse liberada.

— Pegue a pista do canto — disse Salah. Eles ultrapassaram os carros parados na faixa de acesso ao posto.

Um grupo de soldados da Peshmerga estava em pé na entrada da área coberta. O carro do dr. Amir diminuiu a marcha, e Salah orientou-o a parar diante do posto de controle. O soldado desceu do carro, e o dr. Amir foi atrás dele, com as autorizações em mãos. Alguns minutos depois, já haviam explicado tudo ao comandante da Peshmerga e estavam de volta ao carro, atravessando o posto de controle. Ao saírem do território curdo, o clima ficou consideravelmente mais leve. O dr. Amir entrou em contato com os assessores de segurança que estavam em Erbil e comunicou-lhes que haviam conseguido passar pelo primeiro posto de controle. O zoológico estava a apenas quarenta quilômetros. O dr. Amir ligou para Hakam, que estava à espera, embora parecesse um pouco tenso.

O sol começava a arder através do frio da manhã e, à medida que continuavam rodando, ia iluminando a paisagem em torno deles com um dourado suave. A cada quilômetro, os arredores pareciam mais decrépitos e negligenciados. A área havia sido, por vários anos, uma terra de ninguém à margem do chamado califado.

Agora havia sido tomada pelo exército iraquiano em seu avanço em direção a Mossul. Quando os combatentes chegaram, o Estado Islâmico lutou em boa parte dessa área semirrural que ficava fora dos limites da cidade, cavando túneis sob casas abandonadas e derrubando muros para poder avançar melhor pelas ruas protegido de ataques aéreos. Empilhavam garrafas contendo sua urina marrom perto dos seus ninhos de atiradores, enquanto aguardavam a chegada do inimigo. Muitas vezes o exército invadia uma vila vazia, para descobrir – dias mais tarde –, em meio a uma rajada de balas e estilhaços de metal quente, que os jihadistas haviam ficado escondidos o tempo todo debaixo do solo.

Passaram por aldeias cinzentas, e Marlies ponderou que não tinham como saber se aqueles lugares estavam vazios de fato ou não.

Uma hora mais tarde, pararam junto a uma mansão que parecia ter sido extraída do manual de algum ditador. Era cercada por muros cinza, e o pátio frontal empoeirado estava ocupado por um punhado de Humvees.

O dr. Amir desceu do carro. Haviam parado naquela base do exército para arrumar um guia que os levasse até o zoológico e os trouxesse de volta a território curdo em segurança. Tinha sido ideia dele, pois sabia muito bem o quanto os postos de controle no caminho para o zoológico iriam se comprazer em barrá-los. Um grupo de soldados fortemente armados também ajudaria, concluiu o doutor, a manter a população local à distância quando estivessem carregando os animais. Já havia visto muitas vezes como uma pequena multidão podia ficar violenta de uma hora para outra. Com dois carros blindados e um caminhão, eles não eram exatamente um grupo que passasse despercebido.

Marlies desceu do carro, o cabelo coberto por um véu roxo. Diante dela, estendia-se uma área exuberante e verde, como se fosse cuidada por uma equipe de jardineiros. Como ela refletiu mais tarde, era bizarro imaginar que não muito tempo antes aquilo tudo havia pertencido ao Daesh.

Alguns poucos soldados se reuniram em volta deles, todos falando com Salah. O doutor cumprimentava todo mundo com uma alegria incontida. Estavam indo falar com um tenente-general que comandava um grande grupo de soldados nessa parte de Mossul. Uma palavra dele podia tornar possível a saída de Zombie e Lula, ou impedi-la.

Marlies alcançou o dr. Amir em frente à mansão. – Há algo que possamos fazer? – perguntou ela.

– Está tudo correndo bem – disse o doutor, animado. – Não se preocupe. – Mas no fundo, como ele mais tarde admitiu, estava preocupado. Não tinha certeza de que o general iria deixá-los passar.

Um soldado conduziu-os pela porta da frente até um corredor com o piso de mármore, as paredes cor de areia, bem claras, e um lustre pendendo do alto teto. Foram deixados numa sala com sofás grandes de cada lado, que pareciam pequenos naquele espaço tão amplo.

Após alguns minutos, as portas se abriram e entrou um soldado carregando um bule de café dourado. Ofereceu a cada um deles uma xícara pequena, com um café bem forte.

– Obrigada – disse Marlies. Ela deu um gole. Era um dos melhores cafés que já havia provado na vida, com sabor de canela e, de algum modo, picante e profundo. Ela ponderou que era de fato um dia estranho. Tudo parecia mais vivo do que o normal. O doutor, que estava habituado a essas coisas, tomou seu café fora da sala e fumou alguns cigarros.

Meia hora mais tarde, um soldado veio buscá-los. Marlies seguiu o dr. Amin pelo corredor. O soldado bateu numa imensa porta dupla, abriu-a e os fez entrar.

Essa sala era ainda maior que a anterior, com tetos bem altos e piso de mármore reluzente, janelas altas e lustres enormes. Na extremidade oposta do cômodo, sentava-se um homem encorpado, com o previsível vasto bigode. Estava de boina e com um grande anel turquesa.

— *Assalamu aleikum* — disse o dr. Amir, avançando para cumprimentá-lo com um ar de dinamismo e competência. Marlies e o restante do grupo o seguiram, sorrindo o máximo que podiam. O doutor fizera a equipe inteira entrar com ele, buscando impressionar o general com o número de pessoas — o que talvez o deixasse constrangido em recusar a solicitação deles.

Sentaram-se, com o dr. Amir mais próximo do general, num sofá com incrustações de cristal. Radiante, o doutor começou a detalhar sua missão. Como explicaria mais tarde, achou melhor afetar um ar de espontaneidade inocente, já que todos provavelmente estariam desconfiando de que ele tivesse algum motivo não declarado.

— Estamos pedindo uma ajuda para a nossa missão — disse ele. — Temos uma equipe grande.

O general pareceu contrariado quando soube do plano para evacuar os animais.

— Por que vocês não os levam para Bagdá em vez de Erbil?

— Gostaríamos que fosse assim — disse o doutor, que na realidade não tinha nenhuma intenção de fazer isso. — Mas como Mossul é muito perigosa para estrangeiros, e iremos partir o mais breve possível, acabou ficando mais fácil levá-los a Erbil. — Ele já esperava que isso fosse acontecer. O exército iraquiano atendia apenas ao governo de Bagdá, e tinha muita desconfiança dos curdos.

Procurando transmitir uma confiança que no fundo não sentia, o doutor continuou insistindo na sua tese. Alguns minutos mais tarde, ficou em silêncio. O grupo todo da Four Paws ficou olhando para o general, na expectativa.

— *Ahlan wa sahlan* — disse ele. O dr. Amir agarrou a mão do general. Virou-se então para Marlies e os outros.

— Ele disse que somos bem-vindos — sorriu o doutor. — Disse que podemos ir.

## 47

## ABU LAITH

TREMENDO DE FRIO, Abu Laith esperava junto aos portões a chegada do doutor. Até aquele ponto, tudo dera errado. Um grupo de *moslawis* furiosos havia se reunido fora do zoológico.

Depois de Ibrahim ter falado com Abu Laith, haviam circulado boatos pela vizinhança de que um ladrão estrangeiro estava vindo roubar os animais do zoológico para fazer fortuna revendendo-os.

O rumor se espalhara depressa – amplificado pelo caos reinante – de que Zombie estaria prestes a ser roubado e vendido por um milhão de dólares. Não fazia sentido, segundo o pessoal do bairro, que uma riqueza dessas fosse desperdiçada com um ladrão que revenderia o leão deles a outro zoológico para obter lucro. Precisavam impedi-los. Juntos, ficaram tentando adivinhar aonde os ladrões planejavam levar o leão. Alguns deles, Abu Laith explicaria mais tarde, diziam que Zombie ia para os Estados Unidos, vendido a um zoológico de Nova York. Outros apostavam que seria levado a Bagdá, onde o ladrão, com certeza, teria conexões com o governo.

No meio deles, de cara amarrada, em silêncio, havia dois homens ligados ao proprietário – valentões modelados em academia, que os curiosos imaginavam terem sido enviados para deter os ladrões.

Abu Laith circulava em volta do grupo. Não havia comunicado ao dr. Amir os rumores que circulavam pela vizinhança, com medo de que isso o fizesse reconsiderar a missão. A cada cinco minutos, seu celular tocava com uma atualização da equipe da Four Paws: haviam cruzado um posto de controle e arrumado um novo guia.

Os nervos, já à flor da pele, começavam a ficar em frangalhos. Hakam, que nunca tivera contato com Ibrahim, estava preocupado e achou melhor ficar longe do zoológico naquela manhã, pelo menos até a chegada do dr. Amir. Além disso, tinha coisas urgentes a fazer. As jaulas que encomendara havia um mês só ficariam prontas em cima da hora, e ele passou a manhã pressionando o serralheiro a terminá-las no prazo.

Hakam planejara chegar ao zoológico meia hora antes do horário marcado para a entrega das jaulas. Não queria que Ibrahim soubesse o quanto ele estava envolvido no processo de resgate. O Daesh havia ido embora, mas ainda era um período perigoso em Mossul. Se tivesse os contatos, Ibrahim poderia pedir a eles um favor e mandar prendê-lo. Mas Hakam sobrevivera ao Daesh, e se sentia muito valente.

No zoológico, Abu Laith estava uma pilha de nervos. Acordara antes do nascer do sol a fim de preparar Lula e Zombie para a jornada. Acima de tudo, preocupava-se com os homens de Ibrahim, que poderiam tentar impedir seu resgate.

— Vocês precisam ficar quietos aí dentro — havia dito aos animais. — Fiquem deitados e durmam até serem levados à selva. Então poderão caçar e correr à vontade.

O treinamento de Zombie vinha em bom ritmo, e agora o leão era capaz de caçar galinhas tão bem quanto bodes. À medida que o dia da partida se aproximava, Abu Laith não sabia mais se seria de fato capaz de aceitar que Lula e Zombie fossem embora.

Chovia quando o carro do dr. Amir chegou, liderando o comboio. Dois carros blindados cheios de soldados vinham atrás, e pararam em frente ao zoológico. Os soldados olhavam para o parque, a cara amarrada.

Abu Laith correu até o grupo, e o dr. Amir abraçou-o. O veterinário pensou que os dois deveriam parecer o Gordo e o Magro, dois homens engraçados — um alto, o outro baixo — dando tapinhas carinhosos um no outro no meio da chuva.

— Estão prontos? — perguntou o doutor. Abu Laith confirmou. Amir notou que o tratador parecia nervoso.

Nenhuma das pessoas ali imaginava que o exército viesse acompanhando-o. Parecendo muito entediados, os soldados desceram de seus carros blindados e vieram andando até o portão. Os curiosos agora ficaram claramente hesitantes. Os homens do proprietário digitavam mensagens freneticamente no celular.

Abu Laith conduziu o dr. Amir pelos portões. Os outros foram atrás – as crianças espalharam-se entre as árvores perto da jaula do leão, todas muito empolgadas para ver de novo a manobra de soprar o canudo com sedativos.

A entrada foi bloqueada pelos guardas de segurança que haviam acompanhado o dr. Amir – homens fortes e armados. Mas isso não queria dizer nada para os curiosos, que agora trepavam pelos muros e se enfiavam pela pequena entrada lateral para assistir à remoção dos animais. Os dois homens musculosos também vieram. Abu Laith supôs que deveriam estar atualizando Ibrahim sobre a missão de resgate. Um deles começou a gravar um vídeo no celular de toda a ação da equipe da Four Paws, lembrou o dr. Amir mais tarde.

Algumas daquelas pessoas haviam frequentado o zoológico durante a ocupação do Daesh, e se lembravam dos leões nas jaulas, e de como eles faziam barulho à noite. Outras lembravam que Abu Laith havia criado um dos leões desde filhote, e que sempre se dispunha a cuidar dos cachorros doentes que eram levados até ele.

De qualquer modo, a eventual perda do leão e da ursa começava a significar alguma coisa. Se o pessoal local tivesse sido questionado no dia anterior, talvez dissessem que os animais poderiam ir para o inferno. Agora pareciam achar injusto que fossem resgatados, ou roubados, ou seja lá o que estivesse acontecendo. De qualquer modo, aquilo constituía apenas outra maneira de tirar-lhes o poder de escolha, como já ocorrera tantas vezes antes.

O dr. Amir e Abu Laith – junto com a equipe do doutor – já estavam quase correndo em direção às jaulas, a zarabatana pronta, carregada com um dardo de sedativo. O embate se aproximava, a multidão crescia e mostrava-se hostil, e o veterinário sabia que teriam de agir o mais rápido possível.

As crianças foram correndo na frente até as jaulas. Abdulrahman estava muito triste, mas não queria que ninguém percebesse. Debaixo da chuva, lutava contra a angústia de ver Lula e Zombie irem embora, sabendo que não poderia vê-los nunca mais.

Com o coração apertado, sentou-se no chão perto da jaula de Lula.

— Vamos sentir sua falta — ele disse. Mas quando ouviu que os outros já haviam chegado perto dele, levantou e correu para o meio das árvores, envergonhado.

O resto do grupo dobrou a esquina e foi se aproximando das jaulas. O dr. Amir ajoelhou-se no piso de concreto e abriu seu kit. Pegou a zarabatana. Lula e Zombie estavam inquietos nas jaulas, com olhar inquisidor.

O dr. Amir ficou impressionado com a limpeza e a ordem nos recintos dos predadores. A barriga da ursa estava agora mais redonda, seus olhos brilhavam, e as costelas de Zombie pareciam um pouco mais preenchidas por gordura. Fora das jaulas, o piso de concreto estava muito mais limpo do que da última vez, não mais coberto de dejetos.

— Eles parecem muito bem! — disse o doutor a Abu Laith. — Você fez como eu pedi!

Uma explosão soou perto. Ninguém teve reação. Abu Laith, que estava o tempo todo em pé junto às jaulas, vibrou com as palavras do doutor.

— Zombie é capaz de caçar — contou ao dr. Amir. — Demos vários bodes para ele matar.

Com ar divertido, o doutor pôs-se em pé. As crianças amontoavam-se num canto junto à jaula dos macacos, empolgadas.

O dr. Amir mirou bem e atirou um dardo em Lula, que estava em pé, com as patas apoiadas nas barras no fundo de sua jaula. Ela estremeceu e, em seguida, ficou quieta. Depois de uma pausa para recarregar o canudo, o dr. Amir atirou outro dardo no flanco de Zombie.

— Pronto! — o doutor gritou. Diferentemente da última vez, havia dado agora aos animais uma dose que os deixaria fora do ar por pelo menos metade do dia. Mesmo assim o tempo era curto. Eram os humanos do lado de fora do zoológico que o preocupavam. Bastava que alguém pressionasse demais os homens da segurança para que a missão de resgate descambasse para a violência.

Mais preocupantes ainda eram os drones que o Daesh ainda enviava cruzando o rio — com câmeras acopladas —, que buscavam localizar grupos de soldados iraquianos.

Não haviam passado nem cinco minutos desde que atirara os dardos, e os dois animais já dormiam profundamente. O dr. Amir destrancou suas jaulas e foi até o fundo do recinto de Zombie. Os costados do leão subiam e desciam, enquanto ele dormia.

– Pegue isto – disse o dr. Amir, jogando uma das pontas de um lençol a um dos espectadores. – Temos que colocar o lençol por baixo dele.

Abu Laith já havia se despedido dos animais uma dezena de vezes, mas isso não fazia diferença. Ao ver o doutor arrastar Lula e Zombie para fora das jaulas, Abu Laith sentiu o desejo de que ficassem.

Acomodaram a ursa gentilmente no piso de concreto, a poucos metros do túmulo de Mãe, para que o dr. Amir pudesse examiná-la. As mãos dele percorreram rapidamente a pelagem dela, abriram um dos seus olhos, apalparam a barriga macia e correram os dedos por suas costelas. Era o mínimo que devia ser feito para certificar-se de que ela estaria segura durante a viagem. Precisavam andar logo com aquilo.

Enquanto Abu Laith observava em pé, seu celular tocou. Era Ibrahim. – Eles vieram roubar os animais! – gritou ele. – Você tem que impedi-los!

Abu Laith tentou fingir um tom preocupado. – Tentei impedi-los – disse. – Mas trouxeram metade do exército junto. Não posso fazer nada.

O dr. Amir, ocupado com Lula e Zombie, virou-se para entreouvir a conversa. Abu Laith, vendo a preocupação do doutor, piscou um olho em tom bem teatral.

– Vou ver o que posso fazer – o tratador de zoológico continuou. – Mas não prometo nada. – Ele desligou o celular e sorriu. – Vamos, doutor – disse, feliz da vida.

O dr. Amir segurou aquela maca improvisada do leão. Ajudado por outras pessoas, carregou o animal pelo zoológico e pelo portão principal até a rua, onde o exército aguardava. Lula veio em seguida, também carregada num lençol. Perto deles estava o caminhão que iria carregar as jaulas encomendadas por Hakam, com um guindaste para movimentá-las. Mas elas ainda não haviam chegado.

– Onde estão as malditas jaulas? – esbravejou o dr. Amir.

– Vão chegar num minuto – disse Abu Laith, tranquilo.

O dr. Amir olhou para o velho homem. Ele sorria satisfeito para os animais. – Precisamos dessas jaulas – disse o doutor. – Temos que partir agora.

A multidão parecia tê-los seguido pelo portão. Em meio aos gritos das crianças e ao som das armas de fogo ao longe, um dos homens de

Ibrahim continuava filmando. Hakam, que aparecera ali havia pouco, garantiu ao doutor que as jaulas chegariam a qualquer momento. Mas Amir, olhando para a multidão que se aglomerava, sabia que não tinham mais tempo. Teriam que colocar os animais nas jaulas de reserva e iniciar viagem, aguardando ser alcançados em algum ponto pelas jaulas novas.

O dr. Amir correu até o carro blindado, onde o motorista aguardava. Precisavam andar depressa, ele pensou, ou alguma coisa poderia dar errado.

— Faça esse guindaste funcionar — ele disse. — Precisamos carregá-los imediatamente.

Minutos mais tarde, Lula e Zombie estavam dentro de suas jaulas improvisadas, respirando suavemente. Abu Laith acariciou uma última vez a pele quente e oleosa de cada animal, enquanto eram içados no caminhão pelo guindaste. Abu Laith iria atrás deles em seguida, até o posto de controle de Khazir, e então — imaginava ele agora — os animais iriam embora dentro das jaulas novas.

O doutor estava dando instruções freneticamente aos seus ajudantes quando os homens de Ibrahim se aproximaram. Um deles segurava o celular, tentando passá-lo ao doutor.

— Não tenho tempo de falar agora — disse o dr. Amir, rispidamente. — Estamos ocupados.

— Pegue! — gritou o homem.

O dr. Amir avaliou os dois homens por um momento. Mais de um metro e oitenta de músculos, camiseta preta justa e barba esculpida, calça de moletom. Pareciam furiosos.

Ele pegou o telefone.

— Esses animais são meus! — esbravejou Ibrahim. — Você não pode levá-los embora.

O doutor, que tinha um olho nos animais inconscientes e outro no frenesi ao redor dele, tentou interrompê-lo, mas Ibrahim continuou berrando.

— Quando você sair de Mossul, vamos apagá-lo! — disse o dono do zoológico. — Tenho gente esperando vocês do outro lado dos postos de controle. Assim que você sair daí, vamos matá-lo. Você não vai conseguir sair vivo de Mossul. Você está morto!

O doutor controlou sua raiva. – Converso com você em Erbil – ele disse, e passou o celular ao homem, que tentou devolvê-lo de novo.

– Você precisa falar com Ibrahim – ele disse.

O dr. Amir não tinha tempo para isso. Entregou então o celular a um dos soldados. O doutor ficou observando-o, enquanto ouvia Ibrahim repetir suas ameaças.

– Temos nossas ordens a cumprir – disse o soldado. – E estamos cumprindo. Não me interessa de quem você é amigo. – Ele desligou. – Ouça, doutor – disse. – Podemos protegê-lo até a fronteira com o Curdistão. Mas, depois disso, é por sua conta.

Por um momento, o dr. Amir ficou ali parado em pé. Não sabia muito bem como interpretar aquela ameaça. O dono podia mandar matá-lo, tinha certeza que sim. Era assim que funcionava o Iraque, e Ibrahim era um homem rico. Mas o doutor sabia que não podia perder o foco. Por enquanto, a ameaça estava no zoológico, não em Erbil. Precisava manter a calma.

Então olhou para o céu e viu algo pairando bem acima dele. – Um drone! – ele gritou. – Drone! Drone! Vamos embora, todo mundo!

Amigos e adversários correram em pânico, procurando abrigo. Mesmo sem entender o que o doutor gritava em inglês, viam seus braços gesticulando para que corressem. As crianças foram logo se proteger debaixo das árvores. Marlies correu até o carro blindado, e o doutor foi atrás dela.

Os guardas da segurança haviam explicado a Amir como aquilo funcionava. Primeiro, o Estado Islâmico enviava os drones até o outro lado do rio – usando-os como localizadores para a artilharia. Assim que descobriam algum alvo, este era bombardeado. Aquelas pessoas do zoológico precisavam fugir imediatamente.

O doutor olhou pela janela do carro. Não havia mais nada ali. Os gritos haviam cessado, e o zoológico estava silencioso, a não ser pelo estrondo de bombas à distância.

Abu Laith ficou ali em pé, quieto, nem tentou fugir. Mais tarde juraria que Zombie havia chorado. Ele também. Sentia como se um filho estivesse sendo tirado dele.

Os motores foram ligados. Deram marcha à ré em grande aflição e saíram pelos portões, afastando-se a toda velocidade do zoológico, enquanto as crianças corriam atrás, pulando e gritando.

# 48

# ABU LAITH

O CARRO BLINDADO DO DR. AMIR passou por mais uma saliência do asfalto, e por um segundo todos os passageiros pairaram no ar a alguns centímetros do banco. Ignorando o medo que sentia, ele continuou olhando fixo à frente, vasculhando a rua à procura de soldados, milicianos e cães perdidos.

Haviam passado rapidamente pelos últimos postos de controle, quase sem reduzir a velocidade, com os soldados acenando para eles. Logo adiante ficava Khazir, o último posto de controle antes do Curdistão.

Estavam a menos de um quilômetro da segurança. Mas precisavam das novas jaulas para que o estágio seguinte do plano funcionasse direito.

Ao saírem do zoológico, Abu Laith garantiu que chegaria cinco minutos depois deles com as novas jaulas. Decidiram esperá-lo.

O comboio diminuiu a marcha e parou no acostamento. A escolta militar havia se separado deles na periferia de Mossul, e agora restavam apenas três veículos.

O dr. Amir ligou para Abu Laith. – Você já está chegando?

– Claro – respondeu o tratador do zoológico. – Logo estaremos aí. Já pegamos as jaulas. Estou com elas.

– Não demore – disse o doutor, muito ansioso.

– Não se preocupe – disse Abu Laith, tranquilo. – Vamos chegar logo.

Meia hora mais tarde, o dr. Amir ligou de novo para Abu Laith.

– Onde você está?

– Vamos chegar em cinco minutos – disse Abu Laith, e não era a primeira vez que dizia isso.

– Cinco minutos árabes ou cinco minutos de verdade? – gritou o doutor, cujo estresse atingia um nível insuportável.

– Cinco minutos – disse Abu Laith, e desligou.

Assim que estivessem com os curdos, o dr. Amir sabia que ficariam seguros. O governo regional curdo travava havia tempos uma guerra burocrática silenciosa com o governo federal sediado em Bagdá, que controlava o exército iraquiano. O que os curdos mais queriam era ganhar créditos por terem ajudado a resgatar os animais. Tudo o que o grupo precisava fazer era passar por aquele posto de controle. Mas precisavam das novas jaulas, senão os planos para a retirada dos animais fracassariam.

Já fazia uma hora que esperavam na estrada, junto ao posto de controle, quando uma camionete pequena, decrépita, surgiu à distância. Conforme se aproximava, o doutor pôde ver as jaulas amarradas na traseira e a figura de Abu Laith encurvado sobre a direção.

– Chegamos, doutor! – gritou Abu Laith satisfeito, descendo da caminhonete.

O dr. Amir deu a volta para orientar o guindaste. – Vamos! – gritou para os demais membros da Four Paws, que se espalharam para dirigir o içamento das jaulas e o traslado para o seu caminhão.

Abu Laith já manobrara a camionete para voltar a Mossul quando um carro cheio de soldados parou perto deles. O dr. Amir estava orientando o guindaste, e nem os viu chegar. As novas jaulas já haviam sido carregadas no caminhão. Em dois minutos, o grupo estaria pronto, e em mais cinco poderiam atravessar o posto de controle para a segurança.

Um homem de uniforme saiu do carro e foi até eles.

– *Assalamu aleikum* – disse, educadamente.

O dr. Amir estava tão concentrado que mal respondeu. As novas jaulas já estavam agora nos caminhões. Tudo pronto para a partida.

– Vamos! – disse o dr. Amir, correndo até a frente do comboio.

Mas o homem de uniforme já chegara ali antes dele. – Pare – disse. – Temos ordens de cima. Vocês têm que levar os animais de volta a Mossul.

O doutor não conseguia tirar da mente a tarefa que tinha em mãos: fazer sua equipe e os animais atravessarem o último posto de controle.

– Temos permissão para entrar no Curdistão – disse ele, e mencionou alguns nomes.

A expressão no rosto do soldado não se alterou. – Temos nossas ordens – ele disse. – Todas as suas autorizações ficam anuladas. Isso vem lá do alto. Vem do comandante.

O dr. Amir começou a passar mal. Sabia que o soldado se referia ao intempestivo oficial comandante das forças iraquianas na província de Nínive, da qual Mossul fazia parte. O doutor não pedira permissão a ele para levar os animais – em vez disso, arrumara uma carta do vice-governador de Nínive e de vários outros comandantes do exército.

– Mas nós temos todas as permissões necessárias! – gritou o doutor. – Posso garantir isso.

– As suas permissões estão canceladas! – o soldado disse, curto e grosso. – Estamos levando vocês de volta a Mossul agora. Você vem conosco. Precisamos de alguém para soprar os dardos nos animais e mantê-los calmos.

Foi demais para o dr. Amir. Era difícil aceitar que haviam chegado tão longe, apenas para verem a missão abortada. O sol se punha, e ele sabia que os postos de controle iriam fechar logo.

– Não, nós não vamos – ele disse. – Os animais vão conosco para Erbil.

O soldado se irritou. – Peguem o caminhão deles – disse. – Vamos levar os animais de volta ao zoológico.

O dr. Amir tentou argumentar, mas a operação de apreensão já estava em curso. Ele correu até o caminhão, mas um soldado já mandava o motorista dar a volta.

– Pare – disse o doutor. – Vamos conversar.

– Saiam agora! – gritou o comandante, furioso. – Saiam agora, ou vou prender todos vocês!

As forças armadas iraquianas não eram famosas pela delicadeza no trato dos prisioneiros. O dr. Amir avaliou as alternativas. Eram bem poucas.

Tentou parecer conciliador. – Desculpe – ele disse. – Vamos partir, sim. Agora mesmo.

Depois de lançar um último olhar ao caminhão de Lula e Zombie, o dr. Amir entrou de novo no carro e ligou o motor. Marlies ia sentada em pânico ao lado dele, enquanto dirigiam de volta, rumo ao posto de controle de Khazir.

– Não se preocupe – disse o dr. Amir, embora ele mesmo estivesse longe de se sentir despreocupado. – Ainda vamos voltar e resgatá-los.

# 49
# DR. AMIR

VOLTARAM AO CLASSY HOTEL já depois do pôr do sol. Deixaram o carro com o manobrista, um rapaz de jaqueta de couro à la Michael Jackson, óculos escuros espelhados de aviador e luvas sem dedos, e entraram no lobby, passando pelo detector de metais inoperante. Na parede havia uma foto de Masoud Barzani, o corpulento líder do governo regional curdo.

    O bar e o restaurante, que era a sua extensão, estavam como sempre lotados de jornalistas e funcionários de ONGs. Alguns com as roupas totalmente empoeiradas e muito bêbados – os redatores e os fotógrafos. Outros pareciam mais limpos, com dentes brancos e cabelo bem arrumado – os jornalistas das TVs.

    Soava música pelos alto-falantes. Marlies e os outros desabaram nas cadeiras junto à mesa. O dr. Amir havia sido chamado à recepção para responder a uma mensagem. Os demais membros da equipe mal haviam se falado durante a viagem de volta. De vez em quando, alguém lançava alguma ideia, que os outros – educadamente – trituravam.

    – Bom, eu vou tomar uma cerveja – disse Marlies, e Gregor e Yavor assentiram. De onde estavam podiam ver o doutor, de costas para eles, conversando com o recepcionista, emoldurado pelo balcão de falso mármore iluminado por trás. Enquanto os outros abriam suas garrafas de cerveja, o dr. Amir caminhou de volta ao bar pela porta de vidro duplo. Seu rosto perdera aquela luminosidade bronzeada saudável. Era agora de um cinza-pálido como gesso, e a pele em volta dos olhos estava mais escura.

    – O que foi? – perguntou Marlies.

– Deixaram uma mensagem para mim na recepção – disse o doutor, sentando-se à mesa. – Algumas pessoas vieram hoje ao hotel perguntando por mim. Depois alguém ligou, dizendo que eu deveria encontrá-los às 8 da noite. Deram o endereço. Disseram para eu ir sozinho.

A equipe ficou perplexa, olhando para ele.

– É Ibrahim – disse o dr. Amir. – Só pode ser ele.

Parecia absurdo que alguém o ameaçasse por tentar resgatar animais doentes.

Marlies foi firme. – Você não vai, é claro – disse ela, sem rodeios. Gregor acrescentou que seria estúpido ele cair nessa armadilha. Yavor concordou.

– Mas eu vou, sim – disse o doutor. – Preciso ir. Temos que convencê-lo.

– Como você sabe que é ele? – Marlies perguntou.

– É ele, sem dúvida – disse o dr. Amir. Sabia que Ibrahim era um homem influente. A família dele era dona de um restaurante de sucesso no bairro cristão. Eram próximos do governador de Mossul. Na realidade, eram o tipo de família que poderia muito bem mandar matá-lo se quisesse.

Não conseguiria evitá-los por muito tempo. Se não fosse ver Ibrahim, eles iriam encontrá-lo do mesmo jeito. Além do mais, ele disse a Marlies, ninguém que planeja cometer um assassinato deixa o endereço com a recepcionista do hotel.

Ele ligou para a empresa de segurança, e concordaram com ele. Não tinha cara de ser uma tentativa de homicídio.

– Tudo bem – disse Marlies, contrariada com essa guinada nos planos. – Mas eu vou junto com você.

– Não – disse o dr. Amir. – Eu é que tenho de enfrentar isso. É o único jeito.

Por volta de 7h30 da noite, o doutor estava em pé na porta do hotel chamando um táxi no escuro. Os outros, depois que o doutor expôs suas razões, concordaram, mesmo com relutância, que era mais sensato ele ir. A equipe esperaria ele voltar.

O táxi rodou pelas ruas secundárias de Ankawa, o bairro cristão, iluminadas apenas pelas placas de cervejarias.

O doutor não estava exatamente assustado, relembrou mais tarde, mas cansadíssimo. Não imaginava o que poderia acontecer quando chegasse à reunião, mas a situação era desesperadora, e aquela talvez fosse a única opção capaz de trazer alguma luz.

Pagou o motorista e desceu. Estava perto de uma rua movimentada, e os faróis dos carros que passavam refletiam-se nas fachadas envidraças das lojas ao redor dele. O dr. Amir andou até o restaurante indicado na mensagem de Ibrahim. Era um salão enorme, muito iluminado, num estilo muito popular entre a classe média alta de Erbil. Mas, apesar de já ser hora do jantar, estava completamente vazio.

Atravessou as portas. Um garçom, de camisa branca e colete preto, veio logo recebê-lo.

– Uma pessoa apenas – disse o dr. Amir, e o garçom indicou-lhe uma mesa. Era enorme, como as demais, e acomodaria pelo menos dez pessoas sentadas. O dr. Amir olhou em volta. Lustres grandes de cristal dourado pendiam baixos do teto. Num dos cantos do restaurante, meia dúzia de garçons esperavam, sem muito que fazer.

– Gostaria de beber algo? – disse o rapaz que o levara até a mesa.

– Obrigado – respondeu o doutor. – Estou esperando alguém. – Ele sentou-se, procurando aparentar tranquilidade. Havia uma câmera no teto, apontada na sua direção. Alguém, ele supôs, devia estar observando-o de alguma outra sala. Ficou aguardando que chegassem.

Fingindo uma naturalidade que não sentia, o dr. Amir acendeu um cigarro e pediu um chá ao garçom.

Estava dando uma tragada quando uma porta lateral do restaurante se abriu, e um homem alto e calvo entrou. Era forte, corpo esbelto de academia, com uma camisa azul justa e jeans – uns 40 anos, bem apessoado. O dr. Amir soube, sem qualquer hesitação, que se tratava de alguém perigoso e que vinha cheio de raiva.

– Boa noite – disse o homem, ao chegar à mesa do doutor. – Então você é Amir Khalil.

O doutor tentou aparentar tranquilidade. – Sim – respondeu.

O homem puxou uma cadeira e sentou-se à mesa. – Vou ser muito claro com você desde o início – disse o homem. – Você está no meu país. Se eu disser que você fica aqui, você fica. Você só vai poder voltar para casa se eu der permissão.

O dr. Amir procurou manter a calma. Achou que era melhor continuar ouvindo, quieto.

– Para quem você trabalha? – o homem rosnou, inclinando-se para a frente e batendo as mãos no tampo da mesa.

O doutor mal conseguia falar. – Four Paws – disse. – Uma entidade de assistência a animais, austríaca.

– Como posso saber se é verdade? – interrompeu o homem. – Mostre sua identidade. Você não está mais na Áustria agora.

O dr. Amir não sabia o que fazer. Um brutamontes agressivo lhe pedia um documento de identificação, que ele não trazia consigo naquele momento.

– Não está aqui comigo agora – disse o dr. Amir. – Deixei meus cartões todos no hotel, junto com o passaporte.

A irritação do homem era quase palpável.

– Mas trouxe minha carteira de motorista austríaca. Quer vê-la?

– Prove que você é Amir Khalil – vociferou o homem, estendendo a mão.

O doutor pegou sua carteira e lhe entregou.

O homem examinou-a por um momento e então enfiou-a no próprio bolso.

Era um jogo de poder, pensou o dr. Amir, tentando não se alterar.

– Veja – ele disse –, você não para de me fazer perguntas, mas não estamos numa delegacia ou em algum órgão de segurança. Estamos num restaurante vazio. Quem é você?

– Você está tentando roubar os animais! – gritou o homem. – Diga a verdade.

Os garçons permaneciam onde estavam, parados e em silêncio.

– Não estou tentando roubá-los – afirmou o dr. Amir. – Falei com o dono do zoológico, e ele disse que eu podia levá-los. Estavam quase mortos, e eu quis resgatá-los. Não vou ganhar nenhum dinheiro com eles.

– Mentira! – o homem gritou. – Você trabalha para a inteligência norte-americana. É da CIA.

O dr. Amir deu de ombros. – Como você pode ver, sou egípcio, não americano – ele disse, fingindo um tom de voz casual. – Sou apenas um veterinário.

Acusações de trabalhar para a CIA eram sempre as primeiras a serem feitas, ele sabia. Logo iriam acusá-lo de ser agente de Israel. E então, já tinha experiência disso, você poderia ter certeza de que as coisas estavam realmente ruins.

Aquele homem não podia ser Ibrahim, pensou o dr. Amir. Era jovem demais. Devia ser um de seus capangas, enviado para testá-lo ou simplesmente para assustá-lo.

– Hoje cedo, às 8h22, você conversou com uma pessoa do exército – disse o homem. – Sabemos de tudo a seu respeito. Sobre o que vocês conversaram?

O dr. Amir não respondeu. A tal pessoa era um contato dele que o ajudara a arrumar a escolta de segurança para acompanhá-lo até o zoológico. Não contara a mais ninguém que havia ligado para ele.

O homem exibia um ar triunfante. – Como foi que conheceu esse cara? – ele perguntou, inclinando o corpo para a frente. – Quem lhe passou o contato?

O dr. Amir sentiu, pela primeira vez, um pouco de medo. Eles deviam ter um registro das suas chamadas de celular. Isso era algo fora da alçada de Ibrahim, o doutor sabia. O ex-dono dos animais era um homem rico, mas não tinha tanta influência assim. Havia alguma outra coisa em jogo; só alguém com contatos muito bons teria acesso a essas informações.

– O que é essa tal de Four Paws? – perguntou o homem, que agora falava aos gritos, e nem esperava ele responder. – Como você arrumou todo esse dinheiro? Quem está por trás disso? Quanto dinheiro você tem?

O dr. Amir não tinha ideia de como aquele homem o via. – Não tenho dinheiro algum – ele disse. – Vim apenas com meus cartões de crédito. – Tentou soar o mais tranquilo possível. Quanto mais o homem ficasse furioso, pensou, mais ele deveria se manter calmo, sem se alterar com as acusações. Se ficasse furioso também, a coisa iria aumentar de proporção. E ele poderia parecer culpado de algo.

– Você veio espionar nosso país! – o homem gritou. – Não vamos deixar você ir embora. Você deve estar trabalhando com os terroristas. Sei que esteve em Gaza.

O dr. Amir tentou trazer a conversa de volta à realidade. – É muito fácil, é só você procurar meu nome no Google – ele disse. – Lá você vai achar tudo o que precisa saber a meu respeito.

O homem ignorou-o. Já fizera isso antes, pensou o dr. Amir. Aquele interrogatório incessante parecia alguma técnica de intimidação – que ele certamente devia ter aprendido em algum órgão dos serviços de segurança. Não era um civil.

– Você tem filhos? – perguntou o homem, arregalando bem os olhos e encarando o doutor do outro lado da mesa. – Quantos? Onde estão?

– Tenho três filhas – ele respondeu, sentindo vagamente que era uma boa ideia passar uma imagem mais humanizada dele mesmo naquela situação. – Estão na Áustria. São egípcias, como eu.

Uma hora e meia mais tarde, o homem já estava rouco de tanto berrar. O dr. Amir havia desistido de falar. Tudo o que dizia parecia deixar seu interrogador ainda mais furioso. O silêncio era a única coisa que o acalmava. Num breve momento de quietude, acendeu um cigarro e deu uma longa e quente tragada de nicotina, que o acalmou.

A porta lateral abriu de novo, e outro homem entrou no restaurante. Devia ter uns 60 e poucos anos, costas eretas, porte nobre, com uma barriga grande e o cabelo todo branco. Sentou-se à mesa ao lado do dr. Amir. Este devia ser alguém importante, o doutor pensou. Parecia um sheik.

– Como vai? – perguntou o homem, e seu rosto redondo, largo, parecia um pouco mais amistoso. Em frente ao doutor, o homem que o interrogava ainda fervia de raiva.

– Estou bem, *alhamdulillah* ["louvado seja Deus"] – disse o doutor. O cigarro o fizera se sentir melhor.

– Doutor – disse o homem, em tom paciente. – Estou vendo que o senhor cometeu um grave erro. Meu irmão é o dono dos animais. Ele me contou o que o senhor tentou fazer com eles.

Algo dentro do dr. Amir, que vinha fazendo muita força para manter a calma, de repente estalou. Ele começou a falar e não conseguia mais parar.

– Talvez tenha cometido – disse o doutor. – Mas o verdadeiro erro foi cometido por seu irmão, e não por mim. Imagino que ele não tenha lhe contado que fui eu que entrei em contato com ele. Que lhe expliquei o que estava fazendo. E que ele retrucou dizendo "fodam-se os animais, pode levá-los embora, não me importo, tenho coisas mais importantes a fazer".

O irmão do dono continuou sentado quieto, olhando para o doutor, sem interrompê-lo.

O dr. Amir prosseguiu. – Não acho que foi um erro alimentar seus animais – disse. – Ou dar algum dinheiro às pessoas que estavam cuidando deles, já que vocês não davam um tostão. É desse jeito mesmo que vocês gerenciam seus negócios? Quer dizer que eu alimento os animais, dou dinheiro a quem cuida deles porque seu irmão não dá, e no final das contas eu é que cometi um erro?

O dr. Amir pegou seu celular e procurou as fotos dos animais, para mostrar como estavam quando ele chegou – subalimentados, semimortos, cheios de parasitas.

– Veja – ele disse, mostrando as fotos ao irmão de Ibrahim, que ainda não se apresentara formalmente. – Veja como estavam. Quase mortos. Mas nós os salvamos.

O homem apenas sorriu. – De onde você é? – perguntou, baixinho.

O dr. Amir fez uma pausa. O irmão do dono era claramente o chefe da família e um homem importante. Depois de jogar seu capanga em cima do doutor, queria agora fazer o jogo do patriarca árabe benevolente – relutante em já começar a negociar logo de cara, muito hospitaleiro. Tudo bem, vamos deixá-lo fazer esse jogo, o doutor pensou. Ele tentaria trazer o homem para o seu lado.

– Sou egípcio.

O homem sorriu. – Egito... – ele disse. – Gosto das egípcias. Quase me casei com uma.

O dr. Amir tentou sorrir enquanto o homem falava sobre as mulheres egípcias. Mas mal ouvia o que ele dizia.

– Comeu alguma coisa, irmão? – perguntou o homem, ao terminar de falar.

O doutor teve vontade de estrangulá-lo. – Não, não comi – disse. – Achei que não vinha muito ao caso, já que este homem aqui ficou me ameaçando o tempo inteiro. Por que deveria comer? Já que vou morrer e ir para o céu, é melhor ficar leve, assim subo mais rápido. Depois de ter comido, ficaria muito pesado e teria mais dificuldade.

Pela primeira vez, o homem soltou um sorriso sincero. – Não vamos matá-lo – disse.

A porta lateral abriu de novo, e outro homem entrou. Menor que o irmão, meio desengonçado em seu terno surrado, um homem que o dr. Amir imediatamente imaginou ser Ibrahim. Compunha uma figura triste e veio se aproximando da mesa com passo arrastado. Sem olhar para o dr. Amir, sentou-se ao lado do irmão, que fez sinal para o doutor falar.

– Não é verdade que eu liguei para você? – perguntou o dr. Amir, olhando para Ibrahim. – Liguei da Áustria, e você disse que não queria mais esses animais, e que eles só lhe davam dor de cabeça, não foi?

Ibrahim olhava fixo para a mesa, observado pelo irmão.

– Mas você levou os animais sem a permissão do comandante – disse ele.

– Mas esse foi o nosso acordo! – o dr. Amir explodiu, exasperado. – A minha ideia era levar os animais embora. Eu cuidei deles!

– Não foi bem assim – Ibrahim disse, hesitante.

A discussão foi suspensa pela chegada do carrinho de *mezze* – homus, saladas e tabule –, empurrado por um dos garçons.

– Vou me sentar ali para comer – disse o dr. Amir, sabendo que seria desfeita recusar a comida. Queria deixar Ibrahim sozinho para que o irmão o repreendesse. Decidido, sentou-se numa mesa próxima e começou pelo homus. Os irmãos conversavam baixinho. Enquanto comia, o homem dos serviços de segurança levantou e veio sentar-se com ele.

Após seu surto anterior, parecia ter se acalmado. O dr. Amir, sentindo que era uma boa hora para tentar ficar amigo dele, pegou a cabeça do homem entre as mãos e deu-lhe um beijo na testa, acompanhado de uma risadinha.

– Seja lá o que tiver feito, você é uma boa pessoa – riu.

O homem sorriu e recostou-se na cadeira. Olhava bem nos olhos do dr. Amir e parecia um pouco desnorteado.

– Por que você quer tanto os animais? – perguntou.

O dr. Amir havia visto isso em Bagdá, no Cairo e em Bucareste. Algumas pessoas simplesmente não ligam para os animais e, portanto, não conseguem entender que outras se importem com eles.

– Queremos levá-los embora e dar-lhes uma vida melhor – ele disse.

O homem sorriu. – Para onde vão levá-los? – perguntou.

Contra a própria vontade, o doutor começou a se irritar de novo.

– Veja bem – ele disse, com firmeza. – Seu amigo disse que não dá a mínima para os animais. Eu fui vê-los há um mês e estavam quase mortos. Só quero ajudá-los. Aliás, esse é o meu trabalho.

O homem olhou para o dr. Amir, estudando-o, e então se ajeitou na cadeira. – Ok – disse. – Você quer fazer negócio, então vamos fazer negócio.

O dr. Amir se animou. O homem olhou para ele, com ar triunfal. – Um milhão de dólares.

O dr. Amir quase desmaiou. Ficou tentando achar o que dizer. – Só um milhão? – perguntou depois de um tempo, com uma vozinha fina, de descrença. – Acha que um leão vale realmente isso?

Difícil saber se era o caso de rir ou não. O homem parecia muito satisfeito consigo, como se julgasse a si mesmo muito mais esperto que o dr. Amir numa negociação complexa. – Não é tão fácil assim me passar a perna – ele disse, sorrindo.

O dr. Amir não sabia por onde começar. Tudo ficava claro demais. As ameaças, a intimidação, tudo se reduzia a esse imperativo financeiro, nu e cru.

– Os animais não valem um milhão de dólares – disse ele, por fim. – Não valem sequer um décimo disso. Quanto seus amigos pagaram pelos bichos? Eu cubro essa quantia.

O homem simplesmente sorriu e balançou a cabeça.

O dr. Amir ficou chocado diante daquela estupidez. – Se os bichos voltarem para aquele zoológico, eles vão morrer – disse. – E então não terão valor algum. Por isso, se sua intenção é vendê-los, esqueça.

Os irmãos, que haviam parado de conversar, vieram até a mesa.

– Onde você pretende vendê-los? – o homem perguntou de novo. – Estados Unidos? Bagdá? Áustria?

– Não vamos vendê-los – interrompeu o dr. Amir. – A única coisa que estamos tentando fazer é salvá-los e levá-los a outro lugar, onde não corram mais perigo.

O irmão do dono olhou fixo para ele, claramente achando aquilo divertido. – Esses animais são nossos – ele disse. – Investimos neles. Perdemos um monte de dinheiro.

O doutor, apesar de sua fúria contida, sabia o que o homem estava fazendo. Era nítido que se preparava para uma longa negociação comercial, como outra qualquer. Não havia razão para ficar com raiva. O veterinário teria que achar uma saída argumentando.

– Senhor – disse o dr. Amir, tentando sorrir ao se dirigir ao irmão mais velho. – Permita-me contar-lhe uma história.

***

Eram 11 da noite quando o doutor voltou ao hotel. Ausentara-se por umas três horas. Marlies ficara esperando por ele, enquanto Gregor e Yavor tomavam uma Heineken atrás da outra. A mesa ainda tinha os restos do jantar espalhados. Os temores iniciais dela, de que o doutor fosse abduzido e morto, haviam diminuído depois que recebeu uma mensagem dele, uma hora após ele ter chegado ao restaurante, dizendo que estava tudo em ordem. Mas ela não sabia por que ele havia demorado tanto.

Quase todo mundo já tinha saído do bar quando o doutor entrou pela porta, parecendo absolutamente exausto. Ele desabou na cadeira, juntando-se a eles na mesa. Sob a penumbra tingida pela luz do aquário, seu rosto estava tenso. Um dos guardas de segurança, que sabia das coisas, levou ao doutor uma garrafinha de uísque.

O dr. Amir deu um gole. – Era o dono – disse, por fim. – Ele quer dinheiro. – E então relatou a conversa.

– Um milhão de dólares?! – Marlies disse isso quase gritando. – Mas aqueles animais estão quase mortos!

– Ficamos horas nesse vai e vem. Eu disse a eles que seriam vistos como heróis se nos deixassem levar os animais – contou o dr. Amir, que se sentia arrasado. – Mas acho que não estão nem aí. No final, combinamos de nos encontrar amanhã às 10.

– Acha que vão ceder? – perguntou Marlies.

O dr. Amir suspirou. – Vão tentar negociar – disse. – Eles acreditam que estamos negociando, como se estivéssemos num mercado.

– Mas você não pode simplesmente explicar que não temos intenção de vendê-los? – perguntou Marlies. – Se eles se convencerem de que não vamos ganhar dinheiro com os animais, será que isso não pode fazer diferença?

– Eu já expliquei isso – o doutor disse. – Mas eles pensam que estou mentindo. Acham que me pegaram no pulo bem na hora em que eu ia fechar o negócio da minha vida com os bens deles, e querem uma parte do ganho. Sentem cheiro de dinheiro e então acham que eu lhes devo alguma coisa. Vão continuar negociando até receberem alguma quantia.

Cheia de pensamentos girando na cabeça, Marlies recostou-se na cadeira, em total desespero.

50

# DR. AMIR

O INVERNO PASSAVA DEVAGAR como sempre no norte do Iraque, um desalento úmido que ficava mais cruel, com ventos cada vez mais cortantes. A planície, com a terra compactada e rachada pelo sol de verão, tivera pouco tempo para se recuperar e já era sufocada pela densa camada de lama mesopotâmica e de água do rio, que inundava e fertilizava essas terras desde sempre.

A chuva batia no telhado de uma cabine móvel junto ao posto de controle de Khazir, onde o dr. Amir e Marlies vinham dormindo. O médico espirrava sem parar. Tudo fedia a cocô de cachorro.

Em resumo, as coisas não andavam bem.

Já fazia seis dias que os soldados haviam levado os animais de volta a Mossul, e deixado as jaulas do lado de fora do zoológico aos cuidados de Abu Laith, que ficara superfeliz ao vê-los novamente. Na manhã seguinte, contra todas as previsões, Ibrahim comparecera com apenas uma hora de atraso à reunião no restaurante. Ele chegou e foi logo abaixando seu preço para uma ínfima fração daquele um milhão de dólares inicial. O dr. Amir havia concordado, com a condição de que Ibrahim assinasse um acordo em cartório prometendo que nunca mais abriria um zoológico. Ao longo do dia, o contrato de venda foi assinado, com cumprimentos de mão e demonstrações de boa vontade. Ibrahim dispensou seus homens em Mossul, comunicando-lhes que os animais deveriam ter permissão de ir para Erbil.

Mas não foi suficiente. Com a sua denúncia do dr. Amir para o exército, a família de Ibrahim havia comprometido a missão de modo irreparável. O nome do dr. Amir constava agora das diversas listas de monitoramento, e o exército se colocara radicalmente contra o envio dos animais para Erbil. O irredutível "não" do comandante ainda estava em vigor.

O doutor não se abateu e decidiu levar Ibrahim com ele a Mossul para tentar outro resgate. O dono veio emburrado no banco de trás do carro e não quis participar da conversa animada do dr. Amir, mas o veterinário sentiu que ele ficara impressionado com o porte da operação de segurança da Four Paws. Ibrahim insistiu em ir sozinho falar com o exército, pois tinha contatos que esclareceriam os mal-entendidos e revogariam o bloqueio à ida dos animais para Erbil. Ao sair do posto de controle de Khazir, Ibrahim tinha ido ver o exército, que o mandou de volta ao governador, que o enviou de novo ao posto de controle. No final, foi para casa sozinho, ainda emburrado.

— A única pessoa que pode tirá-lo daqui é o comandante — os guardas em Khazir haviam advertido, e não era a primeira vez que o faziam.

Após muitas inquirições, o dr. Amir descobriu que o posto de controle de Khazir era o único na estrada de Mossul que tinha ordens de impedir a passagem deles. Sem os homens de Ibrahim atrapalhando, eles agora podiam se mover em Mossul com certa liberdade. Numa tentativa de aumentar a pressão sobre as autoridades, o dr. Amir foi de novo a Mossul com uma frota de caminhões e recolheu Lula e Zombie da rua em frente ao zoológico, onde o exército os deixara. Trouxe-os para Khazir, e estacionou o caminhão diante do posto de controle.

Isso já fazia seis dias. Agora, como nas manhãs anteriores, ele e Marlies acordaram enregelados, tristes, tremendo de frio naquela brisa fina. Lula e Zombie, deitados nas suas jaulas, desfrutavam de condições bem melhores do que as que tinham no zoológico — tratados todo dia com mel, peixe e nacos de carne.

As roupas do doutor cheiravam a cigarro, do contato com aqueles homens com os quais se sentava todo dia, para adulá-los e tentar fazer amizade. Quando houve a troca de guarda na noite do primeiro dia, foi tomar chá com o novo oficial no comando, que disse sentir muito pelos seus problemas, mas que não podia fazer nada. Se o doutor fosse iraquiano, comentou, já teria sido enfiado numa prisão militar.

– Sabia que meu irmão foi morto aqui? – um dos soldados havia comentado. – Sabia que o mataram e depois arrancaram a cabeça dele? O que vocês vieram fazer aqui?

O dr. Amir disse que sentia muito, que vir resgatar animais não era algo que diminuísse em nada o trabalho deles como soldados, ou a morte do irmão dele. Outros mostravam-se mais receptivos e simplesmente achavam que os membros do grupo eram malucos, mas não viam sua ação como ofensiva.

De qualquer modo, haviam dado permissão, meio a contragosto, para que Marlies e o dr. Amir dormissem na cabine móvel, abandonada perto do posto de controle. O chão dela era salpicado de cocô de cachorro e tinha um fedor de umidade que deixava a garganta dos dois ardendo. Os cobertores de lã cor de vinho dentro da cabine estavam tão úmidos e fedidos que nem o doutor nem Marlies conseguiam usá-los. Mesmo assim, ao se verem sentados na cabine na primeira noite, com a chuva batucando no teto, foram tomados por acessos de riso histérico.

Marlies estava cansada, mas não perdia o pique. Nunca estivera no Iraque, mas tinha total confiança de que o doutor sabia o que estava fazendo.

O dr. Amir sentia-se muito pior. Na realidade, tinha pouca ideia do que deveria fazer, apesar de seu desempenho bastante razoável em ocultar isso. Estava doente, com um resfriado horrível, muito estressado, fazendo centenas de chamadas a políticos, à polícia, a soldados e à mídia, pressionando para que liberassem o posto de controle. A cada hora que passava, sentia que suas chances se reduziam cada vez mais.

O dr. Amir enviou os outros membros do grupo para Erbil, para descansarem enquanto ele aguardava no posto de controle com os animais. Marlies, que percebeu o grau de estresse dele, insistiu em ficar com ele. O doutor tossia, e sua febre ficava cada vez mais alta.

Sem perder a disposição, passara o dia seguinte ligando para todo mundo em que conseguia pensar e visitara o governador de Nínive, um homem calvo imenso, famoso por seus surtos de fúria com os civis que vinham lhe pedir ajuda.

Todos lamentavam muito a situação difícil do doutor e garantiam que tudo iria acabar se ajeitando. Ninguém, no entanto, explicava como isso se daria. A cada desfecho, recebia uma lista nova de coisas que precisava arrumar para obter a permissão de cruzar a fronteira. Um oficial disse que todo ser vivo que entrava no Curdistão precisava de uma certificação de segurança.

– Você quer que eu prove que o leão e o urso não pertencem ao Estado Islâmico? – o doutor gritara uma vez, no auge da exasperação. Enquanto ele argumentava indignado, Zombie e Lula estavam cada vez mais gordos – e um pouco mais confusos –, graças à carne e ao peixe congelado que os soldados do exército compravam para eles no mercado com o dinheiro que o dr. Amir dava.

Quando implorava para falar com o comandante, ou para que alguém fosse falar com ele em seu nome, recebia de volta apenas recusas educadas. O comandante era o chefe de toda a operação militar em Nínive, e famoso pelo temperamento irascível, portanto ninguém queria dar-lhe motivos para que surtasse.

– Farei isso logo, se Deus quiser – o governador de Mossul respondera sorrindo quando o dr. Amir veio perguntar quando seria possível uma entrevista. A mensagem era clara: eles estavam num beco sem saída. Desobedecer ao comandante era equivalente à morte.

O sexto dia amanheceu, e eles não haviam feito qualquer progresso. Parecia que todos os caminhos levavam até o comandante e ao seu irreversível "não". Todos os pedidos do doutor para uma audiência haviam sido ignorados. Nenhuma das mensagens que havia deixado tivera resposta.

Depois de dias sentado na cabine, com os cobertores rançosos em volta dos ombros, o telefone do doutor tocou. Era um contato no exército a quem ele implorara ajuda.

– O comandante vai recebê-lo – ele disse. – Mas, por favor, tenha cuidado. Só aqui entre nós: ele comentou com seus generais que, se esses animais saírem de Mossul, vai enfiá-los nas gaiolas junto com o leão e o urso.

– É só me falar onde e quando – disse o doutor.

Depois de almoçar, o dr. Amir lavou o rosto e vestiu uma camisa limpa. Pegou um dos caminhões vazios de seu comboio, passou de novo pelos postos de controle até entrar no território do Iraque propriamente dito, e, ao passar, acenava alegremente para os soldados. Trouxera Gregor com ele, nem que fosse apenas para contar com uma testemunha.

Seguindo as instruções que haviam sido passadas ao doutor, chegaram a um muro de contenção de explosões, guardado por homens de uniforme preto das forças especiais. Sorrindo, o doutor se apresentou, e os soldados, depois de revistá-los, abriram os portões e lhes deram acesso.

Era uma base militar importante, o dr. Amir notou, protegida por várias camadas de segurança, por postos de controle e arame farpado. Havia norte-americanos ali também. Ele deduziu pelos helicópteros.

Um soldado conduziu-os a um edifício grande, com janelas amplas. O dr. Amir e Gregor seguiram por um corredor até uma sala de reuniões, onde uma dezena de homens de aparência impressionante estavam sentados em volta de uma mesa.

Os dois sentaram-se também, e um dos soldados trouxe-lhes chá. Era tudo muito civilizado, mas o comandante não estava ali, e ninguém abria a boca.

Um soldado entrou na sala. – Ele está chegando – disse.

Então os homens da sala de reuniões começaram a se mexer e passaram dali para o pátio, com o doutor e Gregor atrás.

O dr. Amir olhou para o céu e viu dois helicópteros voando na direção deles. Um devia ser norte-americano, pensou ele, e o outro, iraquiano. Abaixou-se quando pousaram espalhando poeira pelo pátio. Os soldados correram até o primeiro helicóptero.

As hélices foram reduzindo a velocidade, e desceu um homem de uniforme cáqui e boina cor de vinho. Era alto, com um bigode farto – sério, empedernido e indecifrável.

– *Assalamu aleikum* – disse o dr. Amir, bem baixinho, o que sequer deu para ouvir por causa do alarido do helicóptero. Então avançou, ombros bem postos, e estendeu a mão.

O comandante passou direto por ele, rodeado por seus guardas – homens grandes movendo-se sinuosamente como gatos. Exalavam um ar de dinamismo bem treinado.

O dr. Amir recuou. Achou melhor não dizer nada. O vento produzido pelo helicóptero começou a diminuir, e o ar ficou tranquilo. Então virou-se e seguiu os passos do comandante, com a confiança um pouco abalada. Deu então uma corridinha até quase alcançar a comitiva, que já chegava à sede da unidade. Não sabia como fazer para conseguir a atenção do comandante.

Mas alguém decidiu por ele: um dos soldados virou-se e bloqueou a passagem do doutor.

– Espere – disse, apontando para a sala de reuniões de onde haviam saído. – Vá até lá e aguarde sentado.

O comandante já havia desaparecido em outro escritório. O dr. Amir pensou em relatar seu problema, mas achou melhor ficar quieto. Foi até a sala de reuniões e sentou-se. Não faria sentido, refletiu ele, correr o risco de deixá-los ainda mais irritados. Mas precisava conceber algum plano.

Depois de meia hora – durante a qual o dr. Amir fumou um cigarro e ficou vendo alguns dos soldados tomando chá –, entraram quatro generais na sala de reuniões. O comandante não era um deles.

– Doutor Khalil? – vociferou um dos generais. O médico levantou-se para cumprimentá-lo, mas foi recebido por um olhar furioso. – O senhor aqui de novo! – disparou o general. – Com o seu problema do leão!

O dr. Amir tentou aparentar calma. Sabia que a única chance que tinha de superar aquilo era mantendo uma educação glacial. Era visto como um mero veterinário egípcio, mas precisava lembrá-los de que fazia parte de uma grande e poderosa organização europeia, determinada a tirar os animais dali de um jeito ou de outro.

– Senhor, não tenho nenhum problema com o leão – disse o doutor. – São vocês que estão criando o problema. Eu respeitosamente peço que deixem os animais entrarem na área curda. O que mais poderia querer? Ou será que deveria deixar que simplesmente morressem? Se eles morressem, será que isso faria vocês ganharem a guerra? Não, isso não iria mudar nada.

O general interrompeu-o. – Tivemos que interromper a guerra por dois dias inteiros por causa dos seus animais. Você não tem a menor ideia do que causou! Sabe o que anda acontecendo aqui? O Daesh matou mulheres, matou crianças. Consegue entender isso? E o senhor vem aqui incomodar com a porra do seu leão e do seu urso? Acha que temos tempo para essas merdas?

O general estava cada vez mais incendiado pelos próprios argumentos. – Estamos numa guerra – ele disse. – Nossos homens estão morrendo. Tomamos Mossul de volta do Daesh. E todo dia tem gente ligando aqui para o comandante, pedindo para ele parar a guerra por causa dos seus animais roubados!

– Mas eu não pedi nada disso – retrucou o dr. Amir, que percebeu, pela expressão furiosa do general, que havia começado a falar cedo demais. – Estou pedindo apenas uma gentileza: que abram o posto de controle para que eu possa ir embora com os animais. Eles partirão e vocês nunca mais terão notícia de nós. Não interrompemos a guerra por dois dias, mas, se fizemos isso, então, por favor, digam como foi para que eu possa tentar parar a guerra de uma vez por todas.

Ele mal terminara sua frase quando o general o interrompeu: – Você é um ladrão! – ele gritou. – Ladrão e mentiroso.

– Não, o senhor recebeu a informação errada – disse o doutor. – Os animais pertencem a nós. Somos nós os seus donos. Temos o contrato de venda em mãos.

O general parecia prestes a explodir. – Nós sabemos que vocês roubaram os animais!

O dr. Amir fez o maior esforço para manter a voz sob controle e olhou o general no olho. – Eu só quero resgatar os animais – disse o dr. Amir, falando, de propósito, o árabe mais formal que conseguia pronunciar, de modo a fazer os generais soarem como aldeões. – Só queremos levar embora o urso e o leão, com a permissão do zoológico, e não voltaremos nunca mais aqui.

Chegou outro homem, que parecia – se isso fosse possível – mais furioso ainda do que os outros. Pela insígnia de seu uniforme, o dr. Amir viu que se tratava do subcomandante.

Ele chegou perto do doutor. – Você sabe como pode fazer para resgatar esses animais? – disse o subcomandante. – Vou lhe dizer. Só há um jeito de resgatá-los. – E tirou do seu bolso duas balas, deixando-as cair na mão do doutor. – Aqui – disse ele. – Leve essas balas, mate seus animais e resolva o problema.

O doutor pegou as balas e ficou segurando-as, enquanto o subcomandante saía da sala pisando duro. – Eu não resolvo meus problemas matando – disse o doutor, a plena voz, enquanto o outro batia a porta.

A reunião estava encerrada. Os generais remanescentes levantaram-se em bloco e levaram os dois de volta ao pátio, onde o carro deles estava estacionado.

– Não deu muito certo – avaliou o doutor, enquanto ligava o motor. – Vamos ter que tentar de outro jeito.

# 51
# DR. AMIR

POR VOLTA DA HORA DO ALMOÇO do oitavo dia, o dr. Amir foi até os guardas do posto de controle. O sol de inverno brilhava fraco sobre o chão lamacento, enquanto o vapor da chaleira subia ao céu. Todo mundo cheirava muito mal.

— Para mim já deu — disse o dr. Amir aos guardas do posto de controle, sentados em círculo, fumando seus cigarros. — Estamos indo embora hoje.

Os guardas ficaram surpresos. — Tem certeza? — um deles perguntou. — Vocês vão devolver os animais então?

O dr. Amir assentiu, com ar sério. — Sim — disse. — Não temos escolha. Talvez eu tente de novo mais tarde, quando arrumarmos as autorizações.

O homem concordou. — Será muito melhor com as autorizações — disseram eles, com ar sensato. — Facilitará bastante as coisas.

Cabisbaixo, o dr. Amir voltou à cabine. Marlies estava ali aguardando, dando risadinhas como uma criança travessa. — Belo trabalho — ela disse.

O dr. Amir estava feliz. Tinha um novo plano.

Os últimos oito dias haviam sido quase tão prazerosos quanto tentar matar a sede bebendo areia molhada. Adulações, ameaças e chantagens emocionais haviam obrigado todos, do alto escalão da polícia federal aos soldados no posto de controle de Khazir, a se submeterem à vontade do doutor.

Mas o comandante continuou inacessível, furioso e irredutível. Já era a segunda vez agora que o pessoal dele enviava mensagens ao dr. Amir, lembrando-o da serventia daquelas duas balas. O doutor as atirara no gramado perto do posto de controle ao voltar da reunião, e esperava que agora já estivessem enferrujadas e imprestáveis.

Ele poderia levar aquilo para o lado pessoal, ou poderia tentar ficar quite. Escolheu a segunda opção e começou a tramar. Havia apenas uma possibilidade realista, ponderou o doutor. Passarem com algum tipo de ocultamento pelo posto de controle, na esperança de que seus soldados amigos não fizessem soar o alarme caso fossem de algum modo descobertos. Corriam o risco de serem capturados e terem os animais apreendidos.

Mas, para o dr. Amir, era a única opção.

– A essa altura, estou disposto até a correr o risco de levar um tiro – disse a Marlies. – Não me importo. Vamos em frente.

O dr. Amir juntara um monte de papelada até perceber que as autorizações que os burocratas e soldados viviam pedindo não valiam de nada, já que o comandante havia dito "não". A burocracia não havia se mostrado útil, e agora era chegada a hora de agir.

Na noite anterior, o dr. Amir havia se separado dos animais pela primeira vez para ir a Erbil. A equipe se reunira no esfumaçado lobby do Classy Hotel. Todos haviam se revezado e passado alguns dias no posto de controle, à base de café e adrenalina.

Sentado à mesa, com todos os outros amontoados em volta dele, o dr. Amir explicou seu plano.

– Verduras? – perguntou Yavor.

– Verduras – confirmou o doutor, sorrindo, apesar dos olhos de quem não dormia direito havia dias.

Ligaram para o escritório em Viena, e o "Plano das Verduras" começou a ganhar forma.

No dia seguinte, ao meio-dia, um caminhão sairia de Erbil rumo a Mossul. Iria direto para o zoológico, passando pelo dr. Amir no posto de controle, sem nada além de um simples aceno. Uma hora mais tarde, o doutor faria sua grande despedida e partiria para Mossul, deixando os animais no zoológico pela última vez.

Em Mossul, depois de tirar os animais do caminhão do dr. Amir e carregá-los no que viria de Erbil, eles empilhariam engradados de verduras a fim de ocultar as jaulas, de modo que, quando as portas fossem abertas, o baú do caminhão daria a impressão de estar carregado com caixas de couve-flor e tomate.

Então cruzariam a fronteira e concluiriam a fuga para Erbil.

Era um plano brilhante, mas, infelizmente, não deu certo.

Por volta do meio-dia da data planejada para a fuga, o dr. Amir falava por Skype com um jornalista em seu caminhão quando ouviu uma movimentação do lado de fora. Yavor veio até a janela e contou qual era o problema.

– Já estou aqui, com o caminhão para os animais! – gritava uma voz ali perto, num árabe gaguejante. – Vamos levá-los de volta a Erbil.

O dr. Amir saltou em direção ao caminhão que acabara de chegar. O motorista, em vez de ir direto para Mossul sem dizer nada sobre os animais, estacionara em Khazir. Os guardas, na sua sonolência pós-almoço, ignoraram o homem.

– Que diabos você está aprontando? – disse o doutor, agarrando o homem pelos colarinhos e empurrando-o para dentro do caminhão. Tremia de raiva. Os oito dias de planejamento minucioso estavam a ponto de ir por água abaixo. – Você ficou louco? – ele sussurrou. – Eu não expliquei exatamente o que você tinha de fazer?

O homem não respondia.

Apesar de toda a raiva, o doutor percebeu que o motorista estava em pânico e soltou-o. – Vá embora! – disse ele, e foi empurrando o homem de volta à cabine do caminhão. – Caia fora já! E volte para Erbil!

Ele ficou assistindo ao veículo ir embora. Os guardas olharam para ele intrigados.

A costumeira disposição afável do dr. Amir foi voltando aos poucos. – Não se preocupem! – gritou em tom alegre. – Ele já foi embora.

Ao voltar ao seu caminhão, o doutor começou a digitar mensagens como um louco no celular. "Mandem outro caminhão de Erbil ainda hoje", escreveu. Pediu que fosse de outra cor, para não levantar suspeitas. Desta vez – enfatizou bem isso –, não deveria parar no posto de controle, mas seguir direto para Mossul.

"Tudo bem", respondeu a empresa de caminhões. O novo motorista chegaria logo.

A hora do almoço se estendeu até a tarde, e o sol ficou mais brando. Yavor, Gregor e o dr. Amir transpiravam em silêncio no seu caminhão, aguardando o outro veículo chegar. Marlies voltara a Erbil para coordenar o despacho das verduras, conforme rezava o plano.

O dr. Amir promovera uma grande agitação no Iraque nas últimas semanas e deixara alguns dos homens mais poderosos do país tão furiosos que eles haviam ameaçado matá-lo. Era razoável supor que suas comunicações estivessem sendo monitoradas.

Quando o caminhão chegou, o sol da tarde ganhara uma luminosidade dourada, amanteigada. O dr. Amir ficou ali torcendo para que passasse logo adiante.

O caminhão parou junto ao soldado do posto de controle. Um instante depois, já rodava em direção a Mossul.

O dr. Amir virou-se para Yavor e Gregor. Trocaram sorrisos nervosos entre eles. Estava tudo indo bem. A Grande Fuga podia ter início. Pegaram a estrada, acenando um adeus para os guardas do posto de controle, com Lula e Zombie deitados na traseira de seu caminhão.

Pelo plano original, deveriam esperar uma hora antes de seguir atrás do outro caminhão, para eliminar suspeitas de que estivessem juntos. Mas não havia tempo para isso. Com o outro caminhão ainda à vista, pegaram a estrada para Mossul, que ficava a trinta e seis quilômetros de distância.

O pôr do sol pintou o horizonte com tons de violeta. O dr. Amir ia sentado, preocupado, sentindo o ar fresco da noite. De dia, a estrada era relativamente tranquila. Havia três ou quatro postos de controle, guardados por soldados do exército iraquiano e, às vezes, por alguma milícia. A guerra ainda continuava, só que mais distante, no oeste de Mossul, e embora houvesse comboios de soldados trafegando por ali com certa frequência, ainda era mais ou menos seguro.

Todo dia, porém, por volta das 5 da tarde, o cenário mudava. As milícias que espreitavam nos arredores de Mossul – formadas por grupos xiitas, combatentes cristãos, sunitas das áreas vizinhas ou bandos semicriminosos, todos banidos do centro da cidade – iriam se insinuar com o anoitecer e começar a instalar postos de controle adicionais na estrada que dava acesso à cidade.

O exército também montava controles adicionais, temendo os ataques de *inghimasis*, que aconteciam à noite – células dormentes do Estado Islâmico que se reagrupavam por trás das linhas do exército e emergiam de seus esconderijos, como ratos saindo do esgoto, para explodirem a si mesmos no meio dos soldados.

Assim que o caminhão do dr. Amir passou por um posto de controle, já viam outro logo à frente.

Demoraram mais de uma hora para percorrer oito quilômetros. Os soldados estavam nervosos, superexcitados, e sobressaltavam-se quando o caminhão do dr. Amir se aproximava. Nessa hora, espalhavam-se pelo posto de controle aos gritos, mandando-os desacelerar, acender os faróis e dizer logo quem diabos eram. Em seguida, ouviam-se gritos diferentes: – Um leão! Um urso! Vamos tirar uma selfie!

Eram homens calejados pelas batalhas, armados, e que não queriam saber de onde vinham os animais, nem quem era o dono deles. Ficavam também estranhamente animados para atualizar as fotos de seus perfis no Facebook, a fim de impressionar os amigos em casa, e experimentavam várias poses, sem a menor pressa, até conseguir a foto perfeita com o leão. O dr. Amir tinha vontade de esganá-los. Yavor e Gregor, embora mantivessem a serenidade, pulavam de susto ao menor ruído. Já escurecera, e estavam apenas na metade do caminho até o zoológico.

– Para onde vocês estão levando os animais? – os soldados do posto de controle seguinte perguntaram, de novo.

– Para o Zoológico de Mossul – disse o dr. Amir.

– Tem zoológico lá? – os soldados retrucavam, e a mesma conversa era retomada mais uma vez. As folhas de papel que o dr. Amir exibia, todas num inglês burocrático que eles mal conseguiam entender, recebiam apenas uma olhada superficial, um sinal afirmativo com a cabeça para demonstrar autoridade, e eram devolvidas com um sorriso de aprovação.

Chegaram ao zoológico já de noite. Yavor e Gregor tinham parado de falar. O dr. Amir estava doente de ansiedade. Todos sabiam que aquela área ainda corria risco de sofrer ataques.

1. Abu Laith, autonomeado tratador de zoológico, em pé ao lado das jaulas de Zombie e Lula.

2. Hakam Zarari tocando violão em sua casa, em Mossul.

3. Zombie no zoológico próximo à casa de Abu Laith.

4. Lula em sua jaula no zoológico.

5. Zoológico de Mossul, algumas semanas depois de o Estado Islâmico ter sido expulso da área.

6. Forças armadas iraquianas disparam artilharia em alvos do Estado Islâmico durante a batalha por Mossul, em 2017.

7. Pessoas deslocadas de Mossul escapam dos combates entre o exército iraquiano e o Estado Islâmico.

8. Um membro da Polícia Federal do Iraque corre após disparar uma granada lançada por foguete em posições do Estado Islâmico, no oeste de Mossul.

9. Dr. Amir no escritório da Four Paws, em Viena.

10. Um hospital de campanha montado próximo a uma placa do Estado Islâmico nos arredores a oeste de Mossul, durante a batalha para libertar a cidade.

11. O Centro Antigo de Mossul, destruído durante a batalha para expulsar o Estado Islâmico da cidade.

12. Uma rua em ruínas perto de uma das linhas do *front*, no oeste de Mossul.

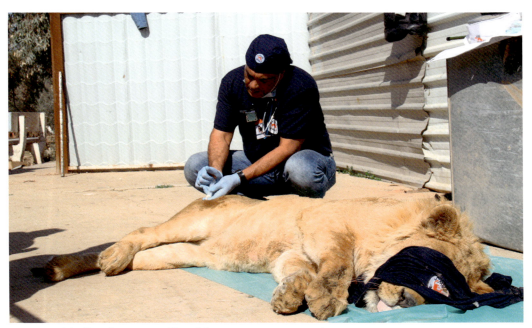
13. Dr. Amir trata Zombie, enquanto sua equipe se prepara para retirar os animais do Zoológico de Mossul.

14. Zombie assiste ao sepultamento de sua mãe, logo após o Estado Islâmico ter fugido da área.

15. Hakam e Dr. Amir durante a missão de resgate, em 2017.

Créditos das imagens:
1, 2, 5-10, 12: © John Beck | 3, 4: © Ahmad Gharabli/AFP | 11: © Zaid al-Obeidi/AFP | 13: © Safin Hamed/Four Paws | 14: © Mohammed Abu Qutai/Four Paws | 15: © Hakam Zarari | p. 323: © Daniel Born/Four Paws/AFP

Abu Laith aguardava em frente ao zoológico. O cuidador dos animais aderira ao novo plano de fuga com imensa satisfação. Quando o dr. Amir lhe contou por telefone, ele até deu uns tapinhas no rosto, radiante de prazer com a esperteza daquilo tudo. Trabalhando rápido, reunira um bando de crianças, de vizinhos e de gente disposta a ajudar no traslado.

Fazia horas que esperavam do lado de fora do zoológico quando os animais chegaram. Estavam cansados, mas Abu Laith continuava com o mesmo entusiasmo que sentira de manhã cedo, quando acordara para iniciar os preparativos.

– Doutor! – ele gritou, ao ver o veterinário descer do caminhão com toda a cautela. As ruas em volta do zoológico estavam silenciosas, e a voz de Abu Laith, como sempre, soava bem alto.

– Já arrumamos tudo o que o senhor pediu! – bradou Abu Laith. – Não precisa se preocupar com nada. Está tudo pronto.

O dr. Amir agradeceu e voltou-se para os demais. – Precisamos agir logo – disse. – Temos dez minutos. Por favor, façam o menor barulho possível, certo?

Zombie e Lula mal se mexeram quando suas jaulas foram descarregadas do caminhão em frente ao zoológico. Já estavam acostumados àquelas viagens e traslados intermináveis. O dr. Amir tinha a estranha sensação de que os animais, àquela altura, compreendiam o que acontecia. Já devem saber que estamos do lado deles, pensou.

Abu Laith não tinha muita certeza se queria mesmo que os animais fossem embora de novo. A empolgação de participar de uma operação de fuga ia diminuindo, e ele se sentia francamente preocupado. De algum modo, porém, não chegava a acreditar totalmente que os animais conseguiriam sair de lá. Talvez voltassem logo, como já haviam feito.

– Vamos, doutor – ele disse, quando as jaulas foram colocadas no chão. – Estão prontos.

Na densa escuridão, o dr. Amir e sua equipe partiram na esperança de que aquela fosse a última vez. Deixariam a etapa final da operação por conta de Abu Laith. Às 4 da manhã, quando ninguém estivesse vendo, ele e seus cúmplices colocariam as jaulas no novo caminhão. Então empilhariam engradados de verduras na traseira para esconder os animais, e um motorista local iria conduzi-los a Khazir e, então, à liberdade – pelo menos, era o que esperavam.

Se alguém abrisse as portas da carroceria, veria apenas engradados de verduras, com as pontas verdes das cenouras espreitando das caixas no alto. Mas se removesse um dos engradados, veria um leão adulto e um urso tirando uma soneca no interior escuro do caminhão.

Já era tarde quando o dr. Amir avistou o posto de controle de Khazir à frente deles, com suas luzes claras inundando o chão.

– *Assalamu aleikum!* – gritou o doutor, na sua melhor tentativa de se fazer simpático, quando pararam no posto de controle.

– *Wa aleikum assalam!* – gritaram de volta os soldados. Pareciam preocupados. O dr. Amir percebeu que estavam com pena dele.

– Sinto muito que tenha terminado desse jeito – disse o guarda.

– Não deu, não é?– disse seu colega. – Da próxima vez, o senhor vai conseguir. É só arrumar mais autorizações.

O dr. Amir assentiu, sério. – É isso mesmo – disse. – Fica para a próxima.

Com promessas emocionadas de manter contato, o carro do doutor passou para o território curdo.

Lá no zoológico, assim que raiou o dia seguinte, Abu Laith assistiu ao caminhão com as verduras, o leão e o urso irem embora. O veículo ainda ficaria parado por algumas horas mais adiante na rua antes de partir para Khazir, para não chamar a atenção caso alguém estivesse observando o zoológico.

O dr. Amir acordou às 4 da manhã. Tomou café, lidou em silêncio com sua sensação de pânico e saiu do hotel, em Erbil. Por volta das 8, estava sentado numa terra de ninguém perto da fronteira, junto com Yavor, Gregor e Marlies, esperando o caminhão chegar, dando goles em uma bebida gelada de café em lata.

Lá pelas 11 da manhã, os nervos estavam tão à flor da pele que o doutor, geralmente o mais calmo de todos, não aguentava mais ouvir nem os próprios pensamentos. Ligou o rádio, e a voz de Frank Sinatra ecoou pelas portas abertas do carro.

O dr. Amir cantou junto, com sua voz de barítono – *I did it my way* –, enquanto os outros olhavam para ele, boquiabertos. Estavam quase dando pulos no mesmo lugar de tanta ansiedade e ficaram perplexos com aquela inesperada sessão de karaokê. Mas é que, ao cantar, o dr. Amir expulsava o medo de seu peito, mesmo que fosse por um momento.

De repente, ele viu um caminhão branco à distância, avançando devagar em direção ao posto de controle, do lado iraquiano da fronteira. Por um momento, não teve certeza de que era o caminhão deles. Mas logo confirmou, e seu estômago revirou de medo.

Era o último obstáculo. Os soldados curdos já haviam sido informados de que o caminhão viria. Não haveria problema com eles. Restava apenas aquele posto de controle iraquiano, que, durante nove dias, havia frustrado seus planos.

O caminhão chegou ao posto de controle e parou.

O doutor não conseguia ver o que o motorista fazia. Ninguém falava nada. Ele não conseguia sequer pensar. Ficaram todos olhando fixamente para os soldados à distância, que rodeavam o caminhão.

O leão não podia rugir, o urso não podia bramir, os soldados não podiam revistar o caminhão –, senão perderiam o jogo numa fração de segundo. O dr. Amir prendeu a respiração. Então, quase imperceptivelmente, o caminhão avançou um pouco. Um instante depois, com um suspiro de alívio dos observadores, atravessou o posto de controle e entrou na terra de ninguém. Veio na direção deles, o motorista dirigindo com cara de paisagem.

Haviam conseguido.

## 52

## DR. AMIR

SÓ DEPOIS DE RODAREM VÁRIOS QUILÔMETROS em território curdo é que o dr. Amir ousou parar seu comboio para dar uma olhada nos animais. O grupo decidira evitar a rodovia principal que ia direto até Erbil, preferindo uma estrada de terra cheia de bifurcações que seguia pelas montanhas. Teriam que percorrer o dobro da distância para chegar à cidade, mas evitariam os postos de controle na estrada principal.

Mesmo fora de território iraquiano, ainda não estavam seguros. O comandante em Mossul tinha homens por toda parte, e o dr. Amir suspeitava que Ibrahim, por mais que tivesse expressado seu desejo de ajudar, não hesitaria em tentar espremer o máximo possível de vantagens daquela situação.

O dr. Amir abriu as portas traseiras do caminhão e foi tirando os engradados de verduras, primeiro o de cima, depois o seguinte. Pelas frestas, podia ver as barras das jaulas, e, no escuro atrás delas, Lula e Zombie deitados quietos dentro delas.

"Vocês não rugiram", o doutor se lembraria mais tarde de ter pensado nessa hora. "Vocês sabiam direitinho o que fazer."

Recolocou as verduras no lugar e fechou as portas. Tinham pouco tempo. Precisavam correr para executar o resto do plano antes que alguém descobrisse que os animais não estavam mais em Mossul. Abu Laith e Hakam iriam encobrir a fuga até quando fosse possível, mas não era fácil ocultar a ausência de um leão e de um urso, ainda mais porque eram os únicos animais do tipo na cidade.

O comboio seguiu pela estrada em direção a Erbil, pelas vastas planícies e vilas semidesertas que se estendiam até os picos das montanhas ao norte. Em Erbil, passaram pelos postos de controle até chegar ao zoológico particular, de onde o dr. Amir pegara as jaulas emprestadas.

Pela primeira vez em suas vidas, Lula e Zombie saíram de suas jaulas andando para entrar num recinto cercado. Era pequeno, mas muito maior do que suas jaulas anteriores. O leão e a ursa, criados no Zoológico de Mossul, olharam ao redor, confusos, ensaiando alguns passos, movendo-se mais do que já haviam feito alguma vez. Devia ser maravilhoso para eles poderem se expandir mais, o dr. Amir pensou, enquanto observava-os avançando em sua comida.

Não ficariam ali muito tempo. Se tudo corresse bem, este seria apenas um aperitivo de sua liberdade de fato. Muita coisa dera errado até aquele momento, e talvez surgissem outros problemas. Com isso em mente, o dr. Amir ligou para o aeroporto.

A primeira entrada do aeroporto internacional de Erbil fica a uns quatro quilômetros dos bares e das igrejas de Ankawa, o bairro cristão de Erbil onde o Classy Hotel tem seu agitado estabelecimento. Mas é apenas a entrada. As medidas de segurança do aeroporto – que é próximo de uma base aérea norte-americana – são tão rigorosas que a ala de embarque, a pista e uma lanchonete-pizzaria iluminada cirurgicamente ficam um quilômetro e meio adiante. Há dois, às vezes três, estágios de verificação de segurança.

Dois dias depois de Zombie e Lula chegarem a Erbil, o dr. Amir, Yavor e Gregor estavam na ala de embarque, e finalmente conseguiam passar pela segurança. No dia anterior, Marlies e os outros já haviam deixado o país. Restavam ali apenas os três, mais o leão e a ursa, para enfrentarem o estágio final da operação de resgate, talvez o mais traiçoeiro.

Zombie e Lula estavam em suas jaulas, na seção de cargas do aeroporto. Os homens haviam deixado os animais ali para passarem também pelas verificações de segurança, e foram informados de que teriam de pagar uma taxa adicional de mil e duzentos dólares para passarem pelo controle de passaportes. O motivo, excesso de bagagem.

Isso era um problema. Naquela manhã, o doutor estourara o limite de seu cartão de crédito ao pagar a conta do hotel da equipe inteira.

Ankawa tinha poucos caixas eletrônicos, e, na maioria deles, o limite de transações era de cerca de quinhentos dólares. Depois de várias semanas no Iraque, onde poucos estabelecimentos aceitavam cartão de crédito, estavam todos sem dinheiro.

Mas precisavam daqueles mil e duzentos dólares. A pedido do doutor, todos esvaziaram as carteiras. Isso deu apenas umas poucas centenas de dólares. O batimento cardíaco do dr. Amir acelerou. Faltavam poucas horas para a partida, e não haveria outra chance.

– Não é possível fazer uma transferência mais tarde? – o doutor perguntou a um dos funcionários do aeroporto, mais uma vez.

– Não – ele disse. – Já expliquei: se o senhor não pagar, não poderá embarcar.

Tudo isso foi demais para Yavor e Gregor, que pareciam prestes a chorar. Semanas de trabalho, com obstáculos a cada passo. E, agora, mais essa.

Num estado de extrema exaustão, o dr. Amir pensou em desistir de tudo, mas concluiu que não ajudaria muito. Em vez disso, repassou sua agenda de telefone para procurar ajuda.

Vinte minutos mais tarde, o dr. Amir colocou seu passaporte no balcão e prendeu a respiração, na expectativa. Um colega fornecera o dinheiro e convencera a empresa aérea a aceitar o embarque deles. Por pura sorte e força de vontade, poderiam pegar o voo.

Mas enquanto transpirava no balcão de controle de passaportes, Amir se lembrou do grande número de altos oficiais iraquianos que o haviam ameaçado. Um deles poderia facilmente ter incluído seu passaporte numa lista de perseguidos. Estava prestes a descobrir o quanto aquelas ameaças haviam sido realmente sérias.

O funcionário verificava os documentos dos três diante dele. O dr. Amir tentou aparentar tranquilidade, o que era mais difícil do que normalmente, e também sorrir, o que era mais difícil ainda. O funcionário levou um tempo muito mais longo que o normal para checar o passaporte dele e os documentos anexos da Four Paws. Parava a cada página, examinando todos os carimbos e conferindo todas as datas.

Então, com uma olhada final no dr. Amir, carimbou seu passaporte. Ele conseguira passar.

Com um som grave, parecido com um zumbido, o avião de carga taxiava pela pista. O doutor, ainda ensopado de suor depois de ter empurrado as jaulas para fora do caminhão, olhou pela janela para os veículos que se retiravam depois de colocar Lula e Zombie no compartimento de carga do avião, junto com pelo menos dez carros blindados, que eram o que compunha o restante da carga.

Uma dose de tranquilizantes na comida deles antes do voo deixou o leão e a ursa sonolentos e satisfeitos. Pareciam bem felizes ao embarcar.

Agora o avião ganhava velocidade, e as rodas dianteiras se erguiam da pista. Com uma última olhada em volta para ver se não havia alguém os perseguindo, o dr. Amir pegou seu celular e digitou uma mensagem breve ao comandante de Mossul.

"Obrigado pela sua gentil cooperação", ele escreveu. "Apesar de tudo, nós conseguimos."

E apertou "enviar".

Com um suspiro de satisfação, recostou-se no assento e fechou os olhos, com a sensação de que era a primeira vez em anos que fazia isso.

# Epílogo

AS SAVANAS DA PROVÍNCIA de Estado Livre, na África do Sul, estendiam-se à frente do grupo, enquanto a jaula era içada da traseira do caminhão. Num trabalho de equipe, os guardas florestais puseram a jaula no chão. O sol estava alto no céu infinito, e mais adiante um grupo de árvores sombreava o chão.

Zombie estava acordado. Movendo sua cabeça desgrenhada de um lado para o outro, soltou um suave ronronar – um som denso, de satisfação.

Fazia três meses que Zombie e Lula haviam decolado do aeroporto de Erbil. Chegando à Jordânia, foram tratados num zoológico de Amã, sob o olhar atento e exigente do dr. Amir, até recuperarem plenamente a saúde. A pelagem de Lula, antes cinzenta e rala como a de uma cabra, brilhava agora com o lustro de um arminho. De início, a ursa estremecia e se escondia ao ouvir ruídos mais altos. Às vezes, percebeu o dr. Amir, ela ainda procurava o filho. Mas as feridas do passado estavam sendo curadas. Ela brincava com os cuidadores e comia por três.

Uma semana antes, a ursa havia sido solta numa reserva natural na Jordânia – vários quilômetros de campos, rios e rochas, onde pôde correr e brincar.

Por insistência de Abu Laith, e sugestão do doutor, Zombie estava voltando para a África, local de criação dos seus pais, ou de onde haviam sido roubados. O voo chegara a Joanesburgo naquela manhã, e Zombie bocejava, enquanto sua jaula era transportada para um caminhão. Sua juba agora tinha uma rica cor laranja, em vez do anterior siena opaco. Seus músculos, recuperados depois de correr bastante em seu recinto em Amã, ondulavam debaixo de sua pele, enquanto o leão examinava o ambiente ao redor.

Zombie viera deitado em sua jaula durante a viagem até a reserva Lion's Rock, na traseira do caminhão, com o grande espaço aberto estendendo-se ao redor dele. O dr. Amir ajudara a criar aquele santuário em 2006, movido por uma onda de fechamento de zoológicos no bloco de países do Leste Europeu, quando os governos locais buscavam atender aos níveis de exigência em termos de bem-estar animal estipulados pela União Europeia. Em meio aos rochedos e às matas do Estado Livre, viviam mais de cem grandes felinos – leões, leopardos e tigres –, recolhidos de suas vidas infelizes dentro de jaulas e entregues à vida livre.

Agora os peões erguiam as barras da jaula de Zombie. Procurando sentir os cheiros, meio desnorteado, o leão levantou e experimentou caminhar para a frente. Assim que pôs as patas fora da jaula, os guardas florestais fecharam a porta atrás dele.

Zombie ergueu a cabeça, e a vastidão das planícies estendeu-se diante dele, vibrando de vida e de possibilidades. Ele avançou pela relva.

O leão do Zoológico de Mossul finalmente voltava para casa.

# Posfácio

NÃO DEVE TER PASSADO DESPERCEBIDO ao leitor que enquanto os animais do Zoológico de Mossul foram resgatados, os humanos que os haviam mantido vivos não contaram com a mesma sorte. Suas vidas não têm sido fáceis. Eles continuam lutando, assim como os outros civis que sobreviveram ao horror da ocupação pelo Estado Islâmico e à batalha pela libertação da cidade. Mas acreditam que tiveram mais sorte que muita gente. Estão vivos, têm suas casas. No momento em que eu escrevia este livro, ainda havia corpos sob os entulhos no Centro Antigo, e milhares de pessoas viviam em campos de refugiados depois de terem perdido suas moradias.

Abu Laith ficou com o cabelo todo branco, mas ainda percorre a vizinhança discorrendo sobre seus assuntos favoritos – a hipocrisia dos mulás, os seus parentes perdulários e a excelência dos cachorros em geral. Recuperou-se bem de um surto de tuberculose, que varreu Mossul após a libertação. Já está na ativa de novo, fazendo planos de abrir um novo zoológico – maior e melhor que os anteriores. Lumia, que depois de Shuja ainda teve mais um filho – Mustafá –, não via a menor graça nisso.

Marwan ainda aparece de vez em quando na casa de Abu Laith. Vai visitar seu velho benfeitor e fica vangloriando-se de suas várias conquistas. Procurou Heba depois da libertação, mas não conseguiu encontrá-la. Espera que ela esteja bem. Luay voltou à universidade e continua estudando Geografia, embora ainda passe grande parte de seu tempo com os *games* do seu celular. Lubna, Mohammed e Oula voltaram para Mossul depois de sua estadia de alguns anos em Bagdá. As crianças menores, como sempre, perambulam pela casa como uma matilha de pequenos lobos, arrastando seus bichos de estimação atrás delas.

Hakam montou uma banda, Awtar Nergal, e atualmente está em turnê pelo mundo, a mais recente pela Finlândia, tocando violão. Não muito depois da expulsão do Estado Islâmico, a banda se apresentou nas ruínas do Centro Antigo para uma multidão atônita de *moslawis*. Como se não bastasse, também voltou ao laboratório, e agora trabalha na sua tese de doutorado. Hasna conseguiu seu primeiro emprego como professora de inglês e nas horas vagas lê muito mais livros do que antes. Said voltou a aterrorizar os criminosos de Mossul no tribunal, enquanto Arwa cuida do seu jardim – um paraíso atrás dos muros do pomar de pessegueiros. Seus livros estão todos de volta às estantes, e novas aquisições foram feitas para a biblioteca. O banheiro onde a família se escondeu por tanto tempo voltou a ser apenas um banheiro.

O dr. Amir mal havia saído de Mossul e já estava planejando sua próxima missão – uma operação de resgate de animais abandonados no Zoológico de Alepo. Isso foi pouco tempo depois de Zombie ser levado à África. O doutor, que praticamente não para nunca, está, no momento, planejando outra missão, desta vez no Iêmen. Marlies e todos os seus outros colegas ainda o acompanham.

Lula vive numa imensa reserva natural na Jordânia, junto com outros ursos resgatados. Nas planícies da África do Sul, Zombie corre em liberdade.

## Fontes e agradecimentos

Este livro se apoia em um extenso trabalho de entrevistas com muitas das pessoas-chave que vivenciaram esses eventos impressionantes. A maior parte das entrevistas foi realizada em Mossul, em 2018, com os próprios protagonistas. A história do livro é baseada em suas lembranças. Quando não foi possível falar com os próprios personagens – caso de Heba, a namorada de Marwan –, confiei nas memórias daqueles que tiveram contato com eles.

No caso do comandante, a descrição dos eventos se baseia nas lembranças do dr. Amir. Nas partes da história relacionadas com Ibrahim – o antigo dono dos animais –, apoiei-me nos relatos do dr. Amir e de Abu Laith.

Em alguns poucos casos, os nomes foram mudados para proteger a identidade das pessoas.

Quanto ao nome do leão, Abu Laith chamou-o de Zombie porque havia assistido a *O Rei Leão* com legendas mal traduzidas para o árabe. A Four Paws o chama de Simba.

Este livro jamais poderia ter sido escrito sem a infindável dose de paciência e bom humor de Sangar Khaleel, e sua notável capacidade de fazer com que tratadores de zoológico distraídos consigam se lembrar de datas e períodos específicos. Desejo a você uma vida inteira de manhãs livres de Fairuz.

Agradeço a Hakam, a Hasna e a todos da família Zarari, por disporem generosamente do seu tempo, por sua culinária e por seus conhecimentos de jardinagem.

Agradeço ao dr. Amir, a Marlies e a todos da Four Paws, por sua gentileza, empatia e paciência com minhas intermináveis perguntas.

Obrigada a Marwan, e a todos os filhos de Abu Laith e seus amigos tão variados, por se lembrarem das coisas que aconteceram e por revivê-las comigo.

Obrigada a Lumia, por sua memória fotográfica e seu talento especial para se lembrar de diálogos.

Toda a gratidão ao meu editor, Neil Belton, na Head of Zeus, e – nos EUA – a Diana Gill, na Forge, por darem a este livro um "peso de combate" e por melhorá-lo tanto. Meus agradecimentos também ao pessoal da publicidade, marketing e vendas, e a todos que trabalharam para fazê-lo chegar às mãos das pessoas.

Ao meu agente, Max Edwards, que interrompeu uma história um pouco divagante a respeito de algumas boas pessoas que eu havia conhecido num zoológico com um simples: "Eu leria isso". Max, Lisa Gallagher, nos EUA, e Samar Hammam, em outras línguas, todos contribuíram para este livro. Meus agradecimentos a cada um deles.

Obrigada também aos meus editores no *The Sunday Times*, especialmente Bob Tyrer, por ter me concedido tempo para escrever, e Eleanor Mills, por publicar um trecho do livro na *The Sunday Times Magazine*.

Obrigada a todos que leram as primeiras versões desta obra e sugeriram mudanças cruciais: John Beck, Sarah Dadouch e Stephanie Allen, vocês são verdadeiras lendas.

Obrigada a Carolina Aguirre, que compreendeu este livro como ninguém e desenhou as ilustrações originais das quais a capa [da edição original] deste livro foi extraída.

Obrigada a Mohammed Rasool, que ficou sentado horas intermináveis, ouvindo queixas a respeito de parentes gananciosos, e ainda encontrou tempo para se tornar o maior especialista mundial em pão iraquiano.

Obrigada ao dr. Anjam Ibrahim Rowandizy, de Erbil, que salvou Abu Laith.

Obrigada a Salam Zeidan e Safwan al-Madany, algumas das pessoas mais bondosas, engraçadas e desprendidas que conheci na vida.

Finalmente, é claro, obrigada a Imad Sabah, Abu Laith, um bom homem.

O mundo precisa de mais pessoas como todos vocês.

## Nota sobre os apelidos árabes

Abu Laith, é claro, significa Pai dos Leões. Este é o seu *kunya*, uma espécie de apelido árabe, atribuído a homens e mulheres por toda a região. Abu significa "pai de", e costuma vir seguido pelo nome do filho mais velho da pessoa. No caso das mulheres, seus *kunyas* começam por Umm, que significa "mãe de" (Lumia é *Umm Nour*, enquanto Abu Laith refere-se à sua ex-mulher, Muna, como *Umm Laith*).

Mas nem sempre é simples assim. Abu Laith tem esse seu *kunya* desde criança – assim como muitas outras pessoas. No caso dele, isso se deve ao seu amor pelos animais e ao tufo de cabelo ruivo que lhe dá uma notável semelhança com um leão. Quando seu primeiro filho nasceu, parecia razoável chamá-lo de Laith.

إلى أبي ليث وجميع أعضاء عائلته: لك الشكر على كرمكم وضيافتكم. من شرفي أنني تعرفت عليكم على سراري.

Este livro foi composto com tipografia Adobe Garamond e impresso
em papel Off-White 80 g/m² na Formato Artes Gráficas.